Merkel gegen Steinbrück

Thorsten Faas · Jürgen Maier
Michaela Maier
(Hrsg.)

Merkel gegen Steinbrück

Analysen zum TV-Duell vor der
Bundestagswahl 2013

Herausgeber
Thorsten Faas
Johannes Gutenberg-Universität Mainz
Mainz, Deutschland

Michaela Maier
Universität Koblenz-Landau
Landau, Deutschland

Jürgen Maier
Universität Koblenz-Landau
Landau, Deutschland

ISBN 978-3-658-05431-1   ISBN 978-3-658-05432-8   (eBook)
DOI 10.1007/978-3-658-05432-8

Die Deutsche Nationalbibliothek verzeichnet diese Publikation in der Deutschen National-bibliografie; detaillierte bibliografische Daten sind im Internet über http://dnb.d-nb.de abrufbar.

Springer VS
© Springer Fachmedien Wiesbaden GmbH 2017
Das Werk einschließlich aller seiner Teile ist urheberrechtlich geschützt. Jede Verwertung, die nicht ausdrücklich vom Urheberrechtsgesetz zugelassen ist, bedarf der vorherigen Zustimmung des Verlags. Das gilt insbesondere für Vervielfältigungen, Bearbeitungen, Übersetzungen, Mikroverfilmungen und die Einspeicherung und Verarbeitung in elektronischen Systemen.
Die Wiedergabe von Gebrauchsnamen, Handelsnamen, Warenbezeichnungen usw. in diesem Werk berechtigt auch ohne besondere Kennzeichnung nicht zu der Annahme, dass solche Namen im Sinne der Warenzeichen- und Markenschutz-Gesetzgebung als frei zu betrachten wären und daher von jedermann benutzt werden dürften.
Der Verlag, die Autoren und die Herausgeber gehen davon aus, dass die Angaben und Informationen in diesem Werk zum Zeitpunkt der Veröffentlichung vollständig und korrekt sind. Weder der Verlag noch die Autoren oder die Herausgeber übernehmen, ausdrücklich oder implizit, Gewähr für den Inhalt des Werkes, etwaige Fehler oder Äußerungen. Der Verlag bleibt im Hinblick auf geografische Zuordnungen und Gebietsbezeichnungen in veröffentlichten Karten und Institutionsadressen neutral.

Lektorat: Jan Treibel

Gedruckt auf säurefreiem und chlorfrei gebleichtem Papier

Springer VS ist Teil von Springer Nature
Die eingetragene Gesellschaft ist Springer Fachmedien Wiesbaden GmbH
Die Anschrift der Gesellschaft ist: Abraham-Lincoln-Str. 46, 65189 Wiesbaden, Germany

Inhalt

Einleitung – TV-Duelle als Forschungsgegenstand 1
Thorsten Faas, Jürgen Maier und Michaela Maier

Das Studiendesign... 11
Berend Barkela und Jürgen Maier

Von Schachteln im Schaufenster, Kreisverkehren und (keiner) PKW-Maut: Kandidatenagenda, -strategien und ihre Effekte......... 31
Carolin Jansen und Isabella Glogger

And the winner is…?! Die Entstehung des Siegerbildes bei der TV-Debatte 2013... 59
Johannes N. Blumenberg, Daniela Hohmann und Sven Vollnhals

Wissens- und Partizipations-Gaps: Führte das TV-Duell 2013 zu einer politischen und kognitiven Mobilisierung?................... 75
Julia Range

Die Bedeutung von Emotionen für die Rezeption der TV-Debatte 2013... 87
Ines C. Vogel und Lukas Otto

„Deutschlandkette statt Sachkompetenz": Führt die Rezeption des TV-Duells zu einer personalisierten Wahrnehmung von Politik?... 105
Michaela Maier, Lukas Otto, Katharina Disch und Carlo Ruppert

Alles nur Show? Effekt des TV-Duells auf Performanz- und Positionssachfragen... 125
Felicitas Belok und Tassilo Heinrich

Der Einfluss des TV-Duells auf die Wahlabsicht 139
Jürgen Maier

Begleitung des TV-Duells auf Twitter 157
Dominic Nyhuis und Johannes Friederich

**Interpersonale Kommunikation während und nach der
Rezeption des TV-Duells.** 173
Johannes Leuchte

**It's the media, stupid? Die Bedeutung der medialen
Nachberichterstattung des Duells** 191
Thorsten Faas und Jürgen Maier

**TV-Duell und TV-Dreikampf im Vergleich: Wahrnehmungen
und Wirkungen** 207
Thorsten Faas und Jürgen Maier

Autorinnen und Autoren

Berend Barkela ist wissenschaftlicher Mitarbeiter am Institut für Kommunikationspsychologie und Medienpädagogik an der Universität Koblenz-Landau. E-Mail: barkela@uni-landau.de

Felicitas Belok M.A., ist Politikwissenschaftlerin und Politik- und Wahlkampfberaterin bei pollytix strategic research gmbh. E-Mail: felicitasbelok@gmail.com

Johannes N. Blumenberg ist Wissenschaftsmanager bei GESIS – Leibniz-Institut für Sozialwissenschaften. E-Mail: johannes.blumenberg@gesis.org

Katharina Disch war studentische Hilfskraft im Projekt „Kandidatenstrategien in Fernsehdebatten" an der Universität Landau. E-Mail: katharina.disch@asz-kl.de

Thorsten Faas ist Professor für Empirische Politikforschung an der Johannes Gutenberg-Universität Mainz. E-Mail: Thorsten.Faas@uni-mainz.de

Johannes Friederich war studentische Hilfskraft im Bereich Empirische Politikforschung an der Johannes Gutenberg-Universität Mainz und arbeitet nun als wissenschaftlicher Mitarbeiter an der Westfälischen Wilhelms-Universität Münster. E-Mail: Johannes.Friederich@uni-muenster.de

Isabella Glogger ist wissenschaftliche Mitarbeiterin am Institut für Kommunikationspsychologie und Medienpädagogik an der Universität Koblenz-Landau. E-Mail: glogger@uni-landau.de

Tassilo Heinrich ist wissenschaftlicher Mitarbeiter am Institut für Politikwissenschaft, Bereich Methoden der Politikwissenschaft, an der Universität Regensburg. E-Mail: Tassilo.Heinrich@ur.de

Daniela Hohmann ist Leiterin der Abteilung Mobilisierung, Wahlen und Analysen beim SPD- Landesverband Rheinland-Pfalz. E-Mail: Daniela.Hohmann@spd.de

Carolin Jansen ist wissenschaftliche Mitarbeiterin am Institut für Sozialwissenschaften, Abteilung Politikwissenschaft der Universität Koblenz-Landau. E-Mail: jansenc@uni-landau.de

Johannes Leuchte arbeitet bei einer führenden Kommunikationsberatung und promoviert an der WWU Münster sowie der Universität Koblenz-Landau. E-Mail: johannes.leuchte@uni-muenster.de

Michaela Maier ist Professorin für angewandte Kommunikationspsychologie am Institut für Kommunikationspsychologie und Medienpädagogik (IKM) der Universität Koblenz-Landau. E-Mail: mmaier@uni-landau.de

Jürgen Maier ist Professor für Politische Kommunikation an der Universität Koblenz-Landau. E-Mail: jmaier@uni-landau.de

Dominic Nyhuis ist wissenschaftlicher Mitarbeiter an der Goethe-Universität Frankfurt. E-Mail: dominic.nyhuis@soz.uni-frankfurt.de

Lukas Otto ist akademischer Rat a. Z. am Institut für Kommunikationswissenschaft und Medienpädagogik (IKM) der Universität Koblenz-Landau. E-Mail: otto@uni-landau.de

Julia Range war wissenschaftliche Mitarbeiterin am Institut für Politikwissenschaft, Bereich „Empirische Politikforschung" an der Johannes Gutenberg-Universität Mainz.

Carlo Ruppert absolvierte zum TV-Duell ein Forschungspraktikum für seinen Masterstudiengang Sozial- und Kommunikationswissenschaften.

Ines C. Vogel ist Geschäftsführerin des Medienzentrum der Universität Koblenz-Landau am Campus Landau. E-Mail: vogel@uni-landau.de

Sven Vollnhals war wissenschaftlicher Mitarbeit am Bereich für Empirische Politikforschung der Johannes Gutenberg-Universität Mainz.

Einleitung – TV-Duelle als Forschungsgegenstand

Thorsten Faas, Jürgen Maier und Michaela Maier

1 TV-Duelle als win-win-win-win-Situation

Wahlen funktionieren heute anders als noch vor einigen Jahren. Die Beziehungen zwischen Wählern und Parteien sind seit einigen Jahren deutlichen Veränderungen unterworfen. Abnehmende Wahlfreude, zunehmende Wechselbereitschaft und eine Verlagerung der individuellen Wahlentscheidung bis spät in den Wahlkampf hinein kennzeichnen heute viele Wählerinnen und Wähler. Selbstverständlichkeiten im Wahlprozess, die es früher einmal gegeben hat, sind zwar nicht verschwunden, aber doch seltener geworden: An die Stelle von Stabilität, die Wahlen in Deutschland über viele Jahrzehnte geprägt hat, ist zunehmend Dynamik getreten. Langfristige Loyalitäten werden mehr und mehr von spontanen Entscheidungen verdrängt. So hat sich rund die Hälfte der Wahlberechtigten der Bundestagswahlen 2005, 2009 und 2013 nach eigenen Angaben erst im Laufe des Wahlkampfs entschieden, ob und für wen sie ihre Stimme abgeben wollen.

Wenn aber langfristig stabile Einflussfaktoren nicht mehr in gleichem Maße Wahlentscheidungen prägen wie früher, dann müssen – logisch geradezu zwingend – aktuelle, situativ geprägte Faktoren und Informationen an ihre

---

T. Faas (✉)
Mainz, Deutschland
E-Mail: Thorsten.Faas@uni-mainz.de

J. Maier
Landau, Deutschland
E-Mail: maierj@uni-landau.de

M. Maier
Landau, Deutschland
E-Mail: mmaier@uni-landau.de

© Springer Fachmedien Wiesbaden GmbH 2017
T. Faas et al. (Hrsg.), *Merkel gegen Steinbrück*,
DOI 10.1007/978-3-658-05432-8_1

Stelle rücken. Mehr denn je stellt sich also die Frage: Von welchen Informationen werden Wähler überhaupt im Vorfeld von Wahlen erreicht? Wie verarbeiten sie diese Informationen? Und welche Effekte haben sie schlussendlich?

Vor diesem Hintergrund verwundert es nicht, dass sich die politische Kommunikation im Vorfeld von Wahlen verändert hat. Sie ist intensiver, facettenreicher und zielgerichteter geworden. Da Parteien nicht mehr davon ausgehen können, dass ihre Botschaften bei den Wählerinnen und Wählern automatisch ankommen, verfolgen sie die Wählerschaft auf allen Kanälen und Wegen, um dort ihre Botschaft zu platzieren. Zu diesen Kanälen gehören bei Bundestagswahlen seit dem Jahr 2002 auch Fernsehduelle, die sich an entsprechenden US-amerikanischen Formaten orientieren. Gegenüber früheren „Elefantenrunden" in Deutschland, in deren Rahmen die Spitzen aller im Bundestag vertretenen Parteien vor einer Bundestagswahl miteinander diskutierten, stehen sich bei Duellen nur die Kanzlerkandidaten von CDU/CSU und SPD gegenüber. In einem zeitlich sehr überschaubaren Rahmen (in der Regel 90 min) stellen sie sich den Fragen von Journalisten. 2002 trafen sich Gerhard Schröder und Edmund Stoiber zu zwei Duellen (vier bzw. zwei Wochen vor dem Wahltag); 2005, 2009 und 2013 gab es jeweils ein Fernsehduell zwischen Angela Merkel auf der einen und Gerhard Schröder, Frank-Walter Steinmeier bzw. Peer Steinbrück auf der anderen Seite. Das mediale ebenso wie das Zuschauerinteresse an diesen „Wahlkämpfen im Miniaturformat" war von Beginn an immens. 2002 verfolgten jeweils rund 15 Mio. Zuschauer die beiden Schröder-Stoiber-Duelle. 2005 waren über 20 Mio. beim Duell Schröder-Merkel dabei. 2009 konnten 14 Mio., 2013 18 Mio. Zuschauer erreicht werden.

Fernsehduelle haben sich in kürzester Zeit als die wichtigsten Einzelereignisse in heutigen Wahlkämpfen etabliert; inzwischen sind sie eine feste Institution vor Bundestagswahlen. Wirklich verwundern kann das nicht, denn alle beteiligten Akteure verbinden große Hoffnungen und Erwartungen mit diesem Ereignis. Man kann aus gutem Grund von einer „win-win-win"-Situation sprechen. Für die beiden Kanzlerkandidaten öffnet sich in diesen 90 min ein einmaliges Gelegenheitsfenster. Millionen von potenziellen Wählern wenige Wochen vor dem Wahltag erreichen zu können, ist gerade vor dem Hintergrund der eingangs skizzierten Entwicklungen von unschätzbarem Wert. Dieser wird noch gesteigert, denn TV-Debatten bieten die Möglichkeit einer direkten Ansprache an den Wähler – ohne dabei die Mühlen der journalistischen Auswahl von Informationen über sich ergehen lassen zu müssen. Neben der schieren Zahl an Zuschauern macht vor allem auch die Struktur des Publikums die Debatten für die Kandidaten interessant. Vermutet wird, dass sich unter denjenigen, die eine Debatte im Fernsehen verfolgen, auch viele Bürger befinden, die sich weniger stark für Politik interessieren und deswegen für Wahlkämpfer oftmals nur schwer zu erreichen sind. Gerade diese Gruppe sollte aber aufgrund ihrer oftmals schwach ausgeprägten politischen Kenntnisse und Präferenzen in hohem Maße beeinflussbar sein. Kandidaten verknüpfen deshalb mit Fernsehdebatten nicht nur die Hoffnung, viele Zuschauer mit ihren Botschaften direkt zu erreichen, sondern auch deren Einstellungen und – noch wichtiger – Verhaltensabsichten zu ihren Gunsten tatsächlich *verändern* zu können.

Um zu verstehen, warum das Duell auch für Zuschauer interessant ist, sollte man sich noch einmal die Struktur des Ereignisses ins Gedächtnis rufen. In nur eineinhalb Stunden eine komprimierte Version des Wahlkampfs geliefert zu bekommen und noch dazu die beiden Hauptdarsteller des Wahlkampfs direkt miteinander vergleichen zu können, ist höchst effizient (und potenziell effektiv). Weiter verstärkt wird die Attraktivität des Formats durch die Art und Weise, wie die Medien es aufbereiten. Dass wir von einem „Duell" sprechen, ist bezeichnend: Indem das Ereignis als ein Showdown präsentiert wird, wird es spannend und unterhaltsam. Insgesamt liefert das Fernsehduell damit einen perfekten Beitrag zur heutigen medialen Inszenierung von Wahlkämpfen, die ohnehin sportaffine Züge trägt – weshalb auch die Medien ein großes Interesse an diesem Ereignis haben. TV-Duelle scheinen eine *win-win-win*-Situation für die daran beteiligten Akteure – den Spitzenkandidaten und den von ihnen repräsentierten Parteien, den Wählerinnen und Wählern und den Medien – zu kreieren: Jeder hat einen Nutzen bei vergleichsweise überschaubaren Kosten.

Nicht übersehen werden darf dabei allerdings, dass TV-Duelle ihren Ursprung in Systemen haben, in denen die Regierungsspitze – konkret der US-Präsident – direkt gewählt wird. Gerade zu einem solchen systemischen Kontext passt das Format des Duells der (aussichtsreichen) Präsidentschaftskandidaten auch sehr gut. Dagegen ist die Adaption in parlamentarischen Systemen nicht ohne Kritik geblieben, schließlich wähle man hier doch Parteien, nicht Personen. Außerdem spitze das Format mit seinem Fokus auf den aussichtsreichsten Spitzenkandidaten den Wettbewerb in unzulässiger Weise zu, zum Nachteil kleinerer Parteien. Die verantwortlichen Fernsehanstalten versuchen dem zu begegnen, indem sie das TV-Duell in eine Gesamtberichterstattung einbetten, in der unter Berücksichtigung der kleineren Parteien auch andere Formate zum Einsatz kommen. Gleichwohl haben gerade Diskussionen der jüngeren Vergangenheit gezeigt, dass die Entscheidung, wer eigentlich in welchem Format berücksichtigt werden soll, alles andere als trivial ist. Selbst mit Blick auf das TV-Duell stellen sich neue Frage: Wenn in Baden-Württemberg ein grüner Ministerpräsident regiert oder in Thüringen der Regierungschef von der Linken gestellt wird, wenn bei der Abgeordnetenhauswahl 2016 in Berlin gleich fünf Parteien in einem Korridor von zehn

Prozentpunkten „an der Spitze" des Parteienfeldes liegen – wer darf und soll dann eigentlich an einem „TV-Duell" teilnehmen?

Gleichwohl kann vor dem Hintergrund der (vermuteten) Übereinstimmung von Interessen zwischen Spitzenpolitikern, Medien und Wählern der Siegeszug von Fernsehduellen wenig überraschen; auch das Flankieren von Duellen durch ergänzende Formate für kleinere Parteien gerade in nicht-präsidentiellen Systemen erscheint sinnvoll. Mit Blick auf die Sinnhaftigkeit solcher Formate darf allerdings nicht übersehen werden, dass dieser Sichtweise einige vergleichsweise starke, häufig aber ungeprüfte Annahmen zugrunde liegen: Wie sieht die Struktur des Debattenpublikums tatsächlich aus? Wie werden solche Ereignisse wahrgenommen und verarbeitet? Wirken sie? Und wenn ja: Für wie lange?

An dieser Stelle wird aus der *win-win-win-* sogar eine *win-win-win-win*-Situation, denn Fernsehduelle – ebenso wie ggf. weitere flankierende Formate – bieten auch für die Grundlagenforschung auf dem Gebiet der politischen Kommunikation ein sehr geeignetes Setting, um solche Forschungsfragen zu analysieren und zu beantworten. Im Gegensatz zum sonstigen, eher kakofonischen Wahlkampfgeschehen stellen Fernsehduelle ein klar abgrenzbares – und vor allem höchst relevantes – Ereignis dar. Wahrnehmung und Wirkung von Wahlkampfkommunikation lässt sich in einem solchen kontrollierbaren Umfeld sehr genau und kleinteilig erfassen und auswerten.

Daher kann es auch nicht verwundern, dass sich mit dem Aufkommen von Fernsehduellen ein einschlägiger Forschungszweig in Deutschland etabliert hat. Seit der Premiere 2002 werden Fernsehdebatten aus sehr verschiedenen Perspektiven intensiv wissenschaftlich begleitet. Auch im Rahmen der seit 2009 laufenden, DFG-geförderten *German Longitudinal Election Study* (*GLES;* www.gles.eu) gibt es ein Modul, das sich speziell der Erforschung von Fernsehdebatten widmet. Ziel dieses Moduls ist es, Prozesse der Wahrnehmung und Verarbeitung von politischen Informationen einschließlich ihrer Effekte für die politischen Einstellungen und das Wahlverhalten der Bürger kleinteilig und detailliert zu erfassen und auszuwerten – etwas, das die anderen Module der GLES nur bedingt leisten können. Der Beitrag dieser Forschungslinie besteht somit vor allem darin, das kontrollierbare Umfeld eines Ereignisses zu nutzen, um eine „Mikro-Mikro-Fundierung" von politischen Einstellungen und politischem Verhalten (sowie vor allem auch deren Wandel) zu leisten: Durch die Betrachtung der zugrunde liegenden Wahrnehmungs-, Verarbeitungs- und Entscheidungsprozesse wird es möglich zu zeigen, welche Informationen Menschen wahrnehmen, wie sie darauf reagieren und welche Konsequenzen sich aus diesen Reaktionen für politische Einstellungen und Verhaltensabsichten ergeben. Die im Rahmen des beschriebenen Moduls anlässlich der TV-Debatte 2013 zwischen Angela Merkel und Peer Steinbrück (sowie

Einleitung – TV-Duelle als Forschungsgegenstand

des TV-Dreikampfs zwischen Rainer Brüderle, Gregor Gysi und Jürgen Trittin) gesammelten Daten bilden die Grundlage für den vorliegenden Band. Bevor wir einen Ausblick auf diesen Band und die darin behandelten Fragestellungen geben, möchten wir aber zunächst noch einmal einige Rahmendaten rund um das TV-Duell und den TV-Dreikampf aus dem Jahr 2013 in Erinnerung rufen.

2 TV-Duell und TV-Dreikampf 2013

Nachdem das Duell 2009 „nur" gut 14 Mio. Zuschauer vor die Bildschirme ziehen konnte, lag die Einschaltquote 2013 wieder auf deutlich höherem Niveau: 18 Mio. Zuschauer schalteten am 1. September 2013 ein. Die Debatte fand in einem Fernsehstudio in Berlin-Adlershof statt, dauerte 93 min und wurde von fünf Sendern – ARD, ZDF, RTL, ProSieben und Phoenix – zeitgleich live übertragen. Es moderierten Anne Will, Maybrit Illner, Peter Klöppel und Stefan Raab.

Die Debatte 2013 ähnelte damit stark ihren Vorgängerinnen aus den Jahren 2005 und 2009, was etwa die Dauer, die beteiligten Sendeanstalten (und damit verbunden die Zahl der Moderatoren), aber auch die Optik im Studio betrifft. Zugleich stecken in diesen harten Fakten rund um das Duell auch einige bemerkenswerte Innovationen: So fand das Duell 2013 *drei* Wochen vor dem Wahltag statt und nicht nur zwei Wochen, wie bei den Wahlkämpfen zuvor. Nun könnte man diesen Aspekt als Petitesse abtun, aber man darf mit Sicherheit davon ausgehen, dass bestimmte Überlegungen aufseiten der beteiligten Akteure damit verbunden waren, etwa mit Blick auf den Einfluss der Debatte auf den Wahltag. Gleiches gilt für die Weigerung Merkels, ihrem Herausforderer in mehr als einem Duell gegenüberzutreten. Offiziell wurde dies mit dem vollen Terminkalender der Kanzlerin begründet.

Auch ein Blick auf das Moderatorenteam fördert im Vergleich zu 2009 Änderungen zutage. Für ZDF und RTL waren bekannte Gesichter an Bord, aber die ARD schickte 2013 Anne Will (anstelle von Frank Plasberg) ins Rennen. Bedeutsamer sind aber sicherlich die Veränderungen auf Moderationsplatz 4: ProSieben-Sat.1 Media entschied sich 2013, das Duell erstmals *nicht* auf SAT1, sondern auf ProSieben zu übertragen, und schickte das bekannteste Sendergesicht von ProSieben, Stefan Raab, ins Rennen. Bereits früh im Wahljahr hatte Edmund Stoiber vorgeschlagen, Stefan Raab in den Kreis der Moderatoren zu entsenden, was aber insbesondere bei Peer Steinbrück zunächst auf Vorbehalte stieß. Nicht zuletzt auf massiven Druck der Medien akzeptierten letztlich aber sowohl Steinbrück als auch Merkel den Vorschlag. 2009 übrigens hatte gerade ProSieben noch mit dem Film „Die Simpsons" bewusst ein attraktives Gegenangebot zum TV-Duell aufgeboten (und auch als solches beworben). Dieses Umdenken des Senders gehört auch zu den bemerkenswerten Dingen des Duells 2013.

Die Ausgangslage vor dem Duell vom 1. September 2013 war für Herausforderer Steinbrück – vorsichtig formuliert – schwierig. Seine Kampagne lief nicht rund. Letzte Umfragen vor dem Duell sahen die SPD bei enttäuschenden 26 %, weit abgeschlagen hinter der Union, für die ein Stimmenanteil von über 40 % prognostiziert wurde. Gemeinhin wurde das Duell als letzte Chance für Steinbrück (und die SPD) gesehen, diesen Rückstand zumindest noch merklich zu verkleinern und so etwas Spannung in den Wahlkampf zu bringen.

Tatsächlich sollte sich am Abend des Duells ein lebhafter, weitgehend sachlicher Austausch zwischen Merkel und Steinbrück entwickeln, in dessen Rahmen auch Moderatorenneuling Stefan Raab Akzente setzte. In Erinnerung bleiben dürften vor allem die (Deut)Schlandkette der Kanzlerin sowie der „King of Kotelett" – als solchen bezeichnete Stefan Raab Peer Steinbrück an einer Stelle der Debatte. Erste Umfragen unmittelbar nach dem Duell sowie in den Tagen danach sahen Peer Steinbrück am Ende mit Vorteilen im Duell – allerdings konnte auch seine gute Debattenperformanz am Ende nichts daran ändern, dass der Wahlabend des 22. September 2013 mit einem Triumph der Kanzlerin und einem eher bescheidenen Ergebnis für Steinbrück und die SPD endete.

Ergänzt wurde das TV-Duell 2013 durch einen TV-Dreikampf, der am Montag nach dem Duell, also am 2. September 2013, stattfand. Dieser wurde allerdings nur in der ARD übertragen, von Jörg Schönenborn und Siegmund Gottlieb moderiert und hatte rund vier Millionen Zuschauer – nicht schlecht für eine politische Diskussionsrunde, aber gleichwohl deutlich weniger als das Duell am Abend zuvor. Dieser Dreikampf war äußerst lebhaft (und deutlich weniger reglementiert als das TV-Duell am Abend zuvor) und vor allem geprägt durch intensive Diskussionen (unter Verwendung sehr vieler Zahlen) und schafft für den vorliegenden Band eine interessante Vergleichsperspektive.

3 Der Aufbau dieses Buches

Viele der gerade en passant als Fakten präsentierten Informationen stammen aus der journalistischen, zuweilen anekdotischen Bewertung des Duells 2013. Ob diese zutreffen, ist letztlich eine empirische Frage. Mit dem vorliegenden Band wollen wir eine systematische Analyse des Duells 2013 zwischen Angela Merkel und Peer Steinbrück liefern. Wir wollen dabei den Bogen weit spannen und uns sowohl die Zeit vor dem Duell, das Duell selbst, seine Wahrnehmung und seine unmittelbaren Effekte als auch die Zeit nach dem Duell anschauen. Diese Agenda spiegelt auch der Aufbau des Bandes wider:

Im Kap. „Das Studiendesign" stellen Berend Barkela und Jürgen Maier zunächst nochmals die Datengrundlage des vorliegenden Bandes vor. Sie basiert auf vier Säulen: Erstens einer Erfassung von Echtzeitreaktionen während des Duells, um so die unmittelbaren Reaktionen der Rezipienten festzuhalten. Zweitens der Simulation verschiedener Rezeptionssituationen. So haben zur Untersuchung der Wirkung nonverbaler Kommunikation einige Teilnehmer der Studie das Duell nur mit Ton verfolgt, während eine andere Gruppe die Debatte ganz normal – mit Bild und Ton – rezipiert hat. Drittens haben die Studienteilnehmer an einer vierwelligen Panelerhebung teilgenommen – unsere Probanden wurden unmittelbar vor, unmittelbar nach sowie einige Tage nach dem Duell befragt. Ein abschließendes Interview erfolgte nach der Bundestagswahl. Schließlich gibt es viertens verschiedene Inhaltsanalysen, um die Reaktionen der Rezipienten mit den Inhalten des TV-Duells sinnvoll in Verbindung zu bringen.

Den ersten inhaltlichen Aufschlag machen im Kap. „Von Schachteln im Schaufenster, Kreisverkehren und (keiner) PKW-Maut: Kandidatenagenda, -strategien und ihre Effekte" Carolin Jansen und Isabelle Glogger. Sie rücken zu Beginn die Inhalte des Duells in den Fokus und gehen den Fragen nach, wie sich die 90 min des Duells auf verschiedene Themenfelder verteilt haben und mit welchen rhetorischen Strategien die Kontrahenten dabei agierten: Wer hat wo attackiert? Wer musste sich wo verteidigen? Und wie sahen die spontanen Reaktionen der Zuschauer darauf aus?

Nach dem Duell dominiert eine Frage das Geschehen: Wer hat das Duell gewonnen? Dieser Frage samt ihrer Hintergründe widmen sich im Kap. „And the winner is...?! Die Entstehung des Siegerbildes bei der TV-Debatte 2013" Johannes Blumenberg, Daniela Hohmann und Sven Vollnhals. Darüber hinaus geht Julia Range im Kap. „Wissens- und Partizipations-Gaps: Führte das TV-Duell 2013 zu einer politischen und kognitiven Mobilisierung?" der Frage nach, ob das Duell 2013 eine Mobilisierung bei den Zuschauern – und hier insbesondere bei politikferneren Zuschauerkreisen – auslöste. Steigt ihr politisches Interesse? Steigt ihre Beteiligungsabsicht? Lernen sie etwas? Und schließen sich in Folge all dessen zuvor bestehende diesbezügliche „Gaps" in der Bevölkerung?

Im Kap. „Die Bedeutung von Emotionen für die Rezeption der TV-Debatte 2013" gehen Ines Vogel und Lukas Otto einem Faktor nach, der in der politischen Psychologie aktuell heiß diskutiert wird: Welche Bedeutung haben eigentlich Emotionen – im konkreten Fall bezogen auf Merkel und Steinbrück – im Kontext eines solchen Duells? Wie werden solche Emotionen ggf. evoziert? Und welche Folgen sind mit ihnen verbunden? Das Kap. „„Deutschlandkette statt Sachkompetenz":

Führt die Rezeption des TV-Duells zu einer personalisierten Wahrnehmung von Politik?", verfasst von Michaela Maier, Lukas Otto, Katharina Disch und Carlo Ruppert, widmet sich ebenfalls den beiden Kandidaten und untersuchen die populäre These der Personalisierung: Trägt ein Format wie das Fernsehduell dazu bei, dass Politik „personalisierter" wird? Und sind es vor allem die Fernseh*bilder*, die diese Tendenzen gegebenenfalls vorantreiben? Im Kap. „Alles nur Show? Effekte des TV-Duells auf Performanz- und Positionssachfragen" schließlich gehen Felicitas Belok und Tassilo Heinrich der Frage nach, ob sich in Folge des Duells auch verschiedene Facetten rund um politische Sachfragen verändern. Wer erscheint nach dem Duell als kompetenter? Werden die Kandidaten bei umstrittenen Sachfragen anders gesehen als noch zuvor? Der insbesondere für die Kandidaten und Parteien spannende Frage, ob sich das Duell positiv auf ihre Erfolgsaussichten am Wahltag auswirkt, geht Jürgen Maier im Kap. „Der Einfluss des TV-Duells auf die Wahlabsicht" nach. Er untersucht verschiedene Wege, wie ein solcher Wirkungsmechanismus aussehen könnte.

Drei Kapitel befassen sich mit Kommunikationsphänomenen, die das Ereignis „TV-Duell" flankieren. Dominic Nyhuis und Johannes Friedrich untersuchen im Kap. „Begleitung des TV-Duells auf Twitter", wie die Fernsehdebatte auf dem Second Screen, nämlich bei Twitter, begleitet wurde und ob sich dort Parallelitäten zu den Wahrnehmungen und Bewertungen im Labor ergeben. Johannes Leuchte widmet sich im Kap. „Interpersonale Kommunikation während und nach der Rezeption des TV-Duells" der interpersonalen Kommunikation während und nach dem Duell. In welchem Maße gibt es diese? Und welche Folgen sind damit verbunden? Kap. „It's the media, stupid? Die Bedeutung der medialen Nachberichterstattung des Duells" schließlich konzentriert sich auf massenmediale Anschlusskommunikation, sowohl im unmittelbaren Anschluss an das Duell als auch an den Tagen danach. Thorsten Faas und Jürgen Maier prüfen dort auch, ob es unterschiedliche Mechanismen gibt – persuasive, aber auch Priming-Effekte, die Wahrnehmungen und Effekte des Duells im Zeitraum nach dem Duell verändern.

In einem abschließenden Kapitel erweitern Thorsten Faas und Jürgen Maier den Blick über das TV-Duell hinaus: In ihrer Analyse des TV-Dreikampfs zwischen Rainer Brüderle, Gregor Gysi und Jürgen Trittin prüfen sie sowohl, wie das Format des Dreikampfs im Vergleich zum Duell angekommen ist, aber auch wie die drei Kontrahenten aus Sicht der Zuschauer bewertet wurden.

Insgesamt zeigen die vielfältigen Analysen auf der Basis einer umfassenden Datenbasis, dass das TV-Duell (und auch der Dreikampf) tatsächlich vielversprechende Forschungsgegenstände sind. Aufgrund der guten Abgrenzbarkeit zum restlichen Wahlkampfgeschehen lassen sich an ihrem Beispiel vielfältige

Fragestellungen der Wahl-, politischen Kommunikations- und der politisch-psychologischen Forschung untersuchen. Die Befunde zeigen auch, dass sich rund um das Duell vielfältige Effekte einstellen. In der Gesamtschau vermitteln sie das Bild, dass sich die Ausstrahlung von TV-Duellen lohnt – für die Politik, für die Medien, vor allem aber für die Zuschauerinnen und Zuschauer. Dies führt uns zu einem abschließenden Hinweis: Zumeist verwenden wir in diesem Band nur die männliche Form, dies aber nur der Einfachheit halber. Natürlich sind immer beide Geschlechter gemeint.

Das Studiendesign

Berend Barkela und Jürgen Maier

1 Wie lassen sich Debatteneffekte messen?

Debattenforschung ist in erster Linie Wirkungsforschung. Die Vielzahl der zu dieser Frage vorliegenden Studien ist kaum zu überschauen. Demgegenüber gibt es zu anderen wichtigen Themen rund um TV-Duelle – etwa zu ihrem Format, ihrer Nutzung oder ihrem Inhalt – deutlich weniger Studien. Wie aber kann man Debatteneffekte messen? Im Kern gibt es drei Ansätze: repräsentative Bevölkerungsumfragen, qualitative Interviews und experimentelle Designs.

Die Stärken von repräsentativen Befragungen sind zweifellos die großen Fallzahlen und die durch die Zufallsauswahl der Befragten mögliche Hochrechnung von Stichprobenergebnissen auf die wahlberechtigte Bevölkerung. Besonders gut lässt sich deshalb etwa die Nutzerstruktur von TV-Debatten untersuchen (vgl. z. B. Kenski und Stroud 2005; Maier und Faas 2011). Demgegenüber ist der Nachweis von Kausaleffekten mit Hilfe von Repräsentativbefragungen schwierig. Dies gilt für reine Querschnittbefragungen (vgl. z. B. Drew und Weaver 2006; Maier und Faas 2011), aber auch für Panel- (vgl. z. B. Donsbach und Jandura 2005) oder Rolling-Cross-Section-Designs (vgl. z. B. Faas und Maier 2011b; Holst et al. 2006; Maier et al. 2014a). Der Grund hierfür ist, dass Debatteneffekte nachweislich stark

B. Barkela (✉)
Landau, Deutschland
E-Mail: barkela@uni-landau.de

J. Maier
Landau, Deutschland
E-Mail: maierj@uni-landau.de

von der Kommunikation über diese Ereignisse beeinflusst werden (vgl. z. B. Faas und Maier 2011a; Tsfati 2003). Aus rein technischen Gründen verstreicht zwischen einem TV-Duell und der Messung in Repräsentativbefragungen (vor bzw. nach einer Debatte) Zeit. In dieser Zeit haben die Befragten aber die Gelegenheit, Informationen über das Duell aus den Medien aufzunehmen und sich mit Dritten über die Debatte auszutauschen. Aus diesen Gründen ist es schwer zu beurteilen, ob die mit repräsentativen Befragungen gemessenen Debattenwirkungen tatsächlich ursächlich auf das Duell zurückzuführen sind („direkte Debatteneffekte") oder aus der massenmedialen und interpersonalen (Anschluss-)Kommunikation resultieren („indirekte Debatteneffekte").

Studien, die auf qualitativen Interviews fußen, sind mit dieser Problematik in der Regel nicht konfrontiert, da Rezipienten üblicherweise direkt nach dem Verfolgen eines TV-Duells interviewt werden. Ein solches Design lässt sich forschungspraktisch aber nur im Rahmen von Fokusgruppeninterviews durchführen (vgl. z. B. Dinter und Weissenbach 2015; McKinney und Lamoureux 1999). Allerdings sind solche Interviews zeitaufwendig und deshalb nur mit sehr kleinen Stichproben möglich. Problematisch bei diesem Vorgehen ist nicht nur die fehlende Repräsentativität der Untersuchungspopulation, sondern auch die Schwierigkeit, die im Rahmen dieser Diskussionsrunden getroffenen Aussagen miteinander zu vergleichen. Zudem unterliegen Fokusgruppeninterviews gruppendynamischen Prozessen. Sofern diese nicht Teil der Forschungsfrage sind, können sie sich störend auf das Antwortverhalten der Befragten auswirken. Insgesamt ist es deshalb wenig überraschend, dass Fokusgruppenbefragungen in der Debattenforschung nur sehr selten angewendet werden.

Eindeutig am besten lassen sich Kausaleffekte der Debattenrezeption mit Hilfe von Experimenten nachweisen. Vor allem lässt sich mit einem experimentellen Design der Nachweis führen, ob die Rezeption von Fernsehdebatten entscheidend für die Veränderung von individuellen Orientierungen und Verhaltensabsichten ist. Insbesondere mit Pretest-Posttest-Designs, in deren Rahmen Rezipienten unmittelbar vor und unmittelbar nach einer Debatte befragt werden, lassen sich direkte Debatteneffekte zweifelsfrei isolieren. Besonders stringent ist dieser Nachweis, wenn die Veränderungen, die bei den Rezipienten einer Debatte gemessen werden, noch mit den Veränderungen, die in einer Kontrollgruppe – also bei Personen, die die Debatte nicht gesehen haben – im gleichen Zeitraum auftreten, verglichen werden. Zudem lassen sich im Rahmen von Experimenten gezielt Versuchsbedingungen herstellen, die dazu beitragen, theoretisch bedeutsame Fragen zu beleuchten – etwa die Rolle von Mimik und Gestik der Kandidaten oder den Stellenwert von Anschlusskommunikation. Experimente haben aber auch Nachteile – vor allem im Hinblick auf die Generalisierbarkeit der Befunde. Ursachen hierfür sind die oftmals geringen

Fallzahlen, die fehlende Repräsentativität bei der Auswahl der Untersuchungsteilnehmer sowie die künstliche Rezeptionssituation. Dass insbesondere die letztgenannte Sorge weitgehend unbegründet ist, lässt sich mit theoretischen Argumenten plausibel darlegen (Maurer und Reinemann 2003, S. 61). Weiterhin gibt es auch Maßnahmen, mit denen man gezielt der mangelnden Repräsentativität entgegenwirken kann. Insgesamt zeigen die vorliegenden experimentell angelegten Debattenstudien oft ähnliche Ergebnisse. Diese wiederum stehen häufig im Einklang mit Befunden aus Repräsentativbefragungen. Die Einschränkungen in der externen Validität von experimentell gewonnenen Befunden in der Debattenforschung sind also eher gering. Da in der Summe die Vorteile von Experimenten größer sind als ihre Nachteile, finden sich in der Debattenforschung auch zahlreiche Untersuchungen, die einen experimentellen Ansatz verfolgen.

Dies ist auch in der vorliegenden Studie zu Wahrnehmungen und Wirkungen des TV-Duells und des TV-Dreikampfs im Vorfeld der Bundestagswahl 2013 der Fall. Ergänzt wird das Experiment durch den Einsatz von Real-Time-Response-Messungen und eine Inhaltsanalyse des TV-Duells. Im Folgenden stellen wir das Untersuchungsdesign, das sich an ähnlich konzipierte Vorgängerstudien anlehnt (Faas und Maier 2004; Maier und Faas 2002, 2009a; Maurer und Reinemann 2003; Maurer et al. 2007), im Detail vor. Alle Kapitel des vorliegenden Sammelbands basieren auf der hier vorgestellten Datengrundlage. Die TV-Duell-Studie ist Teil der German Longitudinal Election Study (GLES; vgl. Genaueres unter www.gles.eu sowie Schmitt-Beck et al. 2010) und kann – wie alle anderen Daten der GLES – kostenfrei aus dem Internet heruntergeladen werden.[1]

2 Das Design der Studie im Überblick

Das Design der vorliegenden Studie soll mindestens vier Funktionen erfüllen: Erstens sollen direkte Debatteneffekte zuverlässig isoliert werden – einerseits für das TV-Duell zwischen Angela Merkel und Peer Steinbrück vom 1. September 2013, andererseits für den TV-Dreikampf zwischen Gregor Gysi, Rainer Brüderle und Jürgen Trittin, der am Tag nach der Kanzlerdebatte, also am 2. September 2013, ausgestrahlt wurde. Hierfür wurde ein Pretest-Posttest-Design mit verschiedenen experimentellen Versuchsbedingungen entwickelt, das den Kern der vorliegenden Untersuchung darstellt. Zweitens soll die Stabilität von Debatteneffekten gemessen werden. Deshalb haben wir im Anschluss an die Debatten zwei weitere Befragungswellen

---

[1] http://www.gesis.org/wahlen/gles (Zugegriffen: 7. November 2016). Nicht verfügbar sind die Daten des TV-Dreikampfs, da diese nicht zum Erhebungsprogramm der GLES gehören.

durchgeführt und so das Experiment um eine Panelbefragung erweitert. Drittens sind wir an der Verarbeitung der Botschaften interessiert, die die Kandidaten den Wählern im Rahmen der Debatten übermitteln. Zur Messung spontaner Reaktionen auf das Auftreten und die Aussagen der Kandidaten haben wir deshalb eine Real-Time-Response-Messung (kurz: RTR-Messung) in das Studiendesign integriert. Mithilfe der dabei gewonnenen Daten lassen sich die Reaktionen der Studienteilnehmer während der Debattenrezeption im Detail nachvollziehen. Schließlich sind wir viertens an den Debatteninhalten selbst interessiert. Deshalb haben wir alle während des Duells bzw. Dreikampfs getätigten Aussagen transkribiert und – allerdings nur für das TV-Duell – mithilfe einer Inhaltsanalyse kategorisiert.

Alle Teilkomponenten der vorliegenden Studie (vgl. auch die Übersicht in Abb. 1) können miteinander verknüpft werden. Durch die Verzahnung von Experimental- und RTR-Daten können beispielsweise die Echtzeitreaktionen bestimmter Wählergruppen untersucht werden. Ebenso lassen sich durch die Verknüpfung von Inhaltsanalyse und RTR-Messungen Reaktionen auf bestimmte Aussagen nachzeichnen.

3 Experiment und Panelbefragung

3.1 Stichprobe

Insgesamt haben 315 Personen an der TV-Debatten-Studie 2013 teilgenommen. 293 Teilnehmer haben in irgendeiner Form das TV-Duell und ggf. auch den TV-Dreikampf verfolgt. Wir bezeichnen diese Gruppe im Folgenden auch als Experimentalgruppe.[2] Demgegenüber fungieren 22 Probanden als Kontrollgruppe. Sie haben die Debatte(n) nicht gesehen, sondern stattdessen einen Spielfilm mit unpolitischem Inhalt – „Vicky Christina Barcelona". In einer Vorstudie konnte gezeigt werden, dass dieser Film keine Effekte auf politische Fragestellungen hat.

Die Rekrutierung der Untersuchungsteilnehmer erfolgte über eine Pressemitteilung, die wir an lokale Tageszeitungen, Anzeigenblätter und Radiosender in den Städten Landau, Mainz und Koblenz (bzw. deren Umland) verschickt haben. In den (z. T. redaktionell bearbeiteten) Beiträgen wurde allgemein – d. h. ohne Nennung konkreter Forschungsziele – über die Studie berichtet, auf die Möglichkeit der Teilnahme

---

[2]Die Zahl derjenigen Personen, die das TV-Duell und den TV-Dreikampf verfolgten, stimmt nicht mit der Anzahl der ausgefüllten Fragebögen überein, da nicht für jeden Zuschauer Fragebogendaten vorliegen. Genaue Angaben zu den Ausschöpfungsquoten der Befragungswellen finden sich in Tab. 3 und 4.

Das Studiendesign 15

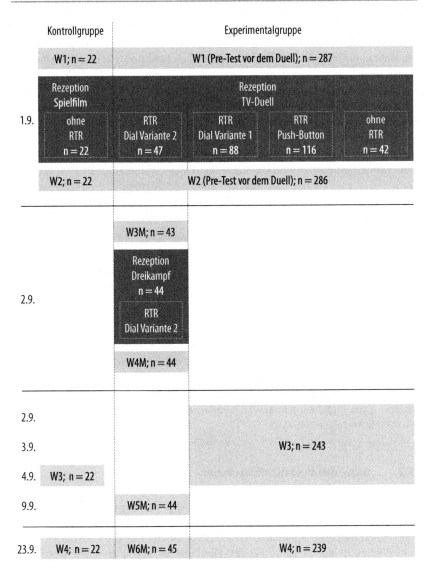

Abb. 1 Studiendesign mit Befragungswellen

hingewiesen und Telefonnummern bzw. E-Mail-Adressen genannt, unter denen man Kontakt mit den Universitäten Koblenz-Landau bzw. Mainz aufnehmen konnte. Darüber hinaus wurde die Studie über Flyer und Plakate beworben. Für die Kontrollgruppe wurden eine eigene Pressemitteilung sowie spezielle Flyer und Plakate verbreitet. Im Unterschied zur Experimentalgruppe wurde hier zu einer Studie zur Spielfilmrezeption eingeladen. Auf allen Ankündigungen wurde damit geworben, dass die Studienteilnehmer eine Aufwandsentschädigung in Höhe von 25 EUR erhalten.

Im Rahmen des Erstkontakts wurde ein kurzes Profil der an der Studienteilnahme interessierten Personen erstellt, das die Merkmale Geschlecht, Alter, Bildung und Parteiidentifikation umfasst. Insbesondere die letzten beiden Merkmale sind immer wieder als wichtige Moderatoren von Debatteneffekten identifiziert worden. Ziel war es, auf der Basis dieser Informationen eine Quotenstichprobe zu erzielen, in der die (zum Teil zu Gruppen zusammengefassten) Ausprägungen dieser Merkmale gleichverteilt sind. Dies ist mit Blick auf das Geschlecht (49 % Frauen, 51 % Männer) und das Alter (18–39 Jahre: 53 %, 40 Jahre oder älter: 47 %) weitgehend gelungen. Demgegenüber gab es hinsichtlich der Bildung die für politische Studien typischen Verzerrungen (Hauptschule/mittlere Reife: 29 %, Fachabitur/Abitur: 71 %). Auch mit Blick auf die Parteiidentifikation erwies sich die Erfüllung der angestrebten Quoten als schwierig (CDU/CSU, FDP: 24 %; SPD, Bündnis 90/Die Grünen, Die Linke: 48 %; keine/andere Parteiidentifikation: 28 %). Wie die detaillierte Aufschlüsselung des Teilnehmerprofils in Tab. 1 zeigt, hatte diese Schieflage sehr geringe Fallzahlen oder sogar Lücken in einzelnen Zellen, die sich aus der Kombination der vier Merkmale ergeben, zur Folge.

Bedeutsam ist jedoch, dass zwischen der Experimental- und der Kontrollgruppe keine signifikanten Abweichungen in den Randverteilungen dieser vier Merkmale vorliegen ($p > 0{,}05$).

3.2 Experimentalbedingungen

Das Design der vorliegenden Untersuchung folgt einer experimentellen Logik. Einerseits werden die Wirkungen der Debatten auf eine Experimentalgruppe mit einer Kontrollgruppe verglichen. Andererseits werden Debattenrezipienten unterschiedlichen Bedingungen ausgesetzt. Dies versetzt uns in die Lage, theoretisch relevante Fragestellungen gezielt untersuchen zu können. Die genaue Zuordnung der Teilnehmer in der Experimentalgruppe auf die Rezeptionsbedingungen und die jeweilige Zahl der Probanden können Tab. 2 entnommen werden.

Eine erste Versuchsbedingung unterscheidet die Probanden danach, ob sie die Debatten gesehen und gehört haben („Video-Gruppe") oder ob sie die Debatten

Tab. 1 Verteilung der Quotierungsmerkmale in Experimental- und Kontrollgruppe

EG/KG	Geschlecht	Alter	Bildung	Parteiidentifikation			Gesamt		
				CDU/CSU, FDP	SPD, B90/Grüne, Linke	Andere/keine			
EG	Männlich	18–39 Jahre	Max. Realschule	1	10	9	20		
			Mind. Fachabitur	17	26	14	57	77	
		40+ Jahre	Max. Realschule	10	8	10	28		
			Mind. Fachabitur	14	25	7	46	74	151
	Weiblich	18–39 Jahre	Max. Realschule	0	6	4	10		
			Mind. Fachabitur	18	34	18	70	80	
		40+ Jahre	Max. Realschule	6	15	9	30		
			Mind. Fachabitur	7	17	8	32	62	142
				73	141	79			293
									293
KG	Männlich	18–39 Jahre	Max. Realschule	0	0	0	0		
			Mind. Fachabitur	1	2	1	4	4	
		40+ Jahre	Max. Realschule	0	1	1	2		
			Mind. Fachabitur	1	1	2	4	6	10
	Weiblich	18–39 Jahre	Max. Realschule	0	0	0	0		
			Mind. Fachabitur	1	3	2	6	6	
		40+ Jahre	Max. Realschule	0	0	1	1		
			Mind. Fachabitur	1	3	1	5	6	12
									22
									22
Gesamt				77	151	87			315
									315

Tab. 2 Zuordnung der Experimentalgruppen zu Rezeptionsbedingungen

Standort[a]	Rezeptionsbedingungen nach Experimentalgruppen									Kontrollgruppe	N
	Rezeption TV-Duell	Rezeption TV-Dreikampf	Rezeption Video	Rezeption Audio	Rezeption mit interpers. Komm.	Rezeption mit Nachberichterstattung	RTR Push-Button während Rezeption	RTR Dial Variante 1 während Rezeption	RTR Dial Variante 2 während Rezeption	Rezeption Kinofilm	
MZ	X		X								22
MZ	X		X		X						20
LD/MZ	X		X					X			88
KO/MZ	X		X				X				61
KO	X			X			X				38
MZ	X	X	X			X	X				17
MZ	X		X						X		47
MZ	X									X	22
N	293	47	255	38	20	17	116	88	47	22	315

Aus der Tabelle ergeben sich aus den Spalten die Fallzahlen der einzelnen Experimentalbedingungen, aus den Zeilen die Fallzahlen der Experimentalgruppen, in denen Experimentalbedingungen kombiniert wurden. Z. B. zeigt die dritte Spalte alle Personen, die das TV-Duell als Video verfolgt haben. Die dritte Zeile zeigt Versuchspersonen, die in Landau oder Mainz das TV-Duell als Video gesehen haben und das RTR-Dial-System in der Variante 1 bedienen sollten

[a]LD = Landau; KO = Koblenz, MZ = Mainz

nur gehört haben („Audio-Gruppe"). Während die erste Variante die Rezeption der Debatten im Fernsehen abbilden soll, simuliert die zweite Version die Debattenrezeption im Radio. Mithilfe dieser Versuchsbedingung ist es möglich, die Wirkung nonverbaler Kommunikation (also das Aussehen, die Mimik und die Gestik) der Kandidaten auf die Urteilsbildung zu untersuchen. In einer zweiten Versuchsbedingung wurden die Studienteilnehmer explizit aufgefordert, sich auch während der Debatten miteinander zu unterhalten. Auch war es gestattet, Meinungsäußerungen in Form von Kommentaren, Lachen etc. vorzunehmen. Ziel dieser Versuchsbedingung war es, die Rolle interpersonaler Kommunikation während der Debattenrezeption auf die Urteilsbildung zu untersuchen. In den anderen Gruppen wurden die Versuchspersonen hingegen strikt angehalten, die Debatten für sich zu verfolgen, nicht mit anderen zu sprechen und Dritte nicht durch wie auch immer geartete verbale Äußerungen zu beeinflussen. Im Rahmen einer dritten Versuchsbedingung sahen die Probanden eine Viertelstunde lang die unmittelbar an das TV-Duell ausgestrahlte Talkshow („Günther Jauch nach dem Duell", ARD), in der Inhalt und Ausgang der Debatte diskutiert wurden. Mit dieser Variation der Debattenrezeption lässt sich der Einfluss der unmittelbaren medialen Nachberichterstattung auf die Urteilsbildung der Rezipienten untersuchen. Ebenfalls als Versuchsbedingung kann die Messung von Echtzeitreaktionen aufgefasst werden. Dafür wurden Versuchsteilnehmer mit RTR-Systemen ausgestattet – einige mit einem Drehreglersystem, andere mit einem Druckknopfsystem (zu den Details vgl. Abschn. 4). Schließlich ist eine Gruppe am darauffolgenden Tag nochmals in die Universität gekommen, um auch den TV-Dreikampf zu verfolgen. Diese Personen erhielten in Bezug auf die RTR-Messung andere Instruktionen und es wurden minimale Anpassungen der Fragebögen vorgenommen.

Um Effekte von möglicherweise relevanten Hintergrundvariablen zu kontrollieren und die verschiedenen Experimentalgruppen dennoch möglichst direkt über Standorte hinweg miteinander vergleichen zu können, wurden die verschiedenen Versuchsgruppen hinsichtlich der Variablen Geschlecht, Alter, Bildung und Parteiidentifikation parallelisiert. Mit der Einschränkung der bereits oben beschriebenen Verzerrung in den Variablen Parteiidentifikation und Bildung ist dies weitgehend gelungen. Hier ist entscheidend, das zwischen den einzelnen Experimentalgruppen keine signifikanten Abweichungen in den Randsummen dieser Merkmale bestehen ($p > 0{,}05$).

3.3 Befragung

Alle Teilnehmer des Experiments wurden unmittelbar vor und nach dem Duell befragt (Pretest-Posttest-Design). Auf diese Weise ist es möglich, Debatteneffekte auf der Individualebene nachzuvollziehen. Weiterhin wurden alle Probanden zu zwei weiteren Zeitpunkten nach dem TV-Duell befragt. Damit ist es möglich, Stabilität und Veränderung von direkten Debatteneffekten unter dem Einfluss von (massenmedialer und interpersonaler) Anschlusskommunikation zu untersuchen.

Der erste Fragebogen (W1) wurde den Untersuchungsteilnehmern direkt vor dem TV-Duell (bzw. der Kontrollgruppe: direkt vor der Rezeption des Kinofilms) vorgelegt.[3] Der Fragebogen umfasste 57 Items zu politischem Wissen, allgemeinen, partei- und kandidatenbezogenen politischen Einstellungen, Einstellungen und Erwartungen zum TV-Duell, Bewertungen der Moderatoren, Wahlabsicht, Mediennutzung und soziodemografischen Merkmalen. Direkt nach der TV-Duell-Rezeption erhielten die Teilnehmer einen zweiten, 54 Items umfassenden Fragebogen (W2), der weitgehend identisch mit dem ersten Fragebogen war.[4] Darüber hinaus enthielt der Fragebogen einen breiteren Block mit Fragen, in denen die Debattenperformanz der Kandidaten und die Bewertung des TV-Duells erfasst wurden. Demgegenüber wurden Fragen zu Mediennutzung und Demografie nicht erneut abgefragt.

Der dritte und der vierte Fragebogen wurden postalisch versendet. Der dritte Fragebogen (W3) erreichte die Teilnehmer zwischen dem 2. und dem 4. September 2013, also einige Tage nach dem Duell. Der Versand des Fragebogens wurde zufällig über diesen Zeitraum gestreut, um genauere Aufschlüsse über die Persistenz von Debatteneffekten zu erhalten. Die 45 Items im Fragebogen stimmten wiederum mit jenen aus den Wellen 1 und 2 weitgehend überein. Neu aufgenommen wurden Fragen zur wahrgenommenen Medienberichterstattung sowie der interpersonalen Kommunikation über das Duell, um Einflüsse der Anschlusskommunikation auf die Urteilsbildung zu analysieren. Der vierte und letzte Fragebogen (W4) wurde so verschickt, dass er die Teilnehmer am Tag nach der Bundestagswahl, also am 23. September, erreichte. Auch die 30 Items in diesem Fragebogen griffen die Themen der vorangegangenen Wellen auf. Neu waren Fragen nach der tatsächlichen Wahlentscheidung, der Bewertung des Wahlkampfs sowie zur eigenen Persönlichkeit.

Personen, die neben dem TV-Duell auch den TV-Dreikampf angesehen haben, erhielten direkt vor und direkt nach der Diskussionssendung mit Gregor Gysi, Rainer Brüderle und Jürgen Trittin am Montag einen weiteren Fragebogen (W3M und W4M). Analog zur TV-Duell-Gruppe wurden auch diese Probanden in zwei weiteren Wellen eine Woche nach dem TV-Dreikampf (W5) sowie direkt nach

---

[3]Die Teilnehmer der Kontrollgruppe erhielten in den ersten beiden Befragungswellen jeweils die gleichen Fragebögen wie die Experimentalgruppe. Ausgespart wurden jedoch Fragen, die sich explizit auf die Debatte bezogen.

[4]Einzige Ausnahme war hier die Gruppe, die zunächst noch einen Teil der Nachberichterstattung verfolgt hat, ehe sie den zweiten Fragebogen ausgefüllt hat.

der Bundestagswahl (W6) nochmals befragt. In Abweichung zu den anderen Untersuchungsteilnehmern wurde diese Gruppe in allen Wellen auch um Bewertungen dieser Kandidaten gebeten, die am TV-Dreikampf teilgenommen haben. Außerdem beantworteten sie zusätzliche Fragen zu ihren Erwartungen bzw. ihrer Bewertung des Dreikampfs. Die Ausschöpfungsquoten für die einzelnen Befragungswellen sind in Tab. 3 und 4 ausgewiesen.

Tab. 3 Ausschöpfungsquoten in den einzelnen Wellen

	Gesamt	Pretest (W1) vor TV-Duell		Posttest (W2) nach TV-Duell		Pretest (W3M) vor TV-Dreikampf		Posttest (W4M) nach TV-Dreikampf		Posttest (W3/W5M) nach einig. Tagen		Posttest (W4/W6M) nach der Wahl	
	N	N	%	N	%	N	%	N	%	N	%	N	%
Debatte	246	240[a]	97,6	239[a]	97,2	–	–	–	–	243	98,8	239	97,2
Debatte und Dreikampf	47	47	100,0	47	100,0	43[b]	91,5	44	93,6	44	93,6	45	95,7
Kontrollgruppe	22	22	100,0	22	100,0	–	–	–	–	22	100,0	22	100,0
	315	309	98,1	308	97,8	–	–	–	–	309	98,1	306	97,1

[a]In einigen Experimentalgruppen füllten die Teilnehmer ihre Fragebögen direkt am PC aus. Aufgrund technischer Probleme wurden die Daten bei einigen Personen nicht gespeichert
[b]Eine Person kam verspätet zum Termin und konnte am Pretest nicht teilnehmen

Tab. 4 Ausschöpfungsquoten über alle Wellen hinweg

	Gesamt	W1 und W2 bearbeitet		W1, W2, W3M und W4M bearbeitet		W1, W2, (W3M, W4M) und W3/W5M bearbeitet		Alle Wellen bearbeitet	
	N	N	%	N	%	N	%	N	%
Debatte	246	234	95,1	–	–	231	93,9	226	91,9
Debatte und Dreikampf	47	47	100,0	43	91,5	40	85,1	39	83,0
Kontrollgruppe	22	22	100,0	–	–	22	100,0	22	100,0
	315	303	96,2	–	–	293	93,0	287	91,1

4 Real-Time-Response-Messung

Analog zu früheren Studien haben wir das experimentelle Design durch die Messung von Echtzeitreaktionen zur Debatte ergänzt. Auf diese Weise hatten die Probanden die Möglichkeit, jederzeit eine spontane Bewertung zu den Inhalten des Duells abzugeben. RTR-Messungen wurden bereits erfolgreich bei früheren TV-Duellen innerhalb und außerhalb Deutschlands eingesetzt. In verschiedenen Untersuchungen wurde zudem nachgewiesen, dass die mit Hilfe der RTR-Technik gesammelten Messergebnisse reliabel und valide sind (vgl. z. B. Maier et al. 2007; Maier et al. 2014b; Reinemann et al. 2005). Für die vorliegende Studie wurden zwei RTR-Systeme eingesetzt: einerseits ein Druckknopf-System („Push-Button"), andererseits ein Drehregler-System („Dials"). Die Systeme sind zwar prinzipiell miteinander vergleichbar (Maier et al. 2007; Reinemann et al. 2005), geben aber unterschiedliche Einblicke in die individuelle Informationsverarbeitung (Maier und Faas 2009b).

Teilnehmer, die das Push-Button-System genutzt haben, wurden für die Debattenrezeption vor einem Computer platziert. Mit Hilfe von vier farbig markierten Tasten der PC-Tastatur konnten sie – getrennt für die beiden Kandidaten Merkel und Steinbrück – zu jedem beliebigen Zeitpunkt positive und negative Bewertungen abgeben. Wurde eine Taste gedrückt, übertrug der Computer die entsprechende Information gemeinsam mit einer Zeitangabe an einen zentralen Server. Wurde eine Taste innerhalb einer Sekunde mehrfach betätigt, wurde auch der Messwert mehrfach abgelegt. Auf dem Computerbildschirm sahen die Teilnehmer ein Foto der Kandidaten (vgl. Abb. 2). Unter dem Foto wurde der Name des jeweiligen Kandidaten platziert, an der oberen rechten Ecke das Symbol der Partei, für die die Person als Spitzenkandidat angetreten ist. Zusätzlich wurden auf dem Bildschirm für jeden Kandidaten ein Plus- und ein Minus-Symbol angezeigt. Immer dann, wenn eine Taste gedrückt wurde, leuchtete das entsprechende Symbol auf dem Bildschirm kurz auf und meldete dem Probanden so optisch zurück, dass seine Bewertung registriert wurde.

Direkt vor der Debatte wurden die Teilnehmer durch den Versuchsleiter mit folgendem Text in die Benutzung des Push-Button-Systems eingewiesen:

> Auf der Computertastatur finden Sie vier farbige Tasten. Die blauen Tasten sind für Angela Merkel vorgesehen, die roten Tasten für Peer Steinbrück. Wenn Sie während der Debatte einen guten Eindruck von Peer Steinbrück haben, drücken Sie bitte die rote Plustaste. Wenn Sie einen schlechten Eindruck von Peer Steinbrück haben, drücken Sie bitte die rote Minustaste. Für einen guten Eindruck von Angela Merkel während der Debatte drücken Sie bitte die blaue Plustaste, bei einem schlechten Eindruck verwenden Sie bitte die blaue Minustaste. Wenn Sie einen besonders starken Eindruck von Kandidaten haben, können Sie die Tasten natürlich auch mehrfach hintereinander drücken.

Probanden, die das Drehregler-System verwendet haben, wurde vor dem Duell ein Apparat ausgehändigt, der über einen Drehregler mit 7 Positionen verfügte (vgl. Abb. 3). Die Zuschauer konnten zu jedem beliebigen Zeitpunkt Bewertungen abgeben, indem sie eine mit ihrem spontanen Eindruck korrespondierende Position auf dem Drehregler wählten. Jedes Gerät war über ein Kabel mit einem

Abb. 2 Bildschirmansicht Push-Button-System

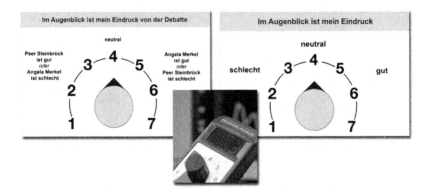

Abb. 3 Skalenbelegung Drehreglersystem (links: Variante 1 für Probanden, die nur das TV-Duell gesehen haben; rechts: Variante 2 für Probanden, die das TV-Duell und den TV-Dreikampf gesehen haben)

Computer verbunden, der einmal pro Sekunde den aktuellen Reglerstand erfasste und die Messwerte in einer Datenbank speicherte. Für dieses RTR-System wurden zwei unterschiedliche Instruktionen verwendet. Der größere Teil der Versuchspersonen (N = 88) sollte ähnlich dem Push-Button-System die Kandidaten bewerten. Die Reglerposition „1" sollte gewählt werden, wenn sie entweder einen sehr guten Eindruck von Steinbrück oder einen sehr schlechten Eindruck von Merkel hatten. Die Reglerposition „7" war hingegen für einen sehr schlechten Eindruck von Steinbrück oder einen sehr guten Eindruck von Merkel reserviert. Vor dem Duell wurden die Teilnehmer vom Versuchsleiter wie folgt instruiert:

> Auf dem Drehregler stehen Ihnen sieben verschiedene Positionen zur Verfügung, um Ihre Bewertung des Fernsehduells abzugeben. Die mittlere Position ‚4' ist die Ausgangsposition und bedeutet, dass Sie von keinem der Kandidaten einen besseren oder schlechteren Eindruck haben. Wenn Sie während der Debatte einen guten Eindruck von Herrn Steinbrück haben, dann drehen Sie den Regler bitte nach links. Je weiter Sie den Regler nach links drehen, desto besser ist Ihr Eindruck. ‚1' bedeutet z. B., dass Sie einen außerordentlich guten Eindruck von Herrn Steinbrück haben. Drehen Sie den Regler bitte ebenfalls nach links, wenn Sie einen schlechten Eindruck von Angela Merkel haben. In diesem Fall bedeutet ‚1', dass Sie einen außerordentlich schlechten Eindruck von Angela Merkel haben. Wenn Sie einen guten Eindruck von Angela Merkel haben, dann drehen Sie den Regler bitte nach rechts. Je weiter Sie den Regler nach rechts drehen, desto besser ist ihr Eindruck. ‚7' bedeutet z. B., dass Sie einen außerordentlich guten Eindruck von Angela Merkel haben. Drehen Sie den Regler bitte ebenfalls nach rechts, wenn Sie einen schlechten Eindruck von Herrn Steinbrück haben. In diesem Fall bedeutet ‚7', dass Sie einen außerordentlich schlechten Eindruck von Herrn Steinbrück haben. Mit den verbleibenden Kategorien dazwischen können Sie Ihr Urteil abstufen.

Die Gruppe, die nicht nur das TV-Duell, sondern auch am darauffolgenden Tag den TV-Dreikampf gesehen hat (N = 47), wurde hingegen gebeten, den allgemeinen Eindruck, den sie von der Debatte hatten, über die Benutzung der Drehregler zu dokumentieren. Für sie lief die Skala deshalb von „1" („sehr schlecht") bis „7" („sehr gut") (vgl. Abb. 3). Entsprechend lautet die Instruktion vor den beiden Debatten wie folgt:

> Wenn Ihnen während der Debatte etwas gut gefällt, wenn Sie einen guten Eindruck von etwas haben, dann drehen Sie den Regler bitte nach rechts. Je weiter Sie den Regler nach rechts drehen, desto besser ist Ihr Eindruck. ‚7' bedeutet also, dass Ihnen etwas außerordentlich gut gefällt. Dabei kann ein guter Eindruck sowohl etwas mit Angela Merkel als auch mit Peer Steinbrück zu tun haben. Es gilt: Wann immer Sie einen guten Eindruck haben und egal warum, drehen Sie den Regler nach rechts. Je besser Ihr Eindruck, desto weiter. Umgekehrt gilt: Wenn Ihnen während

der Debatte etwas nicht gefällt, (...), dann drehen Sie den Regler bitte nach links. (...) ‚1' bedeutet also, dass Sie gerade einen außerordentlich schlechten Eindruck von den Ereignissen haben, ‚7' bedeutet, dass Sie gerade einen außerordentlich guten Eindruck von den Ereignissen haben. Mit den Stufen dazwischen können Sie Ihr Urteil abstufen.

Die veränderte Definition der Skala gegenüber der weiter oben beschriebenen und in früheren TV-Duell-Studien erfolgreich verwendeten Skalenbelegung war notwendig, um für den TV-Dreikampf überhaupt RTR-Daten mit dem Drehregler-System sammeln zu können. Um die Untersuchungsteilnehmer nicht durch unterschiedliche Skalenbelegungen für das TV-Duell und den TV-Dreikampf zu verwirren, haben wir uns dazu entschieden, bereits die Merkel-Steinbrück-Debatte auf diese Weise zu „vermessen".[5]

Auch wenn sich die verschiedenen RTR-Systeme und Skalenbelegungen unterscheiden, verbindet alle Versuchsbedingungen, dass die Probanden mithilfe der bereit gestellten Technik in jedem Fall ihre spontanen – positiven oder negativen – Eindrücke zurückmelden sollten. Deshalb haben wir in allen RTR-Gruppen erklärt, was unter einem guten oder schlechten Eindruck zu verstehen ist:

> Ich habe jetzt immer wieder von positiven und negativen Eindrücken gesprochen. Was dies genau ist, wollen wir Ihnen nicht vorschreiben. Sie können z.B. die Art bewerten, wie die Kandidaten auftreten, das, was sie sagen, oder das, was über sie gesagt wird. Kurz gesagt: Sie befinden darüber, wann Sie einen guten oder schlechten Eindruck von den Kandidaten haben, und nur Sie wissen, warum das so ist!

Nach der Einführung in die jeweiligen RTR-Systeme hatten die Probanden Gelegenheit, sich mit diesen vertraut zu machen. Da die Bedienung der Drehregler weit weniger intuitiv ist als der Umgang mit der Druckknopf-Technik, wurde mit den Personen, die mithilfe der Dials ihre Bewertungen abgeben sollten, der Umgang mit dem RTR-System eingeübt. Zu diesem Zweck wurde ihnen für einige Minuten ein unpolitisches Streitgespräch aus einer Unterhaltungssendung vorgespielt, das sie anhand der ihnen erläuterten Skala bewerten sollten.

---

[5] Darüber hinaus eröffnet die Variation der Skala aber auch Möglichkeiten für die Analyse der methodisch interessanten Frage, ob „gute" oder „schlechte" Eindrücke von einer Debatte ausschließlich an der Beurteilung der Kandidaten festgemacht werden oder aber noch andere, über die traditionelle Verwendung der Drehregler-Technik nicht erfasste Eindrücke eine Rolle spielen. Im ersten Falle sollten beide Messvarianten für das TV-Duell weitgehend identische Ergebnisse liefern, im zweiten sollten die beiden Messvarianten partiell unterschiedliche Ergebnisse liefern.

5   Inhaltsanalyse der Debatten

Neben den Experimenten und den RTR-Messungen wurden auch die Inhalte der Debatten transkribiert (Faas et al. 2013; Maier et al. 2013a). Zusätzlich wurde das TV-Duell inhaltsanalytisch erfasst. Damit wird neben der reinen Dokumentation der beiden Wahlkampfereignisse für das TV-Duell auch die Möglichkeit eröffnet, Einblicke in die Struktur der Diskussion zu erhalten. Darüber hinaus haben wir in die Transkripte und die Inhaltsanalyse Zeitstempel eingepflegt, sodass man diese mit den RTR-Daten verknüpfen kann.

Das für die Inhaltsanalyse entwickelte Kategoriensystem orientiert sich so weit wie möglich am Inhaltsanalyse-Modul der GLES sowie an der im Rahmen der GLES durchgeführten Inhaltsanalyse der TV-Debatte 2009. Für die Codierung wurde auf für die Inhaltsanalyse von TV-Duellen einschlägigen Codieranweisungen von Benoit (2007), Maier und Strömbäck (2007) sowie Maurer (2007) zurückgegriffen.

Die Codierung des TV-Duells erfolgte auf Aussagenebene (eine ausführliche Dokumentation der Codieranweisungen findet sich in Maier et al. 2013b). Neben formalen Aspekten (wortwörtlicher Inhalt der Aussage, Sprecher, genauer Zeitpunkt von Beginn und Ende der Aussage, Dauer der Aussage) wurden insgesamt 27 inhaltliche Variablen codiert. Diese umfassen u. a. die von den Kandidaten gewählte rhetorische Strategie (Selbstpräsentation, Angriff, Verteidigung), das Thema, den Fokus (Personen- vs. Politikbezug), das angesprochene Objekt (Personen, Gruppen, politische Ebenen), die gewählte Perspektive (Vergangenheit, Gegenwart, Zukunft), den Abstraktionsgrad einer Aussage, die verwendeten rhetorischen Stilmittel (Metaphern, Humor) oder Evidenzen (z. B. Statistiken, Zitate). Zudem wurden auch die Fragen der Moderatoren mit Blick auf die in ihnen enthaltene Kritik erfasst.

Die Codierung des TV-Duells wurde an der Universität Koblenz-Landau von zwei Codierern durchgeführt. Zehn Prozent der insgesamt 877 identifizierten Aussagen wurden für die Untersuchung von Intercoderreliabilitäten zweifach codiert. Die durchschnittliche Reliabilität über alle inhaltlichen Variablen beträgt 0,892 mit einem Minimalwert von 0,712 und einem Maximalwert von 1 (Holsti-Formel).[6]

---

[6]Darüber hinaus werden an einigen Stellen in diesem Band noch ergänzende Inhaltsanalysen verwendet, etwa von offenen Fragen im Rahmen der Fragebögen (Kap. „‚Deutschlandkette statt Sachkompetenz': Führt die Rezeption des TV-Duells zu einer personalisierten Wahrnehmung von Politik?") oder von Tweets (Kap. „Begleitung des TV-Duells auf Twitter"). Details dazu finden sich in den jeweiligen Kapiteln.

6 Grundsätzliche Analysestrategie

Auch wenn mit dem skizzierten Untersuchungsdesign verschiedenste Aspekte der Debattenforschung in den Blick genommen werden können, legen wir im Rahmen des vorliegenden Buchs den Schwerpunkt auf die Wahrnehmung und die direkte Wirkung von TV-Duell und TV-Dreikampf. Deshalb beschäftigt sich der überwiegende Teil der Buchkapitel damit, Veränderungen zwischen der unmittelbar vor dem Duell erhobenen ersten und der direkt nach dem Duell durchgeführten zweiten Befragungswelle zu analysieren. In den abschließenden Kapiteln des Buches werden auch Fragen der Stabilität von Debatteneffekten analysiert und diskutiert.

In der Regel werden zur Messung direkter Debatteneffekte die in der Experimentalgruppe beobachteten Wirkungen mit den im gleichen Zeitraum in der Kontrollgruppe zu konstatierenden Veränderungen verglichen. Signifikante Unterschiede in den Veränderungen zwischen diesen beiden Gruppen sind als kausaler Nachweis direkter Debatteneffekte zu werten. Von signifikanten Effekten sprechen wir angesichts der im Vergleich zu repräsentativen Bevölkerungsumfragen eher kleinen Fallzahlen bereits dann, wenn die Wahrscheinlichkeit, dass ein gemessener Gruppenunterschied zufällig zustande kommt, geringer als zehn Prozent ist ($p < 0{,}1$).

Auch wenn unser Design zahlreiche Versuchsbedingungen enthält, werden wir diese nur in bestimmten Kapiteln gezielt auswerten. In allen anderen Kapiteln, in denen die jeweilige Versuchsbedingung keine prominente Rolle spielt, wird diese nicht differenziert betrachtet oder statistisch kontrolliert. Die weiter oben angesprochene Verzerrung unserer Stichprobe im Hinblick auf die Bildung und die politische Grundüberzeugung der Untersuchungsteilnehmer ist bei allen Analysen, in denen Aussagen über die Gesamtheit unserer Probanden getroffen werden, zu berücksichtigen. Es werden keine Gewichtungen vorgenommen, um diese auszugleichen. Einzige Ausnahme sind Auswertungen von Real-Time-Response-Daten, in die die verschiedenen politischen Lager (CDU/CSU, FDP; SPD, Bündnis 90/Grüne, Die Linke; andere/keine Parteiidentifikation) mit gleichem Gewicht einfließen. Um die verschiedenen RTR-Systeme und Instruktionen miteinander vergleichen zu können, wurden die Daten z-standardisiert. Bei Analysen, in denen die politischen Lager oder Bildungsgruppen getrennt untersucht werden, beeinflusst die Verzerrung unserer Stichprobe die Belastbarkeit der Ergebnisse nicht.

Literatur

Benoit, W. L. (2007). *Bush vs. Kerry. A Functional Analysis of Campaign 2004*. New York: Peter Lang.

Dinter, J., & Weissenbach, K. (2015). Alles Neu! Das Experiment TV-Debatte im Europawahlkampf 2014. In: M. Kaeding, & N. Switek (Hrsg.), *Die Europawahl 2014. Spitzenkandidaten, Protestparteien, Nichtwähler* (S. 233–245). Wiesbaden: Springer VS.

Donsbach, W., & Jandura, O. (2005). Urteile mit Verfallsdatum. Einflüsse auf die Wahrnehmung des ersten Fernsehduells. In: E. Noelle-Neumann, W. Donsbach, & H. M. Kepplinger (Hrsg.), *Wählerstimmungen in der Mediendemokratie. Analysen auf der Basis des Bundestagswahlkampfs 2002* (S. 141–163). Freiburg: Alber.

Drew, D., & Weaver, D. (2006). Voter Learning in the 2004 Presidential Election. Did the Media Matter? *Journalism & Mass Communication Quarterly* 83, 25–42.

Faas, T., & Maier, J. (2004). Mobilisierung, Verstärkung, Konversion? Ergebnisse eines Experiments zur Wahrnehmung der Fernsehduelle im Vorfeld der Bundestagswahl 2002. *Politische Vierteljahresschrift* 45, 55–72.

Faas, T., & Maier, J. (2011a). Medienwahlkampf. Sind TV-Duelle nur Show und damit nutzlos? In: E. Bytzek, & S. Roßteutscher (Hrsg.), *Der unbekannte Wähler? Mythen und Fakten über das Wahlverhalten der Deutschen* (S. 99–114). Frankfurt: Campus.

Faas, T., & Maier, J. (2011b). Das TV-Duell. In: H. Rattinger, S. Roßteutscher, R. Schmitt-Beck, B. Weßels, & u. a. (Hrsg.), *Zwischen Langeweile und Extremen. Die Bundestagswahl 2009* (S. 223–236). Baden-Baden: Nomos.

Faas, T., Maier, J., & Maier, M. (2013). Wortlaut des TV-Dreikampfs zur Bundestagswahl am 22. September 2013. Arbeitspapiere und Dokumentationen des Forschungsschwerpunkts "Kommunikation, Medien und Politik", Nr. 43/2013, Landau 2013. www.uni-koblenz-landau.de/de/komepol/papers/wp_komepol_43_2013.pdf. Zugegriffen: 7. November 2016.

Holst, C., Schmitt-Beck R., & Faas, T. (2006). Kampagnendynamik: Der Nutzen des Rolling-Cross-Section Designs für die Kommunikationsforschung mit einem Beispiel aus der Wahlforschung. *planung & analyse* 5, 54–58.

Kenski, K., & Stroud, N. J. (2005). Who Watches Presidential Debates? A Comparative Analysis of Presidential Debate Viewing in 2000 and 2004. *American Behavioral Scientist* 49, 213–228.

Maier, J., & Faas, T. (2002). Schröder gegen Stoiber. Wahrnehmung, Verarbeitung und Wirkung der Fernsehdebatten im Bundestagswahlkampf 2002. In: J.W. Falter, O.W. Gabriel, & B. Weßels (Hrsg.), *Wahlen und Wähler. Analysen aus Anlass der Bundestagswahl* (S. 77–101). Wiesbaden: Springer.

Maier, J., & Faas, T. (2009a). Das TV-Duell 2009 – langweilig, wirkungslos, nutzlos? Ergebnisse eines Experiments zur Wirkung der Fernsehdebatte zwischen Angela Merkel und Frank-Walter Steinmeier. In: H. Oberreuter (Hrsg.), *Am Ende der Gewissheiten – Wähler, Parteien und Koalitionen in Bewegung. Die Bundestagswahl* (S. 147–166). Wiesbaden: Verlag für Sozialwissenschaften.

Maier, J. & Faas, T. (2009b). Measuring Spontaneous Reactions to Media Messages the Traditional Way. Uncovering Political Information Processing with Push Button Devices. In: J. Maier, M. Maier, M. Maurer, C. Reinemann, & V. Meyer (Hrsg.), *Real-Time Response Measurement in the Social Sciences. Methodological Perspectives and Applications* (S. 15–26). Frankfurt/M.: Peter Lang.

Maier, J., & Faas, T. (2011). 'Miniature Campaigns' in Comparison: The German Televised Debates, 2002–09. *German Politics* 20, 75–91.

Maier, J., Faas, T., & Glogger, I. (2014a). Das TV-Duell. In: R. Schmitt-Beck, H. Rattinger, S. Roßteutscher, B. Weßels, C. Wolf, & u. a. (Hrsg.), *Zwischen Fragmentierung und Konzentration. Die Bundestagswahl 2009* (S. 281–292). Baden-Baden: Nomos.

Maier, J., Hampe, J. F., & Jahn, N. (2014b). *Break Out of Lab. Measuring Real-Time Responses to Televised Debates at Home*. Vortrag auf der 37. Jahrestagung der International Society of Political Psychology (ISPP), Rom.

Maier, J., Maier, M., Faas, T., & Jansen, C. (2013a). Wortlaut der Fernsehdebatte zur Bundestagswahl am 22. September 2013. Arbeitspapiere und Dokumentationen des Forschungsschwerpunkts „Kommunikation, Medien und Politik", Nr. 40/2013, Landau 2013. www.uni-koblenz-landau.de/de/komepol/papers/working-paper-nr.-40-2013. Zugegriffen: 7. November 2016.

Maier, J., Maier, M., Faas, T., & Jansen, C. (2013b). Codebuch zur Inhaltsanalyse der Fernsehdebatte zur Bundestagswahl am 22. September 2013. Arbeitspapiere und Dokumentationen des Forschungsschwerpunkts "Kommunikation, Medien und Politik", Nr. 45/2013, Landau 2013. https://dbk.gesis.org/dbksearch/download.asp?id=57820. Zugegriffen: 6. November 2016.

Maier, J., Maurer, M., Reinemann, C. & Faas, T. (2007). Reliability and Validity of Real-Time Response Measurement: A Comparison of Two Studies of a Televised Debate in Germany. *International Journal of Public Opinion Research* 19, 53–73.

Maier, M. & Strömbäck, J. (2007). Advantages and Limitations of Comparing Audience Responses to Televised Debates. A Comparative Study of Germany and Sweden. In: J. Maier, M. Maier, M. Mauer, C. Reinemann, & V. Meyer (Hrsg.), *Real-Time Response Measurement in the Social Sciences. Methodological Perspectives and Applications* (S. 97–116). Frankfurt/M.: Peter Lang.

Maurer, M. (2007). Themen, Argumente, rhetorische Strategien. Die Inhalte des TV-Duells. In: M. Maurer, C. Reinemann, J. Maier, & M. Maier (Hrsg.), *Schröder gegen Merkel. Wahrnehmung und Wirkung des TV-Duells 2005 im Ost-West-Vergleich* (S. 33–52). Wiesbaden: Verlag für Sozialwissenschaften.

Maurer, M., & Reinemann, C. (2003). *Schröder gegen Stoiber. Nutzung, Wahrnehmung und Wirkung der TV-Duelle*. Wiesbaden: Springer.

Maurer, M., Reinemann, C., Maier, J., & Maier, M. (2007). *Schröder gegen Merkel: Wahrnehmung und Wirkung des TV-Duells 2005 im Ost-West-Vergleich*. Wiesbaden: Springer.

McKinney, M. S., & Lamoureux, E. R. (1999). Citizen Response to the 1996 Presidential Debate. Focusing on the Focus Groups. In: L. L. Kaid, & D. G. Bystrom (Hrsg.), *The Electronic Election. Perspectives on the 1996 Campaign Communication* (S. 163–177). Hillsdale: Lawrence Erlbaum Associates.

Reinemann, C., Maier, J., Faas, T., & Maurer, M. (2005). Reliabilität und Validität von RTR-Messungen. Ein Vergleich zweier Studien zur zweiten Fernsehdebatte im Bundestagswahlkampf 2002. *Publizistik* 50, 56–73.

Schmitt-Beck, R., Rattinger, H., Roßteutscher, S., & Weßels, B. (2010). Die deutsche Wahlforschung und die German Longitudinal Election Study (GLES). In: F. Faulbaum & C. Wolf (Hrsg.), *Gesellschaftliche Entwicklungen im Spiegel der empirischen Sozialforschung* (S. 141–172). Wiesbaden: Verlag für Sozialwissenschaften.

Tsfati, Y. (2003). Debating the Debate. The Impact of Exposure to Debate News Coverage and Its Interaction with Exposure to the Actual Debate. *Press/Politics* 8, 70–86.

Von Schachteln im Schaufenster, Kreisverkehren und (keiner) PKW-Maut: Kandidatenagenda, -strategien und ihre Effekte

Carolin Jansen und Isabella Glogger

1 Forschungsstand zu Inhalten und Effekten von TV-Debatten

Themen bestimmen den Wahlkampf und können die Wahl entscheiden: „Wer die Themen beherrscht, über die politisch gesprochen wird, der ist den politischen Konkurrenten einen Schritt voraus; der hat eine große Chance, seine Bewertung des debattierten Themas zur Meinung der Mehrheit zu machen" (Bergsdorf 1986, S. 30). Für Spitzenpolitiker rückt dieses Ziel mit der Teilnahme an TV-Debatten in greifbare Nähe: Im Rahmen dieser „Wahlkämpfe im Miniaturformat" (Maier und Faas 2011) haben sie die Möglichkeit, ihre politischen Leistungen und Ziele weitgehend unter Umgehung der journalistischen Selektion einer großen Wählerschaft zu präsentieren. Zwar werden im Vorfeld der Sendung die Themen des TV-Duells durch die Redaktionen der beteiligten Sender festgelegt und diese an die Kompetenzteams der Kandidaten übermittelt. Auf welche Aspekte genau die Kandidaten dann aber im Duell ihren Schwerpunkt setzen und mit welchen Strategien sie versuchen, die Wähler zu überzeugen, liegt in ihren eigenen Händen.

C. Jansen (✉)
Landau, Deutschland
E-Mail: jansenc@uni-landau.de

I. Glogger
Landau, Deutschland
E-Mail: glogger@uni-landau.de

© Springer Fachmedien Wiesbaden GmbH 2017
T. Faas et al. (Hrsg.), *Merkel gegen Steinbrück*,
DOI 10.1007/978-3-658-05432-8_3

Doch welchen Eindruck bewirkt diese Wahl bestimmter Schwerpunkte und rhetorischer Strategien bei den Wählern? Eine Reihe von Analysen konnte bereits zeigen, dass hinter der Bewertung bestimmter Typen von Aussagen eine gewisse Systematik steckt (vgl. Jarman 2005; Maier 2009; Reinemann und Maurer 2007a) und diese Bewertungen zudem die Wahrnehmung von Kandidaten stark beeinflussen (vgl. für Deutschland z. B. Maier 2004, 2007; Maier und Faas 2003, 2004; Maurer und Reinemann 2003). Lassen sich diese Erkenntnisse auch auf das TV-Duell 2013 übertragen? Welche Themen haben die beiden Kandidaten hier diskutiert und auf welche rhetorischen Stile setzten sie dabei? Und: Welche Aspekte haben möglicherweise das Potenzial, die Bewertung der Zuschauer zu steuern? Lassen sich aus den Daten heraus auch Aussagen darüber treffen, ob es die inhaltliche Auseinandersetzung mit bestimmten Themen oder doch eher die rhetorische Strategie ist, die (mehr) Zustimmung unter den Zuschauern generieren kann? Zur Beantwortung dieser bisher in der Debattenforschung vernachlässigten Fragen werden wir in diesem Kapitel zunächst – basierend auf einer Inhaltsanalyse des Duells – einen Überblick über die Inhalte und Strategien der Kandidaten des TV-Duells 2013 geben. Durch Kombination der Inhaltsanalyse mit den RTR-Daten unserer Studienteilnehmer zeigen wir dann, wie die Inhalte und Strategien vom Publikum wahrgenommen wurden und diskutieren, welche Rückschlüsse sich daraus auf die Urteilsbildung des Debattensiegers ziehen lassen.

1.1 Themensetzung und rhetorische Strategien in TV-Debatten

Informationen über Sachthemen stehen klar im Fokus von TV-Duellen (Maurer 2007, S. 35). Konkret zählen Wirtschafts-, Finanz- und Arbeitsmarktpolitik zu den meist diskutierten Problemen (für die Debatten zu den Bundestagswahlen 2002 und 2005: Maier 2009, S. 181; Maurer 2007, S. 40; Maurer und Reinemann 2003, S. 66 f.; für 2009: u. a. Maier und Maier 2013; Maier et al. 2013, S. 82; für Landtagswahlen: Bachl et al. 2013). Darüber hinaus orientieren sich die Redaktionen an der aktuellen Tagespolitik sowie den beherrschenden Wahlkampfthemen (vgl. Tab. 1): Im Umfeld der Bundestagswahl 2002 etwa lehnte die rot-grüne Regierung unter Kanzler Schröder einen Bundeswehreinsatz im Irak ab; eine Entscheidung, die auch in den beiden Debatten 2002 den größten Raum einnahm. In den darauffolgenden Debatten anlässlich der Bundestagswahlen 2005 und 2009 verschwand die Verteidigungspolitik zwar nicht gänzlich von der Debattenagenda, nahm aber keinen vergleichbaren Stellenwert mehr ein.

Wenn den Kandidaten und ihren Kompetenzteams die großen Themen bereits bekannt sind, liegt die Annahme nahe, dass sich die Spitzenkandidaten Gedanken

Tab. 1 Top-5-Themen in TV-Debatten

	2002 (Maurer und Reinemann 2003)	2005 (Maurer 2007)	2009 (Maier und Maier 2013)
1	Verteidigungspolitik	Finanzpolitik	Wirtschaftspolitik
2	Arbeitsmarktpolitik	Arbeitsmarktpolitik	Wahlkampf
3	Sozialpolitik	Internat. Beziehungen	Arbeitsmarktpolitik
4	Koalitionen	Sozialpolitik	Finanzpolitik
5	Wirtschaftspolitik	Infrastrukturpolitik	Sozialpolitik

über die spezifische Präsentation machen. *Wie* die Kandidaten in den einzelnen Themenbereichen agieren, ist daher weniger eine spontane Reaktion als vielmehr kalkulierte, *strategische* Überlegung. Amerikanische Debattenforschung (vgl. z. B. Benoit 1999, 2007a) wie auch Analysen von Debatten auf deutscher Bundes- und Landesebene (vgl. Maier und Jansen 2015) zeigen, dass sich anhand der *Functional Theory of Political Campaign Discourse* (Benoit 1999, 2007a) verschiedene rhetorische Strategien nachweisen lassen: 1) *Angriffe* auf den Kandidaten oder die Partei des politischen Gegners, 2) *Selbstpräsentationen,* in deren Rahmen die eigenen politischen Leistungen und Ziele dargestellt werden sowie 3) *Verteidigungen* als Reaktion auf zuvor erfolgte Angriffe des politischen Gegners. Neben einer Reihe weiterer Faktoren (wie beispielsweise schlechte Umfragewerte, das Geschlecht des Kandidaten oder die politische Ebene der Wahl) ist in deutschen TV-Debatten die Ausgangsposition der Kandidaten im Wahlkampf entscheidend für die Wahl der jeweiligen Strategie: Herausforderer agieren demnach sehr viel konfrontativer und attackieren ihren politischen Gegner häufig (Angriffsstil), während Amtsinhaber vorrangig die eigenen Leistungen der vergangenen Legislaturperiode, ihre Vorzüge und politischen Ziele präsentieren (Selbstpräsentationsstil). Durch die Angriffe des Herausforderers werden Amtsinhaber jedoch in der Regel auch stark dazu gedrängt, sich gegen die Kritik zu wehren (Verteidigungsstil). Lediglich Schröder wich in der TV-Debatte 2005 von diesem Verhalten ab, indem er durch häufige Angriffe auf die damalige Herausforderin Angela Merkel im Stil des Herausforderers und nicht des Amtsinhabers agierte (vgl. Maier 2009).

1.2 Effekte von TV-Debatten

Für Aussagen über die Verarbeitung von TV-Duellen ist neben einer inhaltsanalytischen Betrachtung der Kandidatenaussagen und der gewählten Strategie auch ein Blick auf die Rezipientenseite notwendig, hängt doch die unmittelbare Wahrnehmung von TV-Duellen sowohl von Merkmalen der Botschaft als auch des Zuschauers ab (vgl. Maier 2009, S. 178; Reinemann und Maurer 2007b). Als ein Faktor, der die Verarbeitung und Wirkung von politischen Botschaften beeinflusst, gilt die parteipolitische Grundüberzeugung (Reinemann und Maurer 2007b), die zu den langfristig stabilen Faktoren des Wahlverhaltens zu zählen ist. Konsistenztheoretischen Ansätzen (Festinger 1957) und der Annahme selektiver Wahrnehmung folgend wird demnach der Kandidat des eigenen Lagers – kongruent zur parteipolitischen Einstellung des Zuschauers – meist durchgängig positiv bewertet (Faas und Maier 2004a), wobei die Rezipienten durchaus von manchen Aussagen stärker beeindruckt sein können als von anderen. Studien zu früheren TV-Duellen konnten darüber hinaus zeigen, dass die Wahrnehmung zusätzlich ein asymmetrischer Prozess ist (Faas und Maier 2004a, b; Jarman 2005; Maurer und Reinemann 2003): Kandidaten der Gegenpartei werden zwar alles in Allem negativer als der eigene Kandidat betrachtet, können durch ihre Aussagen, rhetorisches Geschick und die Ansprache bestimmter Themen aber auch Pluspunkte im gegnerischen Lager sammeln (Faas und Maier 2004a; Maier et al. 2014a). Diese weitaus differenziertere Betrachtung führt schließlich dazu, dass der Kandidat der gegnerischen Partei nicht in gleichem Maß Ablehnung erfährt wie der eigene Kandidat Zustimmung.

Die Parteiidentifikation ist demnach nicht der einzige Faktor, der für die Erklärung der Zuschauerbewertungen herangezogen werden kann, auch die die rhetorische Strategie spielt eine Rolle.[1] Dies ist besonders vor dem Hintergrund des *Dealignments* von Bedeutung, das dem Phänomen der schwindenden Parteibindung bestimmter Wählersegmente Rechnung trägt. Effekte auf Parteiungebundene konnten bereits in mehreren Studien nachgewiesen werden (u. a. Maier 2009; Reinemann und Maurer 2005).

Darüber hinaus ist all diesen Studien gemein, dass Kandidaten in TV-Duellen vor allem mit Worten überzeugen konnten. Hierzu zählt, dass Kandidaten in den Bewertungen der Wähler dann polarisieren, wenn sie ihre Kontrahenten angreifen: Während die Anhänger der Kandidaten solche Angriffe positiv aufnahmen, ernteten sie bei den Anhängern des Gegners Ablehnung. Auch auf die ungebundenen Wähler machten viele dieser Angriffe keinen guten Eindruck (für 2002: Maurer und Reinemann 2003, 2005; für 2005: Maier 2009, S. 197; für 2009: Maier 2013).

---

[1]Maier et al. (2014b, S. 46) weisen darauf hin, dass die Wirkung von Angriffen allerdings stark von externen Rahmenbedingungen abzuhängen scheint, zu denen auch nonverbale Kommunikation zu zählen ist.

1.3 Forschungsfragen

Ob sich die oben genannten Befunde für das TV-Duell zwischen Angela Merkel und Peer Steinbrück bestätigen lassen, wollen wir im Folgenden untersuchen. Dabei nehmen wir sowohl die Gesamtwahrnehmung als auch die kandidaten- und lagerspezifische Bewertung in den Blick und orientieren uns an den folgenden Forschungsfragen:

FF1: Worüber und in welchem Umfang wurde im TV-Duell gesprochen?
Wir stellen hier zunächst die Inhalte des TV-Duells vor und orientieren uns dabei an der chronologischen Themenvorgabe der Moderatoren.

FF2: Welche Strategien setzen die Kandidaten in ihren Redebeiträgen ein?
In diesem Abschnitt analysieren wir die rhetorischen Strategien der Kandidaten: Gibt es beispielsweise bestimmte Themen, in denen sich ein Kandidat aggressiver als der Gegner verhält und damit möglicherweise mehr Zustimmung/Ablehnung als in anderen Themenbereichen erfährt?

FF3: Welchen Einfluss haben die einzelnen Themen und Strategien auf die spontanen Reaktionen der Zuschauer?
Neben einem Überblick über die Gesamtwahrnehmung der Debatte betrachten wir auch hier die spontanen und lagerspezifischen Reaktionen unserer Probanden. Wir schließen mit einer multivariaten Analyse, die wir zur Erklärung des Einflusses der verschiedenen Themenbereiche und Strategien auf die Zuschauerurteile heranziehen und die Frage beantworten, ob es die inhaltlichen Botschaften oder doch die rhetorischen Strategien sind, die die Bewertung der Zuschauer steuern.

2 Daten und Operationalisierung

Um die Bewertungen unserer Probanden den einzelnen Themenbereichen und Strategien zuordnen zu können, haben wir zunächst eine Inhaltsanalyse des TV-Duells durchgeführt. Dafür haben wir das TV-Duell zunächst im Wortlaut transkribiert und in einzelne Aussagen zerlegt.[2] In die Analyse der

---

[2]In unsere Analysen beziehen wir ausschließlich funktionale Aussagen der Kandidaten mit ein (97,3 % aller 556 identifizierten Aussagen). Nicht-funktionale Aussagen (also solche, die aufgrund nicht vollendeter Sätze bzw. (akustisch) unverständlicher Aussagen für den Zuschauer nicht verständlich und somit nicht interpretierbar sind; 2,7 %) und alle Beiträge der Moderatoren (321 Aussagen; 31,5 % des gesamten Duells) werden von der Analyse ausgeschlossen.

Themenfelder[3] beziehen wir alle Aussagen mit politischen Inhalten ein.[4] In einem nächsten Schritt haben wir für jede funktionale Kandidatenaussage drei verschiedene rhetorische Strategien erfasst: Angriffe, Selbstpräsentationen oder Verteidigungen.[5] Für die weiteren Analysen verknüpften wir dann die Daten der Inhaltsanalyse mit den Real-Time-Response-Daten, die die spontanen Reaktionen unserer Probanden widerspiegeln (vgl. Kap. „Das Studiendesign" in diesem Band). Die hierbei verwendeten Daten werden zunächst gemeinsam betrachtet (Dial-Technik und Push-Button-Technik),[6] bevor der Fokus auf die Daten, die mittels Drehreglertechnik erhoben wurden, gelegt wird.[7] Insgesamt greifen wir damit auf 5.599 Messzeitpunkte zurück – für die Darstellung der Gesamtwahrnehmung auf RTR-Daten von 198 Teilnehmern, für alle weiteren Berechnungen auf die Daten von 88 Teilnehmern der Standorte Landau und

---

[3]Die Codierung der Themen orientiert sich an den Codiervorgaben der TV-Duell-Analyse 2009 durch die GLES und wurde teilweise aktualisiert. Eine wichtige Neuerung bezieht sich auf die Integration der Codierungen zur Eurokrise in den Block der Finanzpolitik: teilweise waren 2009 schon Codes hierzu vorhanden, befanden sich allerdings im Block „Wirtschaftspolitik".

[4]Alle inhaltlichen Variablen wurden einem Reliabilitätstest durch zwei unabhängige Codierer unterzogen, d. h. rund 10 % der codierten Aussagen wurden erneut codiert. Die Intercoderreliabilität für die Themencodierung beträgt 0,852 (Krippendorffs Alpha) bzw. 0,914 (Holsti-Formel).

[5]Die Intercoderreliabilität der Strategiecodierung beträgt 0,753 (Krippendorffs Alpha) bzw. 0,859 (Holsti-Formel).

[6]Aufgrund der unterschiedlichen Struktur war zunächst eine Reihe von Datentransformationen notwendig, bevor die Datensätze zusammengeführt werden konnten. In einem ersten Schritt wurden im Falle der Push-Buttons die Eindrücke jedes Probanden – getrennt für die Plus- und Minus-Punkte – pro Sekunde aufsummiert und anschließend die Anzahl der positiven und der negativen Eindrücke für jeden Kandidaten über alle Probanden aggregiert. Danach wurde pro Sekunde der Saldo für jeden Kandidaten berechnet, bevor der Saldo für Steinbrück von dem Saldo Merkels abgezogen wurde. Im zweiten Schritt wurden die über die Drehreglertechnik gewonnenen RTR-Daten pro Sekunde aggregiert. Beide Datenquellen wurden dann getrennt voneinander z-standardisiert und ermöglichen so die gemeinsame Betrachtung der Daten (vgl. Abb. 2). Die auf Grundlage der jeweiligen Systeme gewonnenen Daten korrelieren hoch (auf Sekundenbasis: $r = 0{,}49$; auf Minutenbasis $r = 0{,}75$). Bei allen Berechnungen wurde eine Latenzzeit von vier Sekunden zugrunde gelegt (vgl. dazu auch Nagel 2012, S. 154).

[7]Aufgrund der verschiedenen Erhebungslogik für Dial- und Push-Daten müssten die nach politischen Lagern differenzierten Ergebnisse bei den tabellarischen Darstellungen jeweils getrennt für beide Systeme aufgeführt werden. Aus Platzgründen werden im Folgenden aber nur die Daten dargestellt, die mithilfe der Drehreglertechnik erhoben wurden. Parallele Analysen der Push-Button-Daten führten zu äquivalenten Ergebnissen.

Mainz, die mittels Drehreglertechnik (mit den Polen Steinbrück und Merkel, siehe ebenfalls Kap. „Das Studiendesign") das Duell bewertet haben[8].

3 Ergebnisse

3.1 Themen und rhetorische Strategien im TV-Duell

Wie in den vorangegangen Debatten wurden auch im Vorfeld des TV-Duells 2013 Themenbereiche festgelegt, die es während der 90-minütigen Sendung abzuhandeln galt. Tab. 2 gibt einen Überblick über den chronologischen Ablauf. In der Vorgabe der Themenkomplexe wichen die Moderatoren kaum von der Agenda der früheren Duelle ab. Dabei ließen sie die Kandidaten überwiegend zu Wort kommen (68,5 % der Redezeit entfielen auf die Kandidaten) und kamen aus dieser Perspektive ihrer Position als Moderatoren (und nicht als Teilnehmer) des Rededuells angemessen nach. Nach einer kurzen Begrüßung und einer Positionierung der Kandidaten im laufenden Wahlkampf im Rahmen der Eingangsstatements stand der Bereich *Finanzpolitik* nicht nur im Ablauf ganz oben auf der sachpolitischen Agenda, sondern nahm auch zeitlich den größten Raum der Debatte ein: Knapp ein Drittel der gesamten Debattenlänge wurde über Maßnahmen zur Eurokrise, Leistungen und Ziele in der Haushaltspolitik und Steuerfragen debattiert (28:50 min). Es lässt sich daher eine besondere Betonung dieses Themenbereichs nachweisen, die nicht zuletzt durch die Gesprächsführung der Moderatoren bedingt war. Erst mit großem Abstand folgen die übrigen Themenbereiche, die annähernd gleich lang diskutiert wurden. Erste Ausführungen zur *Sozialpolitik*, konkret zu Betreuungsgeld und -situation sowie zur Pflege, nehmen Platz 2 der Top-5-Themen der TV-Debatte ein (9:49 min). Analog zum Wahlkampf wurde im Themenkomplex *Arbeitsmarktpolitik* der Diskussion um die Einführung eines Mindestlohns sowie Lösungsansätzen für die Vielzahl an prekären Arbeitsverhältnissen Platz eingeräumt (9:10 min). Schlusslicht unter den vorgegebenen Themenblöcken waren die Bereiche *Infrastruktur* (6:07 min) und der Bereich *Internationale Beziehungen:* Nur gut vier Minuten sprachen Merkel und Steinbrück über die Frage zur deutschen Beteiligung im Syrienkonflikt – trotz der Bedeutung dieses Themas aufgrund der tagespolitischen Aktualität zum Zeitpunkt des Duells.

---

[8]Von der Analyse ausgeschlossen wurden die Teilnehmer, die an der ersten Befragungswelle nicht teilgenommen haben.

Tab. 2 Inhalte des TV-Duells und Redeanteile der Kandidaten

Nr.	Themenbereich	Themeninhalte	Dauer (min)	Anteil Debatte (%)	Anteile Merkel (%)	Anteile Steinbrück (%)	Verhältnis Redeanteile (%M : %S)
1	Begrüßung	Zuschauer- und Kandidatenbegrüßung	0:26	0,4	–	–	–
2	Eingangsstatements	Stimmung & Positionierung der Kandidaten im Wahlkampf	6:26	7,5	5,4	7,2	27,7 : 72,3
3	Finanzpolitik	Maßnahmen zur Eurokrise, Haushaltspolitik im Inland, Steuerfragen	28:50	31,1	38,5	27,2	49,7 : 50,3
4	Arbeitsmarktpolitik	Mindestlohn, Prekäre Arbeitsverhältnisse, Agenda 2010/Hartz IV	9:10	11,2	10,9	8,9	41,3 : 58,7
5	Soziales, Block 1	Rentenpolitik, Altersarmut, Verteilungsgerechtigkeit	7:53	7,1	5,5	10,9	30,3 : 69,7
6	Infrastruktur	Energiepreise, Energiewende	6:07	4,8	5,6	7,5	50,0 : 50,0
7	Soziales, Block 2	Kinderbetreuung, Gesundheitspolitik (Pflege- & Krankenversicherungen)	9:49	7,6	11,0	11,0	51,1 : 48,9
8	Innenpolitik	Datenschutz, NSA-Skandal	8:07	8,9	10,2	8,4	53,3 : 46,7
9	Internationale Beziehungen	Syrien-Konflikt (Frage deutscher Beteiligung)	4:08	3,8	4,0	4,5	52,6 : 47,4

(Fortsetzung)

Tab. 2 (Fortsetzung)

Nr.	Themenbereich	Themeninhalte	Dauer (min)	Anteil Debatte (%)	Anteile Merkel (%)	Anteile Steinbrück (%)	Verhältnis Redeanteile (%M : %S)
10	Koalitionen	Koalitionsaussagen und -optionen	7:52	11,6	5,5	8,7	32,1 : 67,9
11	Schlussstatements	Politische Pläne & Ziele der Kandidaten	3:51	4,8	3,3	5,8	45,7 : 54,3
12	Verabschiedung	Zuschauerverabschiedung, Dank an die Kandidaten	0:25	1,0	–	–	–
Gesamte Debatte			93:18	100,0[a]	100,0	100,0	50,1 : 49,9

Anmerkung: a) Davon entfallen 68,5 auf die beiden Kandidaten Merkel und Steinbrück
Lesehilfe: Spalte Anteil Debatte: Anteil des Themenbereichs an gesamter Debatte (Aussagenbasis); Spalten Anteile Kandidat: Anteil Aussagen Merkel bzw. Steinbrück an Gesamtsumme der jeweiligen Kandidatenaussagen
Spalte Verhältnis Redeanteile: Redeanteil Merkel zu Redeanteil Steinbrück je Themenbereich auf Aussagenbasis (z. B. formulierte Steinbrück knapp drei Viertel aller Kandidatenaussagen während der Eingangsstatements, während Merkels Anteil gut ein Viertel aller Kandidatenaussagen in diesem Komplex ausmachte)

Mit Blick auf die Verteilung der Redezeiten wird deutlich, dass Merkel mit 33:24 min Redezeit zwar ein kleines Plus gegenüber Steinbrück (33:12 min Redezeit) zu verzeichnen hatte, dieser vermeintliche Vorteil jedoch kaum ins Gewicht fällt. Steinbrück hat die ihm zur Verfügung stehende Zeit sogar geschickter genutzt, indem es ihm gelang, in kürzerer Zeit mehr Aussagen zu platzieren als Merkel.[9]

Auch inhaltlich unterschieden sich die Kandidaten leicht (vgl. Tab. 2), statistisch jedoch nicht signifikant. Beide Kandidaten sprachen im Duell hauptsächlich über Finanzpolitik, allerdings nutzte Merkel knapp 40 % ihrer Redezeit für diesen Themenblock, indem sie hier vorrangig die unter ihrer Regierungsverantwortung stehenden Maßnahmen zur Eurokrise thematisierte. Dabei setzte sie häufig Anspielungen auf Steinbrücks Position des Finanzministers in der großen Koalition und die damit verbundene Teilverantwortung ein. Steinbrück verwendete ebenfalls knapp ein Drittel (27,2 %) seiner Redezeit für Finanzpolitik. Dabei fokussierte Steinbrück stark auf die verantwortungsvolle Zins- und Steuerpolitik sowie die Risiken des Eurokrisenmanagements, die zeitlich in die Legislaturperiode nach seiner Regierungszugehörigkeit fielen. Hier wird bereits deutlich, dass die zwei Kandidaten während des Duells unterschiedliche Rhetorik nutzten. Welche Strategien setzten die Kandidaten nun aber konkret in ihren Redebeiträgen ein?

Insgesamt nutzten beide Kandidaten die Debatte vorrangig dazu, ihre eigenen Inhalte zu präsentieren, sodass der größte Anteil der Redebeiträge auf Selbstpräsentationen entfiel (56,4 %), gefolgt von Angriffen (19,6 %) und Redebeiträgen, die keiner der Strategien zuzuordnen waren (14,6 %) oder Verteidigungen enthielten (7,2 %) (vgl. Tab. 3). Ein sehr geringer Anteil entfiel auf Aussagen, in denen sonstige Strategien enthalten waren (2,2 %).[10] Bei einzelner Betrachtung der zwei Kandidaten fallen größere Unterschiede auf. Merkel verhielt sich als Amtsinhaberin sehr rollenkonform,[11] indem mehr als zwei Drittel ihrer Redebeiträge Selbstpräsentationen beinhalteten (68,6 %). Die Kanzlerin schien erneut großen Wert darauf zu legen, den Zuschauern vor allem ihre eigenen politischen Leistungen und Ziele zu präsentieren. Merkel verhielt sich damit analog zu ihrem Auftreten in vorherigen TV-Debatten (Maier 2009, 2013; Maurer 2007). Sie griff Steinbrück nur in 7,1 % ihrer Aussagen an und ließ sich eher selten dazu provozieren, ihre Standpunkte nach

---

[9]Auf Aussagenebene entspricht dies einem Plus von 63 Einzelaussagen: Merkel: 239 Aussagen, Steinbrück: 302 Aussagen.

[10]Zu sonstigen Strategien zählen lobende Aussagen über den Gegner sowie Kritik an der eigenen Person oder Politik.

[11]Das war nicht bei jedem TV-Duell-Auftritt Merkels der Fall. Im TV-Duell gegen Schröder im Jahr 2005 – damals noch in der Rolle der Herausforderin – agierte sie beispielsweise im Stil der Amtsinhaberin.

Tab. 3 Strategien in Kandidatenaussagen zu politischen Inhalten (Angaben in Prozent)

Strategie	Gesamt	Merkel	Steinbrück
Angriff	19,6	7,1**	29,5
Selbstpräsentation	56,4	68,6	46,7
Verteidigung	7,2	6,7	7,6
Sonstige Strategien	2,2	3,8	1,0
Keine Strategie	14,6	13,8	15,2
N gesamt (Aussagen)	541	239	302

Signifikanzniveaus: # = $p < 0{,}1$; * = $p < 0{,}05$; ** = $p < 0{,}01$

Angriffen von Steinbrück oder konfrontativen Fragen der Moderatoren zu verteidigen (6,7 %). Diese Angriffe machten bei Steinbrück einen deutlich größeren Anteil aller Aussagen aus: Knapp ein Drittel seiner Aussagen verwendete der Herausforderer darauf, die Kanzlerin anzugreifen (29,5 %). Aller medialen Prognosen zum Trotz verhielt sich der als Haudegen deklarierte Herausforderer insgesamt jedoch relativ zahm; überraschend zeigte Steinbrück nur selten Tendenzen, durch „aggressiven Klartext", wie es Rhetorik-Experten im Vorfeld der Debatte empfahlen (Hildebrand 2013), seiner Rolle als Herausforderer zu entsprechen, was auch mit Blick auf die weitaus prominenteste Strategie seiner Aussagen deutlich wird: knapp die Hälfte seiner Aussagen bestanden aus Selbstpräsentationen (46,7 %). Dem SPD-Kandidaten war es demnach ebenfalls ein Anliegen, eigene politische Pläne aufzuzeigen – möglicherweise eine Reaktion auf die generelle Kritik an seiner Person und der Wahlkampfführung, der sich Steinbrück nahezu seit Bekanntgabe seiner Kandidatur sowie auch während des TV-Duells ausgesetzt sah, und der Versuch, dieser Kritik keine weitere Angriffsfläche zu bieten. Erwartungsgemäß gering fiel der Anteil an Verteidigungen aus (7,6 %), die er hauptsächlich als Reaktion auf Kritik der Moderatoren an der Debatte über Politikergehälter sowie seine Koalitionsabsichten anbrachte. Im Anteil der Aussagen, die ohne oder sonstige Strategien auskamen, sind kaum nennenswerte Unterschiede zwischen den Kandidaten feststellbar.

Wie sieht die Verteilung nun in den einzelnen Themenblöcken aus? Hier stellt sich konkret die Frage, ob es bestimmte Themen gibt, in denen sich ein Kandidat aggressiver als sein Gegner verhielt und damit mögliche Hinweise auf Themenkomplexe liefert, in denen er höhere Zustimmung (oder Ablehnung) als in anderen erfuhr. Unsere Analysen ergeben folgendes Bild:[12]

---

[12]Die Unterschiede innerhalb der Themenkomplexe sind statistisch meist nicht signifikant. Signifikante Unterschiede lassen sich nur für die Bereiche Finanzpolitik, Arbeitsmarktpolitik und Internationale Beziehungen nachweisen ($p < 0{,}1$).

Wir konnten oben zeigen, dass Merkel an einigen Stellen durchaus Gebrauch von Angriffen gegen Steinbrück machte. Dies tat sie besonders dann, wenn über Soziales (30,0 %; Kritik an Rentenpolitik der SPD), Koalitionen (17,6 %; Kritik an Steinbrücks Absage einer Beteiligung der SPD an eine Große Koalition) und Finanzpolitik (10,2 % Kritik an Steuerpolitik der Opposition) gesprochen wurde (vgl. Abb. 1). Auch in ihrem Schlussstatement verzichtete Merkel nicht auf Kritik an ihrem politischen Gegner. Dies ist besonders relevant, da diesen Passagen besondere Aufmerksamkeit beigemessen wird, da die Kandidaten hier ohne konkrete Themenvorgabe sowie unter Umgehung journalistischer Selektion und Interpretation noch einmal die eigenen, wichtigsten politischen Ziele den Zuschauern kompakt präsentieren können. Erstaunlich ist auch der sehr geringe Anteil an Passagen, in denen sich Merkel dazu genötigt fühlte, sich verteidigen zu müssen und – je nach Blickwinkel der parteipolitischen Lager – mögliche Schwächen zeigte (Benoit 2007b, S. 321). Daher lohnt sich ein Blick darauf, wann Merkel von ihrem gouvernmentalen Redestil (Brettschneider 2005, S. 22) abwich oder durch vermehrte Ansprache verdeutlichte, welche Themen ihr besonders wichtig erschienen.

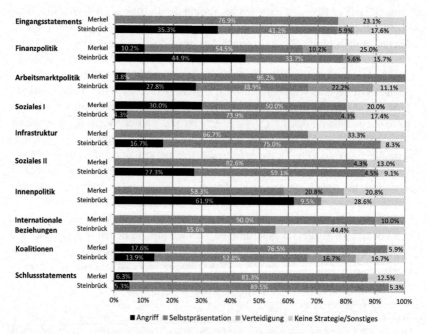

Abb. 1 Rhetorische Strategien in Kandidatenaussagen nach Themenbereichen

Dies war in den Bereichen Innenpolitik (20,8 %; Bekenntnis zur Durchsetzung deutscher Interessen im Komplex NSA-Skandal), Finanzpolitik (10,2 %; Verteidigung der verabschiedeten Rettungspakete im Euro-Krisenland Griechenland) und dem Komplex Internationale Beziehungen (10,0 %; Absage an militärische Intervention in Syrien) der Fall.

Die Angriffsstrategie Steinbrücks lässt sich mit Ausnahme des Themenkomplexes Internationale Beziehungen in jedem Bereich nachweisen, wobei er im Zuge seiner Ausführungen zur NSA-Affäre am weitaus aggressivsten auftrat (knapp 62 % aller Aussagen in diesem Bereich). Folgt man der These, dass sich Kandidaten vor allem dann für eine Angriffsstrategie entscheiden, wenn sie sich davon Zustimmung der Wählerschaft erhoffen, wählte Steinbrück die „richtige" Strategie für dieses Thema, da die NSA-Affäre nicht nur den Wahlkampf mitprägte, sondern auch von den Wählern kontinuierlich als ein wichtiges Problem im Wahlkampf benannt wurde (vgl. auch Kap. „Alles nur Show? Effekt des TV-Duells auf Performanz- und Positionssachfragen" in diesem Band). Des Weiteren sind die Komplexe Finanzpolitik (44,9 %; Kritik an Steuerplänen der Union sowie den Maßnahmen zur Euro-Rettung), Arbeitsmarktpolitik (27,8 %; Kritik an fehlendem Bekenntnis der Union zum Mindestlohn) sowie der zweite Block zur Sozialpolitik (27,3 %; Kritik an fehlender Reformbereitschaft der Union im Gesundheitssystem) zu den Passagen zu zählen, in denen Steinbrück seine Kontrahentin hart anging.

Ähnlich wie Merkel, die sich kaum auf Angriffe ihres Kontrahenten einließ, reagierte Steinbrück selten direkt auf die Angriffe seiner Kontrahentin.[13] Dennoch gab es insgesamt betrachtet Bereiche, in denen sich der SPD-Politiker eher dazu genötigt sah, sich und seine Politik zu verteidigen. Dies war zum einen zu Beginn der Eingangsstatements der Fall (5,9 %; Gegendarstellung zur durch die Moderatoren unterstellten „verpatzten Kanzlerkandidatur"), zu größeren Teilen jedoch in den Bereichen Arbeitsmarktpolitik (22,2 %; Verteidigung der Einführung eines gesetzlichen Mindestlohns) und Koalitionen (16,7 %; generelle Verteidigung der eigenen Koalitionsaussagen, Absage an eine Große Koalition).

Wie wurden nun das, was die Kandidaten während des TV-Duells gesagt, und der rhetorische Stil, den sie dazu gewählt haben, von den Zuschauern wahrgenommen? Wie wurden beide Aspekte bewertet?

---

[13]Die Mehrzahl der Angriffe, gegen die sich Steinbrück verteidigte, ging durch konfrontative Fragen von den vier beteiligten Moderatoren aus (95,8 %). Mit Blick auf Merkel relativiert sich diese hohe Zahl jedoch: Die Amtsinhaberin brachte ebenfalls den Großteil ihrer Verteidigungen dann an, wenn sie zuvor von einem der Moderatoren und nicht von Steinbrück hart angegangen wurde (75,0 % aller Verteidigungen als Reaktion auf Angriffe von Moderatoren).

3.2 Effekte des TV-Duells

Gesamtwahrnehmung der Debatte

Um Hinweise auf die Urteilsbildung hinsichtlich des Debattensiegers zu finden, beschreiben wir zunächst die Gesamtwahrnehmung der Debatte (vgl. Abb. 2). Welche Aussagen waren es genau, mit denen die Kanzlerin und ihr Herausforderer punkteten? Dazu wenden wir uns den Momenten detaillierter zu, die von allen Zuschauern besonders gut bewertet wurden – nicht zuletzt, weil diese sogenannten Defining Moments oder Schlüsselstellen in TV-Duellen auch in der medialen Nachbetrachtung immer wieder zur Kür des Debattensiegers herangezogen werden (Reinemann und Maurer 2005, S. 53).[14]

Auf breite Zustimmung stieß die Kanzlerin erstmals bereits nach wenigen Minuten mit ihrer Verneinung der Frage, ob sie Mitleid für ihren Kontrahenten empfinde, da sich dieser vermehrt Schwierigkeiten im Wahlkampf ausgesetzt sah (1). Ebenfalls positiv nahmen die Zuschauer Merkels kritische Aussagen zu den Besteuerungsplänen der Pensionen auf, die Steinbrück zuvor thematisiert hatte (2). Kurz vor Schluss der Debatte konnte die CDU-Politikerin wieder punkten, als sie sich klar gegen eine deutsche Beteiligung bei einem militärischen Eingreifen in Syrien aussprach (7). Steinbrück überzeugte nach etwa einer Stunde Duelldauer, als er über Aspekte der Pflege sprach (3). Hier konnte der SPD-Politiker sogar den höchsten Wert in der ganzen Debatte erzielen (−2,12). Zustimmung erzielte Steinbrück ebenfalls bei der Ankündigung das Betreuungsgeld abzuschaffen (4), bei seinen Auslassungen über die NSA-Affäre (5) und – wie bereits Merkel – bei seinem „Nein" zu einem militärischen Vorgehen in der Syrienkrise (6).

Insgesamt betrachtet wird die Debatte von unseren Probanden, die die Debatte mittels Drehregler bewerteten, mit einem Vorteil für Steinbrück gewertet (vgl. Tab. 4).[15] Dieses Bild zeigt sich weitgehend auch bei Betrachtung der einzelnen

---

[14]Als Defining Moments definieren wir die Aussagen und Passagen, mit denen Merkel und Steinbrück eine große Zustimmung bei den Zuschauern erzielen konnten. Unter großer Zustimmung verstehen wir alle Aussagen oder Passagen, bei denen der Mittelwert der RTR-Daten um mindestens 1,5 Skalenpunkte vom neutralen Wert 0 abwich. Insgesamt konnten wir sieben solcher Stellen im TV-Duell ermitteln; vier davon entfallen auf Steinbrück, drei auf Merkel.

[15]Zur Erinnerung: Werte kleiner als 4 bedeuten einen Vorteil für Steinbrück, Werte größer als 4 einen Vorteil für Merkel. In einem ersten Schritt wurden die Bewertungen jedes Teilnehmers pro Sekunde gemittelt. In einem zweiten Schritt wurden mittels Inhaltsanalyse die einzelnen Aussagen (und Themenblöcke) identifiziert, in denen die Kandidaten jeweils gesprochen haben. Im nächsten Schritt wurde dann für die einzelnen Themenblöcke – jeweils auf Basis der einzelnen Aussagen – die mittlere Bewertung berechnet.

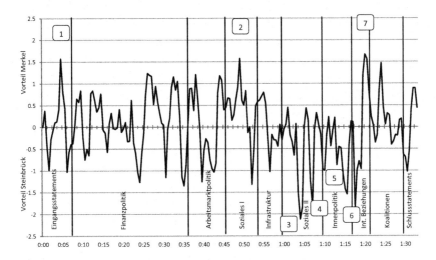

Abb. 2 Gesamtwahrnehmung des TV-Duells. (Ziffern über/unter der Kurve markieren die auf Grundlage der RTR-Bewertung für die gesamte Debatte identifizierten Defining Moments)

Themenblöcke: Hier zeigt sich, dass Merkel nur punktete, als über die Rentenpolitik gesprochen wurde (4,02). Steinbrück hingegen hatte in allen anderen Themenkomplexen Vorteile. Die größte Zustimmung erzielte der Herausforderer, als im zweiten Block zur Sozialpolitik über Betreuungspläne und Gesundheitsfragen (3,48) sowie über den NSA-Skandal (3,44) debattiert wurde – ein Thema, in dem Merkel ganz besonders an Zuspruch verlor, wie die Analyse ausschließlich der Aussagen zeigt, die von der Kanzlerin getätigt wurden (3,57). Auch mit Blick auf die gewählte rhetorische Strategie zeigt sich, dass Steinbrück immer punktete – egal, welche Strategie er wählte. Die Kanzlerin hingegen verlor immer dann an Zustimmung, wenn sie sich und ihre Politik verteidigte (3,76), was hauptsächlich im Zuge der Debatte über die Finanzpolitik und den NSA-Skandal der Fall war (vgl. Abb. 1). Interessanterweise zeigt sich, dass die Unterschiede zwischen den Kandidaten in Hinblick auf die Strategie mit Ausnahme der Verteidigung nicht signifikant sind, während die Unterschiede in der Themenbewertung in fast allen Blöcken höchst signifikant ausfallen.[16]

---

[16] Die Ergebnisse beruhen auf t-Tests für unabhängige Stichproben.

Tab. 4 RTR-Bewertungen der Kandidatenaussagen nach Themenbereichen im TV-Duell (Angaben in Mittelwerten, Drehreglertechnik)

			Sprecher	
	N Aussagen	Gesamt	Merkel	Steinbrück
Gesamte Debatte		3,76 (0,49)	4,10** (0,37)	3,49 (0,39)
Eingangsstatements	47	3,76 (0,43)	4,18** (0,36)	3,60 (0,35)
Finanzpolitik	177	3,83 (0,43)	4,10** (0,33)	3,57 (0,35)
Arbeitsmarktpolitik	63	3,75 (0,63)	4,39** (0,27)	3,29 (0,34)
Sozialpolitik I	33	4,02 (0,32)	4,22# (0,13)	3,94 (0,34)
Infrastruktur	24	3,90 (0,45)	4,30** (0,10)	3,50 (0,26)
Sozialpolitik II	45	3,48 (0,56)	3,83** (0,24)	3,12 (0,56)
Innenpolitik	45	3,44 (0,30)	3,57* (0,27)	3,29 (0,26)
Int. Beziehungen	19	3,91 (0,85)	4,67** (0,23)	3,06 (0,22)
Koalitionen	53	3,83 (0,31)	4,11** (0,32)	3,69 (0,17)
Schlussstatements	35	3,69 (0,43)	4,11** (0,15)	3,33 (0,21)
Strategie: Angriff	107	3,60 (0,49)	4,36 (0,27)	3,46 (0,38)
Strategie: Selbstpräsentation	304	3,81 (0,51)	4,13 (0,36)	3,44 (0,40)
Strategie: Verteidigung	39	3,71 (0,34)	3,76# (0,28)	3,67 (0,37)
Strategie: Sonstiges	91	3,80 (0,42)	4,01 (0,39)	3,62 (0,37)
N gesamt (Aussagen)	541	541	239	302

Signifikanzniveaus: # = $p < 0,1$; * = $p < 0,05$; ** = $p < 0,01$; Angaben in Klammern: Standardabweichung

Bewertung der Themen nach Parteibindung der Zuschauer

Die Wahrnehmung der Debattenleistung ist jedoch kein Prozess, der bei allen Zuschauern auf die gleiche Art und Weise abläuft, sondern von diversen individuellen Faktoren abhängig ist. Ein differenzierteres Bild ergibt sich daher bei Betrachtung der Debattenbewertung getrennt nach parteipolitischen Lagern, Themen und Strategien (vgl. Tab. 5).[17] So sehen die Anhänger der Regierungsparteien

---

[17]Die Parteiidentifikation wurde vor dem Duell erfragt (vgl. Kap. „Das Studiendesign" in diesem Band). Die folgenden Darstellungen beziehen sich auf die Daten von N = 21 Regierungsanhängern, N = 43 Oppositionsanhängern und N = 24 Anhängern anderer oder keiner Parteien. Vor den Analysen wurde eine lagerspezifische Gewichtung vorgenommen, sodass jedes Lager mit gleichen Anteilen in die Analysen einfließt.

Tab. 5 RTR-Bewertung der Themenbereiche nach Parteibindung der Zuschauer im TV-Duell (Angaben in Mittelwerten, Drehreglertechnik)

	Regierungsanhänger (CDU/CSU; FDP)	Oppositionsanhänger (SPD; Grüne; Linke)	Andere; ohne Parteibindung
Gesamte Debatte	4,36** (0,60)	3,56 (0,57)	3,58 (0,41)
Eingangsstatements	4,47** (0,43)	3,47 (0,55)	3,66 (0,37)
Finanzpolitik	4,52** (0,59)	3,65 (0,50)	3,53 (0,34)
Arbeitsmarktpolitik	4,28** (0,63)	3,57 (0,74)	3,57 (0,48)
Sozialpolitik I	4,55** (0,43)	3,81 (0,38)	3,85 (0,38)
Infrastruktur	4,19* (0,61)	3,84 (0,52)	3,74 (0,25)
Sozialpolitik II	3,90** (0,59)	3,33 (0,66)	3,41 (0,43)
Innenpolitik	4,21** (0,54)	3,29 (0,33)	3,04 (0,23)
Int. Beziehungen	4,13** (0,90)	3,85 (0,93)	3,82 (0,70)
Koalitionen	4,26** (0,55)	3,56 (0,31)	3,86 (0,20)
Schlussstatements	4,53** (0,53)	3,30 (0,54)	3,62 (0,25)
Strategie: Angriff	4,24** (0,57)	3,33 (0,57)	3,43 (0,42)
Strategie: Selbstpräsentation	4,41** (0,64)	3,62 (0,50)	3,63 (0,42)
Strategie: Verteidigung	4,27** (0,43)	3,54 (0,42)	3,52 (0,42)
Strategie: Sonstiges	4,38** (0,57)	3,65 (0,47)	3,58 (0,41)
N gesamt (Aussagen)	541	541	541

Anmerkung: Signifikanzniveaus: # = $p < 0{,}1$; * = $p < 0{,}05$; ** = $p < 0{,}01$; Angaben in Klammern: Standardabweichung

CDU/CSU und FDP überwiegend klare Vorteile bei Merkel (4,36), die Anhänger der Oppositionsparteien SPD, Bündnis90/Die Grünen und Die Linke hingegen Vorteile für Steinbrück (3,56). Eine Ausnahme bietet die Bewertung des zweiten Blocks zur Sozialpolitik – hier sehen interessanterweise auch Anhänger des Regierungslagers Vorteile für Steinbrück (3,90). Insgesamt fallen die Unterschiede zwischen den Lagern höchst signifikant aus.[18] Parteigebundene Zuschauer verhielten sich also weitgehend erwartungskonform, weshalb die Frage umso mehr in den Fokus rückt, welcher Kandidat gerade die ungebundenen

---

[18] Die Ergebnisse basieren auf einfaktoriellen Varianzanalysen.

Wähler von sich überzeugen konnte. Erneut zeigen sich – auf vergleichbar hohem Niveau wie dem des eigenen parteipolitischen Lagers – ausschließlich Vorteile für Steinbrück (3,58) und das über *alle* Themenbereiche hinweg, wobei er auch hier im Zuge der Debatte über den NSA-Skandal am meisten profitiert hat (3,04). Dieses Bild zeigt sich – analog zur Themenbewertung – für die Wahl der Strategie: mit Blick auf die Rhetorik überzeugten die Kandidaten vor allem ihre eigenen Anhänger. Bei Betrachtung der drei Lager fällt auf, dass nun auch die Unterschiede in der Strategiebewertung höchst signifikant ausfallen. Die Ergebnisse dieser ersten lagerspezifischen Analysen zeigen, dass die Urteile über die beiden Kandidaten in hohem Maße von der Parteibindung gefärbt sind, es aber nur Steinbrück gelang, auch Zustimmung unter den parteiungebundenen Zuschauern zu generieren.

Doch wie stellt sich die Zustimmung bzw. Ablehnung der Zuschauer dar, wenn man nach parteipolitischen Lager *und* Kandidat unterscheidet? Erwartungsgemäß konnte die Kanzlerin besonders bei den Zuschauern aus ihrem eigenen Lager punkten (vgl. Tab. 6). Das gilt sowohl über die gesamte Debatte hinweg (4,80) als auch für die einzelnen Themenblöcke, wobei sie die größte Zustimmung für ihre Schlussstatements erhielt (5,01). Auch die ersten Worte der Kanzlerin fanden große Zustimmung (4,95). Dies bestätigt die Annahme, dass den ersten und den letzten Worten eines Kandidaten im Duell besondere Bedeutung zukommt. Darüber hinaus überzeugte die Kanzlerin ihre Anhänger aber auch inhaltlich: erneut durch ihre Ausführungen im ersten Themenkomplex Soziales (speziell Rentenpolitik, 4,95) sowie im größten Block des Duells, der Finanzpolitik (4,93). Den geringsten, aber dennoch klaren Zuspruch erhielt Merkel für ihre Äußerungen über Betreuungsgeld und Gesundheitspolitik (4,24). Insgesamt verhaltener und damit ebenfalls erwartungskonform reagierte das Lager der Oppositionsanhänger: Interessanterweise erhielt die Kanzlerin auch hier teils großen Zuspruch, beispielsweise für ihre Absage der deutschen Beteiligung im Syrien-Konflikt (4,67), ihre Pläne zur Energiewende (4,29) und ihre Haltung zu Mindestlohn und prekären Arbeitsverhältnissen (4,32), allerdings stieß sie besonders während ihrer Erläuterungen zum Umgang mit der NSA-Affäre (3,41), im zweiten Block zur Sozialpolitik und ihren Schlussstatements, also der abschließenden Zusammenfassung ihrer politischen Leistungen und Ziele für die kommende Legislaturperiode, auf Ablehnung (3,84). Insgesamt betrachtet verlor Merkel jedoch nur leicht an Zustimmung bei den Anhängern des politischen Gegners (3,97).

Erneut lohnt daher ein Blick auf diejenigen, die sich keinem der beiden Lager zugehörig fühlen, aber dennoch ein klares Votum bezüglich der Debattenleistung der Kanzlerin abgaben – und diese insgesamt betrachtet deutlich abstraften (3,67):

Tab. 6 RTR-Bewertungen der Aussagen Merkels nach parteipolitischer Lagerzugehörigkeit der Zuschauer (Angaben in Mittelwerten, Drehreglertechnik)

	N Aussagen	Regierungsanhänger (CDU/CSU; FDP)	Oppositionsanhänger (SPD; Grüne; Linke)	Andere; ohne Parteibindung
Gesamte Debatte		4,80** (0,46)	3,97 (0,41)	3,67 (0,41)
Eingangsstatements	13	4,95** (0,43)	4,00 (0,46)	3,84 (0,32)
Finanzpolitik	88	4,93** (0,46)	3,97 (0,34)	3,55 (0,35)
Arbeitsmarktpolitik	26	4,88** (0,31)	4,32 (0,31)	4,01 (0,26)
Sozialpolitik I	10	4,95** (0,26)	4,04 (0,19)	3,64 (0,13)
Infrastruktur	12	4,73** (0,16)	4,29 (0,17)	3,95 (0,07)
Sozialpolitik II	23	4,24** (0,35)	3,76 (0,26)	3,60 (0,21)
Innenpolitik	24	4,47** (0,45)	3,41 (0,31)	3,06 (0,31)
Int. Beziehungen	10	4,91** (0,36)	4,67 (0,27)	4,45 (0,14)
Koalitionen	17	4,82** (0,39)	3,85 (0,24)	3,81 (0,27)
Schlussstatements	16	5,01** (0,37)	3,84 (0,07)	3,81 (0,20)
Strategie: Angriff	17	5,17** (0,35)	3,89 (0,33)	3,80 (0,25)
Strategie: Selbstpräsentation	164	4,81** (0,44)	4,00 (0,41)	3,72 (0,39)
Strategie: Verteidigung	16	4,50** (0,31)	3,68 (0,34)	3,27 (0,44)
Strategie: Sonstiges	42	4,71** (0,49)	3,91 (0,43)	3,57 (0,43)
N gesamt (Aussagen)	239	239	239	239

Anmerkung: Signifikanzniveaus: # = $p < 0,1$; * = $p < 0,05$; ** = $p < 0,01$; Angaben in Klammern: Standardabweichung

Mit Ausnahme der Debatte über Syrien wurde die Kanzlerin durchgängig eher negativ bewertet, wobei ihr Vorgehen in der NSA-Affäre mit Abstand am schlechtesten bewertet wurde (3,06). Neutral bewerteten die Oppositionsanhänger Merkels Darstellung der Arbeitsmarktpolitik (4,01). Im Lager, das weder den Regierungs- noch den Oppositionsparteien zuzurechnen ist, konnte die Kanzlerin daher – mit Ausnahme ihrer Absage an eine militärische Beteiligung am Syrien-Konflikt – keine Zustimmung generieren. Ein ähnliches Bild zeigt sich mit Blick auf die Wahl der Strategie. Konnte Merkel ganz besonders bei Angriffen auf den politischen Gegner in ihrem Lager punkten – hier erhielt sie die größte Zustimmung überhaupt (5,17) – wurden ihre rhetorischen Strategien in den gegnerischen Lagern eher kritisch gesehen. Interessanterweise bewerteten sowohl die Zuschauer der Opposition als auch die Zuschauer ohne bzw. mit anderer Parteibindung Merkel schlechter, wenn sie sich verteidigte als wenn sie selbst zum Angriff ausholte. Dies bestätigt die Ergebnisse der Gesamtwahrnehmung von Merkels Aussagen (vgl. Tab. 4). Neutral wurden nur ihre Selbstpräsentationen durch das Oppositionslager gewertet, für die Wahl aller weiteren Strategien wurde die Kanzlerin sowohl vom Oppositions- als auch vom Lager der Ungebundenen durchweg abgestraft. Im Mittel profitierte Merkel zwar von ihrer Debattenperformanz, allerdings fiel die positive Bewertung insgesamt eher gering aus (4,10, vgl. Tab. 4). Erneut fällt die unterschiedliche Bewertung der einzelnen Lager höchst signifikant aus.[19]

Lassen sich solche Muster nach parteipolitischer Überzeugung auch bei Merkels Herausforderer identifizieren (vgl. Tab. 7)? Auch Steinbrück konnte vor allem die Anhänger aus seinem eigenen Lager überzeugen (3,24), wobei die Bewertungen vergleichbar stark ausfallen wie die Zustimmung, die Merkel aus ‚ihrem' Regierungslager bekam. Ablehnung erhielt der Herausforderer im Duell nur aus dem Lager der Kanzlerin, wobei diese u. a. die Eingangs- und – analog zur Bewertung der Kanzlerin aus dem Oppositionslager – die Schlussstatements betraf (4,29 bzw. 4,13). Umso größer war die Zustimmung des eigenen Lagers für diese Bereiche (3,26 bzw. 2,87; und damit vergleichbar stark wie die Bewertung der Ausführungen über Themen wie Kinderbetreuung und Gesundheitspolitik (2,87) sowie die Bewertung der Lage in Syrien (2,93). Weitaus bedeutsamer ist jedoch die Frage, in welchem Ausmaß es dem Herausforderer gelang, Zustimmung im Lager der Parteiungebundenen zu generieren. Nicht nur über die gesamte Debatte hinweg (3,50), sondern auch themenspezifisch zeigt sich, dass Steinbrück mit seinen Aussagen bei den Ungebundenen punkten konnte. Hier gilt, dass wieder seine Auslassungen zum NSA-Datenskandal (3,01) als auch die Haltung zum Syrien-Konflikt (3,12) – ein Themenbereich also, der über alle Lager hinweg positiv bewertet wurde – die größte Zustimmung generierten. Auch die Wahl einer bestimmten Strategie brachte Steinbrück keine Nachteile in diesem Lager ein. Dabei gilt, dass es ihm die meisten Pluspunkte brachte, wenn er seine Gegnerin Merkel angriff (3,35). Die größte Zustimmung erzielte der Herausforderer jedoch erwartungsgemäß im eigenen Lager, hier punktete er noch stärker und zwar immer dann, wenn er die eigenen politischen Pläne erläuterte (3,15). Ablehnung erfuhr Steinbrück damit lediglich aus dem Lager der Regierungsanhänger, wobei diese recht moderat ausfiel. Auch für Steinbrücks Bewertungen gilt, dass die unterschiedliche Bewertung der einzelnen Lager – mit Ausnahme der Debatte über eine mögliche Beteiligung am Syrienkonflikt sowie seinen Aussagen zu Infrastruktur und dem zweiten

---

[19]Die Ergebnisse basieren auf einfaktoriellen Varianzanalysen.

Tab. 7 RTR-Bewertungen der Aussagen Steinbrücks nach parteipolitischer Lagerzugehörigkeit der Zuschauer (Angaben in Mittelwerten, Drehreglertechnik)

	N Aussagen	Regierungsanhänger (CDU/CSU; FDP)	Oppositionsanhänger (SPD; Grüne; Linke)	Andere; ohne Parteibindung
Gesamte Debatte		4,01** (0,46)	3,24 (0,46)	3,50 (0,41)
Eingangsstatements	34	4,29** (0,26)	3,26 (0,43)	3,59 (0,37)
Finanzpolitik	89	4,13** (0,40)	3,33 (0,42)	3,52 (0,33)
Arbeitsmarktpolitik	37	3,85** (0,40)	3,04 (0,43)	3,26 (0,32)
Sozialpolitik I	23	4,36** (0,35)	3,71 (0,41)	3,94 (0,41)
Infrastruktur	12	3,65# (0,35)	3,41 (0,34)	3,53 (0,14)
Sozialpolitik II	22	3,54* (0,57)	2,87 (0,65)	3,20 (0,50)
Innenpolitik	21	3,91** (0,47)	3,14 (0,29)	3,01 (0,20)
Int. Beziehungen	9	3,26# (0,28)	2,93 (0,25)	3,12 (0,17)
Koalitionen	36	4,00** (0,41)	3,43 (0,25)	3,89 (0,14)
Schlussstatements	19	4,13** (0,20)	2,87 (0,32)	3,47 (0,17)
Strategie: Angriff	90	4,06** (0,42)	3,22 (0,45)	3,35 (0,41)
Strategie: Selbstpräsentation	140	3,94** (0,19)	3,15 (0,44)	3,53 (0,40)
Strategie: Verteidigung	23	4,09** (0,44)	3,45 (0,45)	3,69 (0,32)
Strategie: Sonstiges	49	4,08** (0,46)	3,42 (0,38)	3,58 (0,39)
N gesamt (Aussagen)	302	302	302	302

Anmerkung: Signifikanzniveaus: # = $p < 0{,}1$; * = $p < 0{,}05$; ** = $p < 0{,}01$; Angaben in Klammern: Standardabweichung

Block zur Sozialpolitik – höchst signifikant ausfallen.[20] Insgesamt betrachtet gelang es Steinbrück also im Vergleich, eine etwas stärkere Zustimmung zu generieren (3,49) als die Kanzlerin, wobei festzuhalten bleibt, dass auch die Gesamtbewertung des gegnerischen Lagers neutral ausfiel (4,01).

Insgesamt betrachtet konnte sich der Herausforderer – gemessen an den spontanen Reaktionen der Zuschauer – besser verkaufen als die Amtsinhaberin. Dabei gilt, dass es vor allem die Sozialpolitik war, die den Kandidaten über alle parteipolitischen Lager Nachteile brachten: Während Merkel das Nachsehen hatte,

---

[20]Die Ergebnisse basieren auf einfaktoriellen Varianzanalysen.

als über Betreuungsgeld und Gesundheitspolitik gesprochen wurde, wurden die Äußerungen Steinbrücks zur Rentenpolitik nicht übermäßig gut bewertet. Dennoch konnten sowohl Merkel als auch Steinbrück, vor allem im Zuge der Diskussion um die Lage und militärische Maßnahmen in Syrien bei den Zuschauern aus dem eigenen Lager punkten. Dies ist vor dem Hintergrund unserer konsistenztheoretischen Annahmen ein erwartungsgemäßes Resultat, das umso bedeutender ist, als dass dieses Thema nicht nur enorme tagespolitische Aktualität besaß, als auch den kürzesten Themenblock während der Debatte insgesamt darstellte und somit keinen Raum für ausufernde Argumentation ließ (vgl. Tab. 2).

Ähnliches lässt sich für die jeweilige Wahl der rhetorischen Strategie festhalten: während das eigene Lager die Kandidaten nicht abstrafte, hatten die Kandidaten vor allem bei Angriffen und Verteidigungen im gegnerischen Lager das Nachsehen. Diese Befunde bestätigen zum einen die Konsistenz der Bewertungen – sowohl mit Blick auf die zuvor identifizierten Defining Moments (vgl. Abb. 2) als auch im Hinblick auf die detaillierte Analyse der Themenbereiche, in denen die Kandidaten besonders viel attackiert haben (vgl. Abb. 1). Zum anderen decken sich die Ergebnisse hier mit den Befunden aus vorangegangenen Studien zu TV-Duellen, dass die Zustimmung für die Kandidaten aus dem jeweils eigenen Lager höher ausfiel als die Negativ-Bewertung aus dem gegnerischen Lager (vgl. Maier 2009). Dies untermauert die Annahme eines asymmetrischen und selektiven Prozesses der Wahrnehmung der Debattenleistung. Parteipolitisch gebundene Zuschauer bewerten den Kandidaten ihres Lagers in den meisten Fällen positiv, dem Kandidaten des politischen Gegners wird im Gegenzug aber nicht zwangsläufig eine ebenso starke Ablehnung zuteil.

Einfluss der einzelnen Themenbereiche und Strategien auf die Zuschauerurteile
Ob es nun aber die inhaltliche Auseinandersetzung mit bestimmten Themen oder doch eher die rhetorische Strategie ist, die (mehr) Zustimmung unter den Zuschauern generieren kann, muss in zwei Schritten beantwortet werden.[21] Zunächst stellt sich die Frage, ob auch bei multivariater Betrachtung der RTR-Bewertung – getrennt nach Themenblöcken – Stärke und Richtung der Effekte analog zu den deskriptiv überprüften Analysen ausfallen (vgl. Modelle 1 in Tab. 8 bzw. 9): Sind es wirklich die Botschaften, die Merkel im zweiten Block zur Sozialpolitik

---

[21]Die nachfolgenden Tabellen beruhen auf schrittweisen Regressionsmodellen. Dafür wurden im ersten Schritt für jedes Lager lediglich die RTR-Bewertungen der Themenblöcke berücksichtigt. Erst im zweiten Schritt wurde für jedes Lager auch die Strategiebewertung mit in die Modelle aufgenommen.

Tab. 8 Determinanten der RTR-Bewertung der Aussagen Merkels (standardisierte Regressionskoeffizienten, Drehreglertechnik)

	Regierungsanhänger (CDU/CSU; FDP)		Oppositionsanhänger (SPD; Grüne; Linke)		Andere; ohne Parteibindung	
	Modell 1	Modell 2	Modell 1	Modell 2	Modell 1	Modell 2
Korrigiertes R^2	0,229	0,278	0,447	0,455	0,530	0,549
Eingangsstatements	0,034	0,055	−0,177*	−0,175*	−0,097#	−0,091#
Finanzpolitik	0,051	0,101	−0,418**	−0,377**	−0,551**	−0,533**
Sozialpolitik I	0,033	0,016	−0,140#	−0,122#	−0,182**	−0,199**
Infrastruktur	−0,072	−0,046	−0,020	−0,016	−0,029	−0,023
Sozialpolitik II	−0,414**	−0,388**	−0,406**	−0,400**	−0,300**	−0,288**
Innenpolitik	−0,269**	−0,204**	−0,673**	−0,643**	−0,707**	−0,668**
Int. Beziehungen	0,015	0,032	0,176*	0,183*	0,216**	0,229**
Koalitionen	−0,034	−0,049	−0,297**	−0,285**	−0,126#	−0,139#
Schlussstatements	0,071	0,077	−0,297**	−0,292**	−0,126#	−0,127#
Strategie: Angriff	–	0,217*	–	−0,047	–	0,105#
Strategie: Selbstpräsentation	–	0,135#	–	0,043	–	0,020
Strategie: Verteidigung	–	−0,090	–	−0,089	–	−0,115#
N gesamt (Aussagen)	239	239	239	239	239	239

Anmerkung: Signifikanzniveaus: $\# = p < 0{,}1$; $* = p < 0{,}05$; $** = p < 0{,}01$; Referenzkategorien: Arbeitsmarktpolitik, sonstige Strategie

gesendet bzw. ihre präsentierte Haltung zu einer möglichen militärischen Beteiligung, die die Bewertungen unserer Studienteilnehmer am stärksten beeinflusst haben (vgl. Tab. 8)? War es hingegen wirklich der erste Block zur Sozialpolitik, der Steinbrück mehr Nach- als Vorteile brachte (vgl. Tab. 9)?[22] Mit Blick auf die Ergebnisse wird deutlich, dass es ganz bestimmte und zwar die bereits zuvor

---

[22] Aufgrund der Erhebungslogik würden positive Bewertungen für Steinbrück in den Analysen als negative, negative Bewertungen als positive Werte ausgegeben. Aus Darstellungsgründen wurde die Skala für die Berechnung der Determinanten von Steinbrücks RTR-Bewertungen umcodiert.

Tab. 9 Determinanten der RTR-Bewertung der Aussagen Steinbrücks (standardisierte Regressionskoeffizienten, Drehreglertechnik)

	Regierungsanhänger (CDU/CSU; FDP)		Oppositionsanhänger (SPD; Grüne; Linke)		Andere; ohne Parteibindung	
	Modell 1	Modell 2	Modell 1	Modell 2	Modell 1	Modell 2
Korrigiertes R^2	0,284	0,302	0,218	0,271	0,398	0,426
Eingangsstatements	−0,298	−0,308**	−0,151#	−0,168*	−0,262**	−0,280**
Finanzpolitik	−0,272**	−0,278**	−0,281**	−0,300**	−0,292**	−0,326**
Sozialpolitik I	−0,297**	−0,330**	0,383**	−0,418**	−0,449**	−0,451**
Infrastruktur	0,083**	0,056	−0,154*	−0,191*	−0,131#	−0,146**
Sozialpolitik II	0,177*	0,154*	0,099	0,065**	0,033	0,014*
Innenpolitik	−0,034	−0,021	−0,055	−0,047	0,150#	0,125
Int. Beziehungen	0,217**	0,208*	0,043	0,042	0,055	0,065#
Koalitionen	−0,102	−0,116#	−0,268**	−0,279**	−0,508**	−0,500**
Schlussstatements	−0,144#	−0,188*	0,092	0,035	−0,128#	−0,143*
Strategie: Angriff	–	0,041	–	0,177*	–	0,208*
Strategie: Selbstpräsentation	–	0,178*	–	0,304**	–	0,137
Strategie: Verteidigung	–	−0,024	–	−0,020	–	−0,039
N gesamt (Aussagen)	302	302	302	302	302	302

Anmerkung: Signifikanzniveaus: # = $p < 0{,}1$; * = $p < 0{,}05$; ** = $p < 0{,}01$; Referenzkategorien: Arbeitsmarktpolitik, sonstige Strategie

identifizierten Themenblöcke zur Sozialpolitik bzw. die innerhalb dieser Blöcke gesendeten Botschaften gibt, die die RTR-Bewertung stärker als andere determinieren. Während es Merkel über alle Lager hinweg höchst signifikante Nachteile einbrachte, als über Betreuungsgeld und Gesundheitspolitik gesprochen wurde (−0,300 bis −0,414, $p < 0{,}01$), hatte Steinbrück bei der Darstellung der von Merkel stark kritisierten Besteuerungspläne der Pensionen das Nachsehen (−0,297 bis −0,449, alle Effekte mit $p < 0{,}01$ hochsignifikant). Nach wie vor positiv gingen die Äußerungen beider Kandidaten im Zuge der Debatte um Syrien in die Bewertungen der Zuschauer ein. Auch die bereits zuvor identifizierte Abstrafung der Kanzlerin für die Haltung der Union zum Umgang mit der NSA-Datenaffäre findet sich bei multivariater Betrachtung wieder. Es zeigt sich, dass dieser Block sogar den stärksten negativen Effekt auf die Bewertung der Zuschauer hatte (−0,269 bis −0,707, $p < 0,05$).

Nimmt man nun die Bewertung der von den Kandidaten gewählten rhetorischen Strategien mit in die Analyse auf, lassen sich auch Aussagen darüber treffen, ob es die Botschaften sind, die die Bewertung stärker determinieren, oder vielmehr die Art der Rhetorik. Die Ergebnisse zeigen, dass die Strategiebewertung zwar lagerkonsistent ausfällt und durchaus einen gewissen Einfluss auf die RTR-Bewertungen hat, dieser allerdings nur unwesentlich ins Gewicht fällt (vgl. Modell 2): Lediglich zwischen 1 und 5 % mehr Varianzaufklärung bieten die Analysen, die neben der Themen- auch die Strategiebewertung der Zuschauer enthalten.[23] Im TV-Duell zwischen Angela Merkel und Peer Steinbrück scheinen es also in erster Linie die Botschaften gewesen zu sein, die die Gesamtwahrnehmung beider Kandidaten durch die Zuschauer beeinflusst und gesteuert haben.

4   Fazit

TV-Duelle bieten den teilnehmenden Spitzenpolitikern die Chance, ihre Botschaften einem sehr großen Publikum weitgehend unter Umgehung von journalistischer Selektion zu präsentieren. Zwar werden sie durch die Fragen der Moderatoren in bestimmte thematische Richtungen gelenkt; dennoch sind die Kandidaten frei in der Gestaltung ihrer Schwerpunktsetzung und ihres rhetorischen Stils. Wie Angela Merkel und Peer Steinbrück dies für das TV-Duell 2013 umgesetzt haben, war Gegenstand des vorliegenden Kapitels. Die Kombination einer inhaltsanalytischen Untersuchung der Debatte mit RTR-Daten, die die spontanen Eindrücke der Zuschauer widerspiegelten, erlaubten uns Aussagen darüber zu treffen, inwiefern die beiden Kandidaten mit den von ihnen gewählten Strategien und Fokussetzungen ankamen Zustimmung oder Ablehnung generiert haben.

Folgende Ergebnisse können wir festhalten: Das Thema Finanzpolitik stand deutlich im Mittelpunkt der Debatte. Etwa ein Drittel der 90-minütigen Sendung verwendeten die Kandidaten, um über Steuerfragen oder die Eurokrise zu diskutieren. In Bezug auf die Schwerpunktsetzung reiht sich der mediale Schlagabtausch 2013 damit in die Liste der Top-5-Themen der vorangegangenen

---

[23]Die Änderungen im korrigierten R^2 von Modell 1 zu Modell 2 fallen höchst signifikant aus; Ausnahme: Bewertung Merkels durch Opposition ($p < 0,1$) sowie Bewertung Steinbrücks durch Regierungslager ($p < 0,1$). Ähnlich schwache Veränderungen bieten umgekehrte Analysen, die zunächst nur die Strategiebewertung und erst anschließend auch die Themenbewertung berücksichtigen.

Kanzlerduelle ein, bei denen Fragen aus dem Bereich Finanzpolitik immer weit oben auf der Agenda standen. Auch das Auftreten der Kandidaten entsprach zu weiten Teilen den aus der Theorie abgeleiteten Erwartungen. Merkel verhielt sich als Amtsinhaberin sehr rollenkonform, konzentrierte sich vorrangig auf die Darstellung der Leistung ihrer eigenen Partei, griff ihren Kontrahenten nur sehr selten an und sah sich im Gegenzug auch selten genötigt, sich verteidigen zu müssen. Zwar wählte auch Steinbrück die Selbstpräsentation überwiegend als rhetorische Strategie. Verglichen mit Merkel machte er jedoch weitaus häufiger – immerhin in knapp einem Drittel seiner Aussagen – von angreifenden Statements Gebrauch.

Insgesamt betrachtet konnte sich der Herausforderer Steinbrück besser verkaufen als Amtsinhaberin Merkel – und das über alle parteipolitischen Lager hinweg. Zwar bestätigen sich die konsistenztheoretischen Befunde der Debattenforschung und auch die Kanzlerin erhielt durchweg positiven Zuspruch aus den eigenen Reihen. Allerdings konnte sie gerade im Lager derjenigen, die vor dem Duell keine Parteibindung angaben, nicht überzeugen; einem Wählersegment also, das sich in der Vergangenheit immer sehr empfänglich für die in der Debatte gesetzten Botschaften zeigte (Maier 2009; Reinemann und Maurer 2005). Dies gelang ihrem politischen Gegner und Herausforderer Steinbrück umso stärker, sodass dieser besonders stark von der Debatte profitiert haben dürfte (vgl. zur Stabilität dieses Effekts Kap. 4 „Debattensieger" bzw. Kap. 9 „Wahlabsicht" in diesem Band). Unsere Analysen konnten daher zeigen, dass es gerade – ganz besonders vor dem Hintergrund des Dealignments – die Parteiungebundenen sind, die Wahlkämpfer und die Kompetenzteams der Spitzenpolitiker bei der Vorbereitung ihrer Debattenperformanz im Blick haben sollten. Die vorliegenden Analysen zeigen darüber hinaus, dass es in erster Linie die Botschaft und weniger die Rhetorik ist, die die Kandidaten und ihre Wahlkampfstrategen bei der Vorbereitung auf die TV-Debatte fokussieren sollten. Ein noch so guter Redner sollte sich daher im Duell nicht nur auf seine Rhetorik verlassen, sondern in erster Linie mit politischen Plänen, Leistungen und Zielen aufwarten.

Literatur

Bachl, M., Käfferlein, K., & Spieker, A. (2013). Die Inhalte des TV-Duells. In: M. Bachl, F. Brettschneider, & S. Ottler (Hrsg.), *Das TV-Duell in Baden-Württemberg 2011* (S. 57–86). Wiesbaden: VS.

Benoit, W. L. (1999). *Seeing Spots: A Functional Analysis of Presidential Television Advertisements from 1952–1996*. New York: Praeger.

Benoit, W. L. (2007a). *Communication in Political Campaigns*. New York: Peter Lang.

Benoit, W. L. (2007b). Determinants of Defense in Presidential Debates. *Communication Research Reports* 24, 319–325.
Bergsdorf, W. (1986). Probleme der Regierungskommunikation. *Communications* 12, 27–40.
Brettschneider, F. (2005). Bundestagswahlkampf und Medienberichterstattung. *Aus Politik und Zeitgeschichte*, 51(52), 19–26.
Faas, T., & Maier, J. (2004a). Mobilisierung, Verstärkung, Konversion? Ergebnisse eines Experiments zur Wahrnehmung der Fernsehduelle im Vorfeld der Bundestagswahl 2002. *Politische Vierteljahreszeitschrift* 45, 55–72.
Faas, T., & Maier, J. (2004b). Schröders Stimme, Stoibers Lächeln: Wahrnehmungen von Gerhard Schröder und Edmund Stoiber bei Sehern und Hörern der Fernsehdebatten im Vorfeld der Bundestagswahl 2002. In: T. Knieper, & M. G. Müller (Hrsg.), *Visuelle Wahlkampfkommunikation* (S. 186–209). Köln: von Halem.
Festinger, L. (1957). *A Theory of Cognitive Dissonance*. Evanston: Row & Peterson.
Hildebrand, K. (2013). Wenn es langweilig wird, hat Merkel gewonnen. *Süddeutsche Zeitung*, Artikel vom 30. August 2013. http://www.sueddeutsche.de/medien/tv-duell-wenn-es-langweilig-wird-hat-merkel-gewonnen-1.1758624. Zugegriffen: 7. November 2016.
Jarman, J. W. (2005). Political Affiliation and Presidential Debates. A Real-Time Analysis of the Effects of the Arguments Used in the Presidential Debates. *American Behavioral Scientist* 49, 229–242.
Maier, J. (2004). Wie stabil ist die Wirkung von Fernsehduellen? Eine Untersuchung zum Effekt der TV-Debatten 2002 auf die Einstellungen zu Gerhard Schröder und Edmund Stoiber. In: F. Brettschneider, J. W. van Deth, & E. Roller (Hrsg.), *Die Bundestagswahl 2002: Analysen der Wahlergebnisse und des Wahlkampfes* (S. 75–94). Wiesbaden: VS Verlag für Sozialwissenschaften.
Maier, J. (2007). Erfolgreiche Überzeugungsarbeit: Urteile über den Debattensieger und die Veränderung der Kanzlerpräferenz. In: M. Maurer, C. Reinemann, J. Maier, & M. Maier (Hrsg.), *Schröder gegen Merkel. Wahrnehmung und Wirkung des TV-Duells 2005 im Ost-West-Vergleich* (S. 91–109). Wiesbaden: VS Verlag für Sozialwissenschaften.
Maier, J. (2009). „Frau Merkel wird doch noch Kritik ertragen können...". Inhalt, Struktur, Wahrnehmung und Wirkung des wirtschaftspolitischen Teils der Fernsehdebatte 2005. In: J. W. Falter, O.W. Gabriel, & B. Weßels (Hrsg.), *Wahlen und Wähler. Analysen aus Anlass der Bundestagswahl 2005* (S. 177–201). Wiesbaden: VS Verlag für Sozialwissenschaften.
Maier, J. (2013). *Measurement and Effects of Negativity in German Televised Debates*. Vortrag auf der European Consortium for Political Research (ECPR) Joint Session of Workshops, Unveröffentlichtes Manuskript: Mainz.
Maier, J., & Faas, T. (2003). The Affected German Voter: Televised Debates, Follow-Up Communication and Candidate Evaluations. *Communications* 28, 383–404.
Maier, J., & Faas, T. (2004). Debattenwahrnehmung und Kandidatenorientierung: Eine Analyse von Real-Time-Response- und Paneldaten zu den Fernsehduellen im Bundestagswahlkampf 2002. *Zeitschrift für Medienpsychologie* 16, 26–35.
Maier, J., & Faas, T. (2011). ‚Miniature Campaigns' in Comparison: The German Televised Debates, 2002-09. *German Politics* 20, 75–91.

Maier, J., & Jansen, C. (2015). When Do Candidates Attack in Election Campaigns? Exploring the Determinants of Negative Candidate Messages in German Televised Debates. *Party Politics* 21, 1–11.

Maier, J., & Maier, M. (2013). Serving Different Agendas. How Journalists, Candidates, and the Mass Media Failed to Meet Citizens' Interests in the 2009 German Televised Debate. In: E. Czerwick (Hrsg.), *Politische Kommunikation in der repräsentativen Demokratie der Bundesrepublik Deutschland* (S. 149–164) Wiesbaden: Springer Fachmedien.

Maier, J., Faas. T., & Glogger, I. (2014a). Das TV-Duell. In: R. Schmitt-Beck, H. Rattinger, S. Roßteutscher, B. Weßels, C. Wolf, & u. a (Hrsg.), *Zwischen Fragmentierung und Konzentration. Die Bundestagswahl 2013* (S. 281–292). Baden-Baden: Nomos.

Maier, J., Faas, T., & Maier, M. (2014b). Aufgeholt, aber nicht aufgeschlossen: Wahrnehmungen und Wirkungen von TV-Duellen am Beispiel von Angela Merkel und Peer Steinbrück 2013. *Zeitschrift für Parlamentsfragen* 45, 38–54.

Maier, J., Faas, T., & Maier, M. (2013). Mobilisierung durch Fernsehdebatten: zum Einfluss des TV-Duells 2009 auf die politische Involvierung und die Partizipationsbereitschaft. In: J. Weßels, H. Schoen, & O. W. Gabriel (Hrsg.), *Wahlen und Wähler. Analysen aus Anlass der Bundestagswahl 2009* (S. 79–96). Wiesbaden: VS Verlag für Sozialwissenschaften.

Maurer, M., & Reinemann, C. (2003). *Schröder gegen Stoiber: Nutzung, Wahrnehmung und Wirkung der TV-Duelle*. Wiesbaden: VS Verlag für Sozialwissenschaften.

Maurer, M. (2007). Themen, Argumente, rhetorische Strategien. Die Inhalte des TV-Duells. In: M. Maurer, C. Reinemann, J. Maier & M. Maier (Hrsg.). *Schröder gegen Merkel. Wahrnehmung und Wirkung des TV-Duells im Ost-West-Vergleich* (S. 33–52). Wiesbaden: VS Verlag für Sozialwissenschaften.

Nagel, F. (2012). *Die Wirkung verbaler und nonverbaler Kommunikation in TV-Duellen. Eine Untersuchung am Beispiel von Gerhard Schröder und Angela Merkel*. Wiesbaden: VS Verlag für Sozialwissenschaften.

Reinemann, C., & Maurer, M. (2005). Unifying or Polarizing: Short-Term Effects and Post-Debate Consequences of Different Rhetorical Strategies in Televised Debates. *Journal of Communication* 55, 775–794.

Reinemann, C., & Maurer, M. (2007a). Schröder gegen Merkel: Wahrnehmung und Wirkung des TV-Duells. In: F. Brettschneider, O. Niedermayer, & Weßels, B. (Hrsg.), *Die Bundestagswahl 2005: Analysen des Wahlkampfes und der Wahlergebnisse* (S. 197–217). Wiesbaden: VS Verlag für Sozialwissenschaften.

Reinemann, C., & Maurer, M. (2007b). Populistisch und unkorrekt: Die unmittelbare Wahrnehmung des TV-Duells. In: M. Maurer, C. Reinemann, J. Maier, & M. Maier (Hrsg.), *Schröder gegen Merkel. Wahrnehmung und Wirkung des TV-Duells 2005 im Ost-West-Vergleich* (S. 53–89). Wiesbaden: VS Verlag für Sozialwissenschaften.

And the winner is…?! Die Entstehung des Siegerbildes bei der TV-Debatte 2013

Johannes N. Blumenberg, Daniela Hohmann und Sven Vollnhals

1 Einleitung: Eine Debatte – viele Sieger

Mit dem Ende der TV-Debatte beginnt in aller Regel der Kampf um die Deutungshoheit des politischen Großereignisses im Wahlkampf – die TV-Debatte zwischen Angela Merkel und Peer Steinbrück bildet da keine Ausnahme. Nachvollziehbar ist, dass die jeweiligen Lager ihren Kandidaten als klaren Gewinner der Debatte sehen. So konnte Sigmar Gabriel im Anschluss an die Debatte nur lobende Worte für Steinbrück finden: Er „[…] habe das brillant gemacht (…). Peer Steinbrück wird dafür sorgen, dass die Wahlbeteiligung steigt und dass die SPD die Wahl gewinnt" (Spiegel Online 2013a). Ganz ähnlich klangen die Einschätzungen der Parteiführung der CDU/CSU – allerdings über die Amtsinhaberin Angela Merkel.

Während die Parteien klare Sieger ausriefen, herrschte unter den Demoskopen nur Einigkeit darüber, dass es sich um ein knappes Duell gehandelt habe (siehe etwa Forschungsgruppe Wahlen 2013; YouGov 2013). So sahen die Forschungsgruppe Wahlen und Forsa Merkel knapp vorn, YouGov stellte ein Unentschieden fest und bei Infratest war Steinbrück der Sieger. Dieses Bild des Sieges durch den

J.N. Blumenberg (✉)
Mannheim, Deutschland
E-Mail: johannes.blumenberg@gesis.org

D. Hohmann
Mainz, Deutschland
E-Mail: Daniela.Hohmann@spd.de

S. Vollnhals
Mainz, Deutschland

© Springer Fachmedien Wiesbaden GmbH 2017
T. Faas et al. (Hrsg.), *Merkel gegen Steinbrück*,
DOI 10.1007/978-3-658-05432-8_4

Herausforderer Steinbrück über die Kanzlerin Merkel verfestigte sich schließlich auch in der medialen Nachberichterstattung über die Debatte: Merkel, die als klare Favoritin in die Debatte gegangen war, konnte diese Erwartungshaltung unter den Zuschauern weitestgehend nicht erfüllen, sodass Steinbrück durchaus positiv überraschen konnte (Spiegel Online 2013b).

Doch warum ist es aus Sicht der Kandidaten und der damit verbundenen Parteien so wichtig, die TV-Debatte für sich zu entscheiden? Den meisten Studien zur Wirkung von TV-Debatten liegt folgende Annahme zugrunde: Das Zuschauerurteil über den Sieger der TV-Debatte wirkt sich unmittelbar auf ihre Wahlentscheidung aus (Maurer und Reinemann 2003, S. 134 ff.; Faas und Maier 2004a; Klein 2005a, 2005b; Klein und Pötschke 2005; Maier und Faas 2005; Klein und Rosar 2007). Der *ausgerufene* Sieger der Debatte erhöht entsprechend signifikant seine Chancen, auch am Wahlabend als Sieger dazustehen (Maurer und Reinemann 2003, S. 134; Klein und Rosar 2007, S. 81; Maier und Faas 2011, S. 88).

2 Die Entstehung eines Siegerbildes bei den Zuschauern

Vor diesem Hintergrund stellt sich die Frage, welche Faktoren dazu führen, dass ein Kandidat von den Zuschauern als Sieger wahrgenommen wird. Verschiedene Autoren legen dafür unterschiedliche Kriterien an, die allerdings erst in ihrer Gesamtheit ein vollständiges Bild ergeben. Dabei wird auf drei Zeitpunkte im Kontext der TV-Debatte Bezug genommen: vor, während und nach der Debatte (Maier et al. 2013, S. 107; Maurer und Reinemann 2003, S. 136).

Für die Konstruktion eines Siegesbildes kommt es auf die langfristigen politischen Prädispositionen der Zuschauer, allem voran der Parteiidentifikation, an (Faas und Maier 2004a, 2004b; Maier und Faas 2005; Klein und Rosar 2007; Maier et al. 2013): Mit welcher persönlichen Vorprägung schauen sich die Rezipienten die Debatte an? Haben die Zuschauer eine langfristige Verbundenheit zu einer der Parteien? Es dürfte klar sein, dass diese Voreinstellung die Sichtweise auf die TV-Debatte maßgeblich prägt. Für einen CDU-Anhänger wird Angela Merkel wahrscheinlicher als Siegerin aus der Debatte herausgehen, für einen SPD-Anhänger hingegen Peer Steinbrück ein in sich schlüssig konstruiertes Siegerbild präsentieren.

Weiterhin sind Faktoren der persönlichen Erwartung im Vorfeld an die Debatte für die Bewertung des Ausgangs des Formats relevant. So haben die meisten Zuschauer aufgrund ihrer politischen Voreinstellungen, aber auch aufgrund der Wahlkampfberichterstattung eine mehr oder weniger starke Erwartungshaltung, welcher Kandidat die TV-Debatte gewinnen wird. An anderer Stelle konnte bereits nachgewiesen werden, dass der Kandidat mit der im Vorfeld günstigeren Berichterstattung bessere Chancen hat, die Debatte für sich zu entscheiden (Maurer und Reinemann 2003, S. 134). Allerdings lässt sich nach Klein und Rosar (2007, S. 84 f.) auch eine sogenannte „Underdog Hypothese" anführen. Diese besagt, dass es sich „für den im Vorfeld [als] schwächer eingeschätzten Kandidaten [besonders lohnen] könne […] die Erwartungen des Publikums zu übertreffen, [selbst] wenn er es letztlich nicht schafft das Duell zu gewinnen" (Klein und Rosar 2007, S. 84). Der Überraschungseffekt aufseiten der Zuschauer begünstigt also möglicherweise eine positive Bewertung. Der Kandidat, der in so einem Setting ohnehin als Sieger gehandelt wird (was 2013 auf Merkel zutraf), kann also weniger gewinnen oder die erhaltenen Vorschusslorbeeren sogar verspielen. Das Kalkül des im Vorfeld schwächer eingeschätzten Herausforderers Steinbrücks könnte insofern möglicherweise genau darin gelegen haben, *während* der Debatte zu punkten und auf diese Weise möglichst viele Zuschauer (samt der Medienlandschaft) auf seine Seite zu ziehen.

Während der Debatte spielen dann alle Faktoren für die Bildung eines individuellen Siegerurteils eine Rolle, die sich dem Zuschauer offenbaren (Maurer und Reinemann 2003, S. 136): Wie argumentieren die Kandidaten? Können sie mit ihren Argumenten oder ihrem großen Wissen überzeugen? Bleiben sie dabei sachlich oder werden sie eher emotional? Zentral ist dabei natürlich die vergleichende Sicht auf die beiden Kontrahenten: Wer dominiert die Debatte? Wer muss sich häufiger verteidigen (siehe auch Kap. „Von Schachteln im Schaufenster, Kreisverkehren und (keiner) PKW-Maut: Kandidatenagenda, -strategien und ihre Effekte" in diesem Band)?

Eine potenziell wichtige Rolle kommt während der Debatte der nonverbalen Kommunikation zu: Welcher der Kandidaten wirkt sicherer oder entspannter und lächelt entsprechend häufiger? Welcher der Kandidaten wirkt hingegen verbissener und zieht entsprechend grimmige Gesichtszüge oder gestikuliert viel? All diese Aspekte werden unter Rückbezug auf die Voreinstellungen und Erwartungshaltung vonseiten der Zuschauer mehr oder weniger explizit evaluiert und finden Eingang in die Siegerkür (Maurer und Reinemann 2003, S. 135 ff.). Es ist dabei aufseiten der Forschung aber unklar, welche Aspekte – sei es die Argumentation, die Sachlichkeit oder die nonverbale Kommunikation – das entscheidende Gewicht haben (Kenski und Jamieson 2011, S. 138 f.).

Für die Periode nach der Debatte, die ebenso einflussreich für die Ausformung des Siegerbildes und vor allem für die Stabilität des Siegesbildes ist, unterscheiden Maurer und Reinemann (2003, S. 136) zwei Zeiträume: Zum einen ist der unmittelbare Zeitpunkt nach dem Duell relevant. In dieser Phase vergleicht der Zuschauer ebenfalls mehr oder weniger explizit seine Vorstellungen an die Debatte mit dem ab, was er vor dem Hintergrund seiner Voreinstellungen gesehen und gehört hat. Zum anderen muss der Zeitraum berücksichtigt werden, in dem der Zuschauer auf mediale Nachberichterstattung trifft oder es in seinem Umfeld zum Austausch über das politische Großereignis kommt (Faas und Maier 2011; Klein und Rosar 2007). Klein und Rosar (2011, S. 84) führen an, dass es insbesondere in der amerikanischen Literatur zahlreiche Hinweise dafür gibt, dass die Siegerwahrnehmung durch die Zuschauer „maßgeblich von der nachfolgenden Medienberichterstattung beeinflusst wird" (z. B. Arkin et al. 1978; Lang und Lang 1978; Lowry et al. 1990; Lemert et al. 1991; Tsafri 2003). Wer wird in den Medien als Sieger ausgerufen? Wer dominiert im Nachgang an die Debatte die mediale Berichterstattung?

Die hier aufgezeigten Faktoren zu den drei Zeitpunkten vor, während und nach der Debatte, die für die Siegerkür aus Zuschauersicht von Bedeutung sind, sollen in den folgenden Analysen der TV-Debatte Merkel-Steinbrück Berücksichtigung finden. Dafür wird zuerst das Datenmaterial vorgestellt und anschließend die Datenanalyse sukzessive aufgebaut.

3 Daten und Operationalisierung

Analysiert werden ausschließlich Personen, die an den ersten beiden Wellen des Panels teilgenommen und die die TV-Debatte im Rahmen des Experiments[1] verfolgt haben (N = 281). Zu den Befragungsdaten einer Person wurde der mittlere Wert der Real-Time-Response-Messung dieser Person zugespielt.

Im Zentrum des Kapitels steht die Betrachtung des Siegers der TV-Debatte aus Rezipientensicht. Im Rahmen der Studie wurde nicht explizit nach der Siegereinschätzung seitens der Teilnehmer gefragt, sondern getrennt nach einer Bewertung des Abschneidens von Merkel bzw. Steinbrück, jeweils auf einer Skala von 1 (sehr gut) bis 5 (sehr schlecht). Um daraus einen Sieger ermitteln zu können, wurde die Differenz aus der erwarteten bzw. rezipierten Leistung der beiden Kontrahenten gebildet. Bei gleichen Werten wurde kein Sieger bestätigt, gab es positive oder negative Werte so wurde dies als Sieg von Merkel bzw. Steinbrück gewertet.

---

[1]Sofern nicht anders vermerkt wurden die unterschiedlichen Versuchsbedingungen nicht bei der Analyse berücksichtigt.

4 Analyse

Bevor im Folgenden ein dezidierter Blick auf die Gründe für die Wahl des Siegers bzw. der Siegerin aus Rezipientensicht vorgenommen werden soll, steht zunächst die Verteilung der Siegerwahrnehmung zu unterschiedlichen Zeitpunkten im Interessensfokus. Abb. 1 gibt Aufschluss über die Verteilung der drei Gruppen (Sieg Merkel, Sieg Steinbrück, Unentschieden) über die verschiedenen Befragungswellen des Panels hinweg. Deutlich wird, dass nur eine Minderheit der Befragen (23,7 %) einen Sieg Steinbrücks bei der TV-Debatte erwartete. Eine deutliche Mehrheit (42,3 %) ging hingegen davon aus, dass Angela Merkel den Sieg nach Hause tragen würde. Daneben erwartete ein weiterer großer Teil der Befragten (34,1 %) keinen Unterschied zwischen den Kandidaten.

Direkt nach der TV-Debatte veränderte sich die Einschätzung der Rezipienten jedoch maßgeblich. Der Vorsprung von Angela Merkel schrumpfte um über 15 Prozentpunkte. Im gleichen Zug konnte Steinbrück über 20 Prozentpunkte hinzugewinnen, sodass ihn nach der Debatte 47,5 % als Sieger sahen. Außerdem verkleinerte sich das Lager der Unentschiedenen um fast 10 Prozentpunkte. Wie im weiteren Zeitverlauf ersichtlich wird, ist dies dabei keineswegs eine kurzfristige Entwicklung, sondern bleibt in den drauffolgenden Kalenderwochen weitestgehend

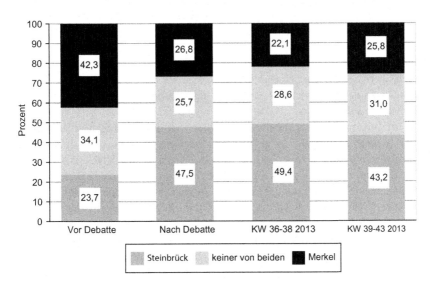

Abb. 1 Siegererwartung und Siegerrezeption im Zeitverlauf

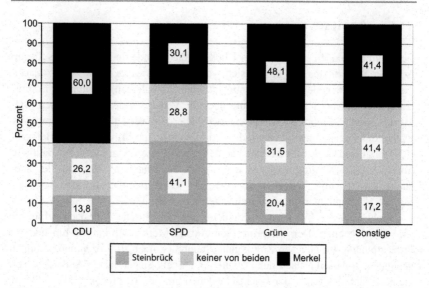

Abb. 2 Siegererwartung vor der TV-Debatte differenziert nach Parteineigung

stabil (siehe auch die Kap. „Interpersonale Kommunikation während und nach der Rezeption des TV-Duells" und „It's the media, stupid? Die Bedeutung der medialen Nachberichterstattung des Duells" in diesem Band). Auffällig mit Blick auf die Abb. 2 und 3 ist weiterhin, dass der Sprung am Zugewinn von Steinbrück nicht nur innerhalb der eigenen Anhängerschaft stattfand, sondern vor allem auch von Anhängern der Grünen getragen wurde, welche vor der TV-Debatte dem Kanzlerkandidaten der SPD noch relativ skeptisch gegenüber standen, was die erwartete Debattenleistung angeht.

Im Vergleich war es Steinbrück möglich, bei den Anhängern aller Parteien (mit Ausnahme der CDU-Anhänger) zu überzeugen (siehe Abb. 2 und 3 im Vergleich). Wenig überraschend ist, dass die Anhänger der CDU auch nach der TV-Debatte mehrheitlich der Meinung waren, dass ihre Kandidatin die Debatte dominierte respektive klar gewann. Bei genauerer Betrachtung fällt allerdings auf, dass selbst bei den Anhängern der CDU ein leichter Rückgang beim Vergleich der Siegerrezeption vor und nach der Debatte zu verzeichnen ist. So wurde unter den CDU-Anhängern der Anteil derer, die die Debattenleistung beider Kandidaten gleichauf sahen, nach der Debatte wesentlich größer.

Da die Daten unmittelbar vor und nach der TV-Debatte erfasst wurden, ist davon auszugehen, dass die gerade berichteten Veränderungen unmittelbar auf das Geschehen während der Debatte zurückzuführen sind. Die Vermutung liegt

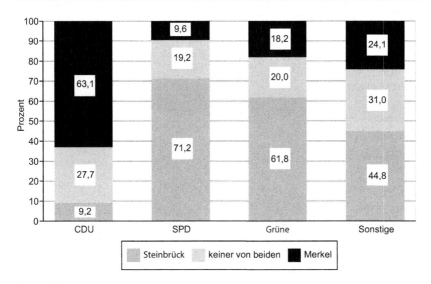

Abb. 3 Siegerrezeption nach der TV-Debatte aufgeteilt nach Parteineigung

nahe, dass entweder Steinbrück die Erwartungen deutlich übertroffen oder Angela Merkel die an sie gestellten Erwartungen nicht erfüllen konnte. Diese beiden Thesen werden im folgenden Abschnitt genauer untersucht.

Tab. 1 stellt die verschiedenen Voreinstellungen gegenüber den Kandidaten vor und nach der TV-Debatte miteinander in einen direkten Vergleich. Wie schon beim potenziellen Gewinner bzw. Verlierer der Debatte bekommt Merkel hier noch vor der Debatte in der Regel signifikant ($p < 0{,}05$) bessere Bewertungen als Steinbrück. Dies gilt sowohl für die politische Vertrauenswürdigkeit als auch für Sympathie und Führungsstärke. Einzig bei „Entscheidungsfreude" und „Kümmern um die Sorgen der Bürger" liegt Steinbrück teilweise deutlich vorne. Beide Kandidaten werden von den Befragten als tendenziell ehrlich und (problemlösungs)kompetent beschrieben. Hier lassen sich keine signifikanten Differenzen zwischen den Kontrahenten feststellen. An der grundsätzlichen Diagnose ändert sich auch nach der TV-Debatte nichts. Allerdings ist auffällig, dass Merkel ihren Bonus bei der politischen Vertrauenswürdigkeit gegenüber Steinbrück einbüßt; der Unterschied, der vor der Debatte erkennbar war, ist nicht mehr statistisch signifikant. Darüber hinaus sind die Differenzen zwischen den Kandidaten weniger stark ausgeprägt.

Ein Blick auf die Veränderung der Bewertungen von Merkel und Steinbrück zwischen den beiden betrachteten Zeitpunkten (vor der Debatte und nach der

Tab. 1 Einschätzung der Kanzlerkandidaten im Vergleich

	Vor Debatte: Merkel	Vor Debatte: Steinbrück	Vor Debatte: Differenz	Nach Debatte: Merkel	Nach: Debatte: Steinbrück	Nach Debatte: Differenz
Wirtschaftskonzept	0,37	0,25	0,12	0,40	0,44	−0,04
Politisch vertrauenswürdig	0,56	0,07	0,49**	0,49	0,41	0,08
Sympathisch	0,43	−0,20	0,63**	0,47	0,16	0,31*
Denkt an das Wohl des Menschen	0,33	0,29	0,03	0,29	0,56	−0,27**
Entscheidungsfreudig	−0,43	0,75	−1,18**	−0,19	0,96	−1,15**
Angenehme Ausstrahlung	0,09	−0,35	0,44**	0,33	0,11	0,22#
Führungsstark	1,02	0,40	0,62**	0,99	0,70	0,29**
Problemlösungskompetent	0,49	0,36	0,14	0,53	0,58	−0,05
Ehrlich	0,36	0,20	0,16	0,38	0,38	0,00
Kümmert sich um Sorgen der Bürger	−0,05	0,29	−0,34**	0,07	0,47	−0,40**
N	245	245	245	245	245	245

Berichtet werden arithmetische Mittel auf einer Skala von −2 „trifft überhaupt nicht zu" bis +2 „trifft voll und ganz zu". **$p < 0,01$; *$p < 0,05$; #$p < 0,1$

Debatte) zeigt (Tab. 2), dass dies primär daran liegt, dass Steinbrück nach der Debatte in den Bewertungen stark hinzugewonnen hat.

Konnte Angela Merkel nur in den Kategorien „Entscheidungsfreude", „angenehme Ausstrahlung" und „kümmert sich um die Sorgen der Bürger" ihre Bewertung verbessern, schaffte Steinbrück es in allen abgefragten Kategorien hinzuzugewinnen. Die stärksten Gewinne erreichte er dabei bei der Ausstrahlung (+0,47), Sympathie (+0,36) und politischer Vertrauenswürdigkeit (+0,33). Auch wenn beachtet wird, dass Steinbrück auch nach der Debatte lediglich in den Kategorien „Entscheidungsfreude" und „kümmert sich um die Sorgen der Bürger" vorne liegt, kann die Debatte für ihn deshalb im Großen und Ganzen als überaus positiv gewertet werden.

Einen nicht unwesentlichen Verdienst hieran dürfte Steinbrück selbst tragen, wie ein Blick auf die Debattenleistung bzw. das rezipierte Debattenverhalten der beiden

Tab. 2 Einschätzung der Kanzlerkandidaten vor und nach der TV-Debatte

	Vor Debatte: Merkel	Nach Debatte: Merkel	Differenz: Merkel	Vor Debatte: Steinbrück	Nach: Debatte: Steinbrück	Differenz: Steinbrück
Wirtschaftskonzept	0,37	0,40	0,02	0,25	0,44	0,19**
Politisch vertrauenswürdig	0,56	0,49	−0,07	0,073	0,41	0,33**
Sympathisch	0,43	0,47	0,03	−0,20	0,16	0,36**
Denkt an das Wohl des Menschen	0,33	0,29	−0,04	0,29	0,56	0,27**
Entscheidungsfreudig	−0,43	−0,19	0,24**	0,75	0,96	0,21**
Angenehme Ausstrahlung	0,09	0,33	0,24**	−0,35	0,11	0,47**
Führungsstark	1,02	0,99	−0,03	0,40	0,70	0,30**
Problemlösungskompetent	0,49	0,53	0,03	0,36	0,58	0,22**
Ehrlich	0,36	0,38	0,02	0,20	0,38	0,18**
Kümmert sich um Sorgen der Bürger	−0,05	0,07	0,12**	0,29	0,47	0,18**
N	245	245	245	245	245	245

Berichtet werden arithmetische Mittel auf einer Skala von −2 „trifft überhaupt nicht zu" bis +2 „trifft voll und ganz zu". **$p < 0,01$; *$p < 0,05$; #$p < 0,1$

Kandidaten zeigt (Tab. 3).[2] So lag dieser bei den Argumenten (+0,60) und in puncto großes Detailwissen vor Angela Merkel (+0,36), fiel bei der Sachlichkeit jedoch hinter Merkel zurück (−0,43). Er warb aus der Sicht der Befragten stärker für seine Politik und griff Merkel häufiger an (siehe auch Kap. „Von Schachteln im Schaufenster, Kreisverkehren und (keiner) PKW-Maut: Kandidatenagenda, -strategien und ihre Effekte" in diesem Band). Als Folge musste Merkel sich häufiger verteidigen. Gleichzeitig sahen die Befragten in ihm den besseren Redner (+0,47). Nur im Punkt Gestik und Mimik überzeugte Merkel stärker, in dem sie häufiger lächelte

---

[2]Bei dieser Frage wurden die Befragten nach der TV-Debatte gebeten anzugeben, wie sich die beiden Kontrahenten während der TV-Debatte verhalten haben. Die Einordnung der Items basiert auf einer Zuordnung der Autoren des Beitrags. Um die manuelle Zuordnung abzusichern wurde darüber hinaus eine Faktorenanalyse gerechnet, welche diese stützt.

Tab. 3 Bewertung der Debattenleistung

	Merkel	Steinbrück	Differenz
Argumentation			
Überzeugende Argumente	0,18	0,77	−0,60**
Großes Detailwissen	0,65	1,01	−0,36**
Sachlich	1,04	0,61	0,43**
Duell			
Muss sich verteidigen	0,71	0,18	0,53**
Greift Gegner häufig an	−0,66	0,86	−1,52**
Geht auf Argumente des Gegners ein	0,79	0,73	0,06
Versucht für Politik zu werben	1,30	1,53	−0,24**
Qualitäten als Redner			
Gute Rednerin/Redner	0,64	1,10	−0,47**
Verspricht sich oft	−0,75	−0,89	0,13#
Angenehme Stimme	0,63	0,53	0,10
Gestik und Mimik			
Lächelt häufig	0,29	−0,07	0,36**
Nickt häufig	−0,52	−0,71	0,19**
Runzelt oft Stirn	−0,73	−0,43	−0,30**
Haltung wirkt entspannt	0,14	0,13	0,01
N	204	204	204

Berichtet werden arithmetische Mittel auf einer Skala von −2 „trifft überhaupt nicht zu" bis +2 „trifft voll und ganz zu". **$p < 0{,}01$; *$p < 0{,}05$; #$p < 0{,}1$

und nickte und weniger häufig die Stirn runzelte. Eine entspannte Haltung während der Debatte konnten beide vorweisen.

Wie bereits zu Anfang beschrieben, bildet die Debattenleistung der Kanzlerkandidaten neben Prädispositionen und erwarteter Leistung einen der drei Faktoren, die die Wahl des Siegers durch den Wähler determinieren (Maurer und Reinemann 2003, S. 136; Maier et al. 2013, S. 107). Offen ist jedoch, ob die Debattenleistung in allen Kategorien gleichermaßen auf die Wahrnehmung des Gewinners wirkt oder ob nicht bestimmte Facetten stärker auf die Siegerwahrnehmung wirken als andere (Kenski und Jamieson 2011). Vorstellbar wäre beispielsweise[3], dass Argumenten bei der Wahrnehmung des geeigneten Kanzlerkandidaten eine größere Rolle zukommt als beispielsweise dem Duellcharakter oder der Gestik und Mimik der Kandidaten. Um dies zu untersuchen wurde die Analyse hin zu einer multivariaten Betrachtungsweise erweitert. Bei der berechneten logistischen Regression ging als zu erklärende Variable die dichotome Gewinnervariable aus der Befragung unmittelbar nach der TV-Debatte ein. Erklärende Faktoren waren die eben im Rahmen des vorherigen bivariaten Analyseschrittes benannten kategorisierten Debattenleistungen. Jede Kategorie bildet dabei das arithmetische Mittel der jeweiligen Einzelbewertungen ab, sodass vier verschiedene Faktoren entstehen, anhand derer die Wahrnehmung des Gewinners erklärt werden sollen. Daneben wurde eine dichotome Variable „Parteiidentifikation" zur Erfassung der Prädispositionen, sowie die vor der TV-Debatte erhobene Siegererwartung – zur Abbildung des dritten Faktors – mit aufgenommen.

Die so durchgeführte Analyse stützt die zuvor aufgestellte Hypothese, dass die Siegerwahrnehmung maßgeblich von den Argumenten der Kandidaten beeinflusst wird. Alle anderen Faktoren sind insignifikant. Dennoch erreicht das Modell insgesamt eine hohe Güte (Abb. 4).

Die Insignifikanz des Faktors Siegererwartung deutet darauf hin, dass die Siegererwartung mehr indirekte als direkte Effekte auf die Siegerwahrnehmung hat. Geht der Befragte mit einer sehr negativen Erwartungshaltung gegenüber einem der Kandidaten in den Fernsehabend, so dürfte es für den Kandidaten umso schwerer werden zu überzeugen, die Erwartungshaltung also zu widerlegen (Klein und Rosar 2007, S. 83). Gleichzeitig bieten geringe oder hohe Erwartungen natürlich auch die Möglichkeit zu überraschen, also aus der Erwartung heraus positiv oder negativ hervorzustechen (Klein und Rosar 2007, S. 84).

Dass Steinbrück mit den besseren Argumenten in der Debatte aufwarten konnte – obwohl die Sachlichkeit dabei nicht stets gewahrt wurde (Tab. 3) – hat also im Wesentlichen dazu geführt haben, dass ihn nach der Debatte ein höherer Anteil an Personen als Sieger gesehen hat, als es vorher erwartet wurde.

Abschließend bleibt eine Frage: Hat eine Veränderung der Siegerperspektive auch eine Auswirkung auf die Kanzlerpräferenz? Auf Basis der vorliegenden Daten lässt sich an dieser Stelle leider keine tiefer gehende Analyse durchführen, da es eine nahezu perfekte Koinzidenz zwischen dem Eintreten des Wechsels und des Wandels der Siegerwahrnehmung gibt. Dennoch ist aus früheren Studien bekannt (Maurer und Reinemann 2003, S. 134 ff.; Faas und Maier 2004a;

---

[3]Sofern man die TV-Debatte als den Ort anerkennen möchte, an dem die Zuschauer auch über die Positionen der Kandidaten etwas erfahren.

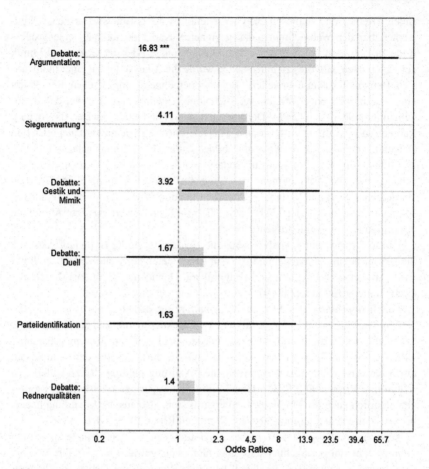

Abb. 4 Einfluss der Debattenleistung auf die Wahrnehmung des Gewinners der TV-Debatte (logistische Regression; Merkel = 1). (N = 116; Cox & Snell Pseudo-R^2: 0,63; *$p < 0,05$; Die grauen Balken stellen die Effektstärken in Odds-Ratios dar, während die schwarzen durchgezogenen Linien die dazugehörigen Standardfehler abbilden.)

Klein 2005a, 2005b; Klein und Pötschke 2005; Maier und Faas 2005; Klein und Rosar 2007), dass der Siegereffekt für die Wahl der jeweiligen Partei nicht zu vernachlässigen ist. Bezogen auf die hier analysierte TV-Debatte kann festgehalten werden, dass Peer Steinbrück aus Sicht der Rezipienten der Gewinner dieser politischen Großereignisses war und der SPD in diesem Stadium des Wahlkampfes Aufwind um den Kampf um das Kanzleramt verschafft hat.

5 Fazit

TV-Debatten stellen in modernen Wahlkämpfen das zentrale politische Großereignis des Wahlkampfs dar, denn bei keinem weiteren Format wird ein größerer Teil der wahlberechtigten Bevölkerung erreicht und kein anderes Ereignis, außer dem Wahltag selbst, zieht so viel Medienaufmerksamkeit auf sich. Für die antretenden Kandidaten ist es deshalb von großer Bedeutung die TV-Debatte für sich zu entscheiden, denn nur der Sieger kann damit rechnen, dass sich sein Erfolg in Wählerstimmen niederschlägt. Der Herausforderer Steinbrück hatte in diesem Zusammenhang im Vergleich zur Amtsinhaberin Merkel die weitaus schlechtere Ausgangslage. Mehrere Fehler im Wahlkampf hatten eine negative Vorberichterstattung nach sich gezogen und mit den Beliebtheitswerten der Kanzlerin Merkel konnte Steinbrück zu keiner Zeit mithalten. Für Steinbrück war es deshalb umso wichtiger, auf die Überzeugung der Zuschauer während der TV-Debatte zu setzen und so auf eine positive Medienberichterstattung im Nachgang hinzuwirken, die der SPD im Kampf um das Kanzleramt Aufwind verschaffen würde.

Die durchgeführten Analysen zeigen, dass Steinbrück die TV-Debatte durchaus für sich nutzen konnte (so auch Maier et al. 2013). Hatten im Vorfeld der Sendung nicht einmal 25 % der Befragten an einen Sieg durch den SPD-Kandidaten geglaubt, sahen in ihm unmittelbar danach 46,4 % der Befragten den Debattensieger. Dies entspricht nicht weniger als einem Platztausch mit der Konkurrentin Merkel, von der vor der Debatte 43,8 % der Befragten erwarteten, dass sie die Debatte gewinnen würde. Im Anschluss daran sahen allerdings nur noch 26,2 % in ihr die Debattensiegerin und dabei verlor sie sogar in ihrem eigenen Lager deutlich. Steinbrücks Trumpf während der Debatte lag den Analysen zufolge ganz klar in seiner Fähigkeit, seine Kompetenzen von der Entscheidungsfreudigkeit über die Führungsstärke bis hin zur Lösungsorientierung (und weiteren Bereichen) herauszustellen. Merkel dagegen verlor aus Sicht der Zuschauer während der Debatte sogar an politischer Vertrauenswürdigkeit. Auch konnte Steinbrück durch die besseren Argumente bei den Zuschauern punkten, die der Analyse zufolge den zentralen Einfluss für die Ausformung des Siegers auf Zuschauerseite darstellen. Mit dem Debattensieg Steinbrücks über Merkel gelang Steinbrück etwas, das zuvor so noch nicht aufgetreten ist: Ein Herausforderer schaffte es unter seiner schwereren Ausgangslage die Gunst der Zuschauer auf seine Seite zu ziehen (Maier und Faas 2011). In den Worten Klein und Rosars (2007, S. 84) konnte Steinbrück den Underdog-Effekt folglich voll und ganz für sich nutzen.

Literatur

Arkin, R., Gabrenya, W., & McGarvey, B. (1978). The Role of Social Perspective in Perceiving the Causes of Success and Failure. *Journal of Personality* 46, 762–777.

Faas, T., & Maier, J. (2004a). Mobilisierung, Verstärkung, Konvention? Ergebnisse eines Experiments zur Wahrnehmung der Fernsehduelle im Vorfeld der Bundestagswahl 2002. *Politische Vierteljahreszeitschrift* 45, 55–72.

Faas, T., & Maier, J. (2004b). Chancellor-Candidates in the 2002 Televised Debates. *German Politics* 13, 300–316.

Forschungsgruppe Wahlen (2013). TV-Duell 2013. Analyse der Forschungsgruppe Wahlen. Merkel gewinnt TV-Duell knapp, Steinbrück besser als erwartet http://www.forschungsgruppe.de/Umfragen/Archiv__weitere_Umfragen/TV-Duell_2013/. Zugegriffen: 7. November 2016.

Kenski, K., & Jamieson, K. H. (2011). Presidential and Vice Presidential Debates in 2008. A Profile of Audience Composition. *American Behavioral Scientist* 55, 307–322.

Klein, M. (2005a). Der Einfluss der beiden TV-Duelle im Vorfeld der Bundestagswahl 2002 auf die Wahlbeteiligung und die Wahlentscheidung. Eine log-lineare Pfadanalyse auf der Grundlage von Paneldaten. *Zeitschrift für Soziologie* 34, 207–222.

Klein, M. (2005b). Die TV-Duelle: Events ohne Effekt? In: M. Güllner, H. Dülmer, M. Klein, D. Ohr, M. Quandt, U. Rosar, & H.-D. Klingemann (Hrsg.), *Die Bundestagswahl 2002. Eine Untersuchung im Zeichen hoher politischer Dynamik* (S. 143–159). Wiesbaden: VS Verlag.

Klein, M., & Pötschke, M. (2005). Haben die beiden TV-Duelle im Vorfeld der Bundestagswahl 2002 den Wahlausgang beeinflusst? Eine Mehrebenenanalyse auf der Grundlage eines 11-Wellen-Kurzfristpanels. In: J. W. Falter, O. W. Gabriel, & B. Weßels (Hrsg.), *Wahlen und Wähler. Analysen aus Anlass der Bundestagswahl 2002* (S. 357–370). Wiesbaden: VS Verlag.

Klein, M., & Rosar, U. (2007). Wirkung des TV-Duells im Vorfeld der Bundestagswahl 2005 auf die Wahlentscheidung. Eine empirische Analyse unter besonderer Berücksichtigung von Medieneinflüssen auf die Siegerwahrnehmung und subjektiven Erwartungshaltungen an die Debattenperformance der Kandidaten. *Kölner Zeitschrift für Soziologie und Sozialpsychologie* 59, 81–104.

Lang, G., & Lang, K. (1978). Intermediate and Delayed Responses to the Carter-Ford Debate. Assessing Public Opinion. *Public Opinion Quarterly* 42, 322–341.

Lemert, J., Elliott, W., Bernstein, J., Rosenberg, W., & Nestvold, K. (1991). *News Verdicts, the Debates, and Presidential Campaigns.* New York: Praeger.

Lowry, D., Bridges, J., & Barefield, P. (1990). Effects of TV. Instant Analysis and Querulous Criticism, Following the First Bush-Dukakis Debate. *Journalism Quarterly* 67, 814–825.

Maier, J., & Faas, T. (2005). Schröder gegen Stoiber. Wahrnehmung, Verarbeitung und Wirkung der Fernsehdebatten im Bundestagswahlkampf. In: J. W. Falter, O. W. Gabriel, & B. Weßels (Hrsg.), *Wahlen und Wähler. Analysen aus Anlass der Bundestagswahl 2002* (S. 77–101). Wiesbaden: VS Verlag.

Maier, J., & Faas, T. (2011). 'Miniature Campaigns' in Comparison: The German Televised Debates. *German Politics* 20, 76–91.

Maier, J., Faas, T., & Maier, M. (2013). Mobilisierung durch Fernsehdebatten. Zum Einfluss des TV-Duells 2009 auf die politische Involvierung und die Partizipationsbereitschaft. In: H. Schoen, & B. Weßels (Hrsg.), *Wahlen und Wähler. Analysen aus Anlass der Bundestagswahl 2013* (S. 79–96). Wiesbaden: Springer.

Maurer, M., & Reinemann, C. (2003). *Schröder gegen Stoiber. Nutzung, Wahrnehmung und Wirkung der TV-Duelle*. Wiesbaden: Westdeutscher Verlag.

Spiegel Online (2013a). Nach dem TV-Duell: Überall nur Sieger. http://www.spiegel.de/politik/deutschland/tv-duell-merkel-und-steinbrueck-wollen-beide-sieger-sein-a-919802.html. Zugegriffen: 7. November 2016.

Spiegel Online (2013b). Emnid-Umfrage: Steinbrück holt im Kanzlerduell auf. http://www.spiegel.de/politik/deutschland/emnid-umfrage-steinbrueck-und-spd-holen-auf-a-921021.html. Zugegriffen: 7. November 2016.

Tsfati, Y. (2003). Debating the Debate. The Impact of Exposure to Debate News Coverage and its Interaction with Exposure to the Actual Debate. *Press/Politics* 8, 70–86.

YouGov Deutschland (2013). TV-Duell: Der Sieger heißt Stefan Raab. http://yougov.de/news/2013/09/10/tv-duell-der-sieger-heisst-stefan-raab/. Zugegriffen: 6. November 2016.

Wissens- und Partizipations-Gaps: Führte das TV-Duell 2013 zu einer politischen und kognitiven Mobilisierung?

Julia Range

1 Einleitung

Gegen Fernsehdebatten – als möglicherweise *das* Beispiel einer zunehmenden Mediatisierung von Politik – werden regelmäßig Einwände folgender Art laut: Sie führten zu einer Personalisierung, die die Wahlentscheidung weg von Inhalten hin zu emotionsträchtigen, irrationalen Entscheidungskriterien verlagerten (Donsbach 2002). Gerade der „Gründungsmythos" (Faas und Maier 2011, S. 99) aus dem Duell zwischen Kennedy und Nixon scheint die Vermutung zu nähren, bei derlei Ereignissen handle es sich um reine Show-Veranstaltungen, die die Wähler dazu verleiten, ihre Präferenzen mithilfe unpolitischer Heuristiken zu formen (Druckmann 2003), zumal es Parteien und Politikern ohnehin nicht darum gehe, Wähler zu einer rationalen Wahl zu bringen, sondern lediglich um ihre eigene Stimmenmaximierung. Somit seien TV-Debatten aus demokratietheoretischer Sicht höchst kontraproduktiv: Dieser Strang an Kritik geht mindestens von einer Nutzlosigkeit, wenn nicht gar von einer Schädlichkeit dieses Formats aus.

Optimistischer geht es in der einschlägigen wissenschaftlichen und vor allem der empirischen Diskussion zu: Hier wird sich mit der Frage beschäftigt, inwiefern solche Wahlkampfereignisse die politische und kognitive Involvierung der Wählerschaft vorantreiben können. Wählkämpfe im Allgemeinen und TV-Debatten im Besonderen sollten zu einem verstärkten Interesse am Wahlkampf und einer positiveren Wahrnehmung politischen Engagements führen. Gleichzeitig und verstärkt durch diese politische Mobilisierung dürfte zudem das politische Lernen und Wissen steigen, welches wiederum eine zentrale Determinante der letztlichen

J. Range (✉)
Mainz, Deutschland

Wahlbeteiligung darstellt, indem es dabei hilft, das politische Angebot besser zu sondieren und mit den eigenen Präferenzen zu vergleichen. Grundsätzlich käme es somit durch die Stärkung verschiedener motivationaler Determinanten letztlich zu einer Erhöhung der Bereitschaft, an der anstehenden Wahl teilzunehmen – quasi zu einer Mobilisierung an die Wahlurne (Maier et al. 2013, S. 81). Selbst wenn also eine gewisse Personalisierung und möglicherweise auch eine stärkere Bedeutung persönlicher Merkmale auf die Wahlentscheidung erfolgt – was beides bisher empirisch allerdings nicht eindeutig bestätigt ist (Maier und Maier 2007) –, dürften trotzdem erhebliche Lerneffekte feststellbar sein, die letztlich eine Grundlage für eine informiertere Stimmabgabe liefern. Ob all dies tatsächlich der Fall oder vielmehr Wunschdenken ist, will der vorliegende Beitrag am Beispiel des TV-Duells im Vorfeld der Bundestagswahl 2013 prüfen.

Während das Vorhandensein deutlicher Lerneffekte durch TV-Duelle sowohl im deutschen als auch im US-amerikanischen Kontext einhellig nachgewiesen wurde (z. B. Dehm 2002, S. 602, 2005, S. 629, 2009, S. 653; Faas und Maier 2011; Holbrook 1999; Huber 2013, S. 187), besteht eine Kontroverse darüber, wie sich diese Lerneffekte über verschiedene Wählergruppen verteilen: Nach der sogenannten *Knowledge Gap*-Hypothese profitieren vor allem solche Menschen von Wahlkampfkommunikation, die ohnehin über ein hohes politisches Wissen und Interesse verfügen. Sie könnten somit ihren Vorsprung vor politikfernen Gruppen ausbauen (Tichenor et al. 1970). Während dies für Wahlkämpfe im Allgemeinen meistens der Fall zu sein scheint (Holbrook 2002), bestehen Hinweise darauf, dass das Format der TV-Debatten im Gegensatz dazu zu einem Aufschließen weniger Interessierter führt (z. B. Faas und Maier 2011; Maier 2007; Holbrook 2002, S. 448). Durch die hohen Einschaltquoten, die über jedem anderen politischen TV-Format liegen und somit ein sozial heterogenes Publikum implizieren, und die Aufbereitung der Debatte in einer Art und Weise, die einen direkten Vergleich der Spitzenkandidaten begünstigt, sowie nicht zuletzt auch durch die besondere Motivation vieler Rezipienten, das Duell aus Lernzwecken zu verfolgen, dürften Debatten als „Wahlkämpfe im Miniaturformat" (Faas und Maier 2004, S. 56) besonders geeignet sein, eine Nivellierung oder zumindest Verringerung von Wissensunterschieden herbeizuführen. Gleichwohl liegen auch gegenläufige Ergebnisse vor (z. B. Holbrook 1999; Lemert 1993).

In diesem Beitrag soll die Knowledge Gap-Hypothese anhand der Daten zum TV-Duell 2013 getestet werden und ebenso ein Blick auf Gaps in der politischen Mobilisierung fallen. Führte die Rezeption des Duells zu einer besonders starken Mobilisierung politikferner Gruppen, wäre dies eine demokratietheoretisch besonders gewichtiges Argument für dieses Format, führte es doch zu einer größeren politischen Gleichheit und somit zu einer gleicheren politischen Repräsentation verschiedener Interessen – und zu einer Grundlage für eine rationalere Wahlentscheidung allemal, was den Kritikern von TV-Duellen Wind aus den Segeln nähme.

2 Daten

In die folgende Analyse wurden die Daten der Befragungen direkt vor sowie direkt nach dem Duell einbezogen. Die Analysen wurden dabei für die Kontrollgruppe separat durchgeführt, wobei keiner der für die Experimentalgruppen gefundenen Effekte ebenfalls bei der Kontrollgruppe nachgewiesen werden konnte. Insofern kann davon ausgegangen werden, dass die Effekte bei den Gruppen, die das Duell gesehen haben, tatsächlich auf dieses zurückzuführen sind. Betrachtet wurden jeweils die Effekte der interessierenden Variablen[1] zunächst für die Gesamtgruppe sowie anschließend getrennt nach dem Grad des politischen Interesses. Hierfür wurden zwei Gruppen kontrastiert: Diejenigen, die vor dem Duell angaben, „überhaupt nicht", „wenig" oder „mittelmäßig" politisch interessiert zu sein, wurden denjenigen gegenübergestellt, die nach Selbstauskunft „stark" oder „sehr stark" interessiert sind. Mit 104 Personen in der ersten und 177 Personen in der zweiten Kategorie beziehen sich die durchgeführten Analysen somit auf 281 Fälle.

3 Ergebnisse

Im Folgenden soll zunächst untersucht werden, ob vom TV-Duell 2013 politische Mobilisierungseffekte ausgingen, die Rezipienten also nach dem Schauen stärker über partizipationsrelevante Einstellungen und Motivationen verfügten (Abschn. „Politische Mobilisierung"). Anschließend fällt der Blick auf kognitive Mobilisierungseffekte: Konnten die Probanden aus dem Sehen des Duells einen positiven Nutzen ziehen und falls ja, bestätigt sich dies auch durch objektive Messungen von Wissenszuwächsen (Abschn. „Kognitive Mobilisierung")?

---

[1]Die Formulierungen und Skalierungen finden sich im Online-Anhang.

3.1 Politische Mobilisierung

Eine politische Mobilisierung, etwa in Form einer Erhöhung der Wahlbeteiligungsabsicht, des Interesses am Wahlkampf oder der Wahrnehmung, politisch etwas bewirken zu können und gehört zu werden, stellt die Voraussetzung für politische Lerneffekte und letztlich politische Partizipation, etwa in Form der Stimmabgabe am Wahltag, dar (Maier 2007, S. 131). Insofern soll hier zunächst auf derlei Effekte durch das TV-Duell geschaut werden.

Die Wahlbeteiligungsabsicht – wohl die direkteste Möglichkeit, politische Mobilisierung per Fragebogen zu erfassen – lag bereits vor dem Duell sehr hoch, sodass sie sich nur noch bei den weniger Interessierten signifikant erhöht hat, was schließlich die Unterschiede im Ausmaß der geplanten Wahlteilnahme zwischen den Gruppen verschwinden ließ (Tab. 1).

Das Interesse am Wahlkampf – wichtige Voraussetzung, um aktive Informationssuche im weiteren Wahlkampf zu stimulieren, die wiederum die Wahrscheinlichkeit der Wahlteilnahme erhöht – stieg in allen Gruppen signifikant an und dabei, ebenso wie es bereits bei der Wahlbeteiligungsabsicht war, besonders stark bei denjenigen, die vor dem Duell angaben, wenig an Politik interessiert zu sein (Tab. 2).

Die politische Efficacy, d. h. politische Kompetenz- und Einflussüberzeugungen, gilt als „einer der wichtigsten Prädiktoren politischer Partizipation" (Beierlein et al. 2012, S. 7). Da die politische Efficacy zwei voneinander unabhängige Konstrukte umfasst, wurde getrennt nach interner und externer Efficacy jeweils ein Index aus den Antworten auf drei Items gebildet (siehe Online-Anhang). Die interne Efficacy – die

Tab. 1 Wahlbeteiligungsabsicht vorher und nachher, nach politischem Interesse

	Vorher**	Nachher	Differenz
Alle	96,8	98,0	+1,2*
Niedr. pol. Interesse	94,8	96,9	+2,1**
Hohes pol. Interesse	98,1	98,7	+0,6

Die angegebenen Signifikanzen dieser und der folgenden Tabellen lesen sich wie folgt: **: 0,01, *: 0,05, #: 0,1. Die Signifikanzwerte in der Spalte „Differenz" zeigen eine signifikante Veränderung *innerhalb* der jeweiligen Gruppe (Zeile) an; die Werte der Spalten „Vorher" und „Nachher" weisen auf signifikante Unterschiede *zwischen* den Gruppen jeweils vor- oder nach dem Duell hin

Tab. 2 Interesse am Wahlkampf vorher und nachher, nach politischem Interesse

	Vorher[#]	Nachher[#]	Differenz
Alle	0,64	0,81	+0,17[#]
Niedr. pol. Interesse	0,09	0,32	+0,23[#]
Hohes pol. Interesse	0,97	1,10	+0,13[#]

Zustimmung auf einer Skala von −2 bis +2

Überzeugung, über die notwendigen Kompetenzen zu verfügen, um politisch Einfluss nehmen zu können (Beierlein et al. 2012) – stieg dabei durch das Sehen des Duells in allen Gruppen signifikant und dabei bei den weniger Interessierten stärker, wenn auch insgesamt nur leicht. Die externe Efficacy – die Überzeugung, dass politische Akteure und Institutionen responsiv auf das eigene Engagement reagieren (Beierlein et al. 2012) – stieg stärker, in allen Gruppen signifikant und bei den weniger Interessierten sogar so stark, dass diese den Abstand zu den stärker Interessierten bis zur Insignifikanz aufholen konnten (Tab. 3).

Bei allen drei Indikatoren für eine politische Mobilisierung konnte also im Rahmen des Experiments zum TV-Duell 2013 festgestellt werden, dass sich der Abstand zwischen wenig und stark politisch Interessierten verringern, wenn nicht gar – im Fall der externen Efficacy – aufheben ließ, wenngleich alle Gruppen eine signifikante Mobilisierung erfuhren (bis auf die stark Interessierten bei der Wahlbeteiligungsabsicht, da diese bereits vor dem Duell beinahe alle ihren Entschluss gefasst hatten, sich an der Wahl zu beteiligen). Diese Ergebnisse deckt sich mit denen von Maier et al. (2013) zum Duell 2009, wo ebenfalls die niedrig Interessierten im Hinblick auf die hier betrachteten Variablen der politischen Mobilisierung am meisten profitieren konnten (Maier et al. 2013, S. 86 ff.).

Tab. 3 Interne und externe Efficacy vorher und nachher, nach politischem Interesse

	Interne Efficacy			Externe Efficacy		
	Vorher[#]	Nachher[#]	Differenz	Vorher[**]	Nachher	Differenz
Alle	0,47	0,53	+0,05[#]	−0,46	−0,30	+0,16[#]
Niedr. Int.	−0,12	−0,02	+0,10[*]	−0,54	−0,28	+0,26[#]
Hohes Int.	0,82	0,86	+0,04[**]	−0,42	−0,32	+0,10[#]

Zustimmung auf einer Skala von −2 bis +2

3.2 Kognitive Mobilisierung

Politisches Wissen ist eine zentrale Voraussetzung für politische Partizipation – schon allein deshalb, weil „ungleich verteiltes Wissen [...] Folgen – etwa hinsichtlich der Kenntnisse individueller Einflussmöglichkeiten auf politische Entscheidungsprozesse" (Maier 2007, S. 131 f.) – mit sich bringt. Insofern soll zum einen geschaut werden, inwiefern die Probanden persönlich den Eindruck hatten, einen Nutzen aus dem Duell gezogen zu haben (Abschn. „Subjektive Lerneffekte"). Zudem soll geprüft werden, ob sich objektiv messbare Lerneffekte abgezeichnet haben (Abschn. „Objektive Lerneffekte").

3.2.1 Subjektive Lerneffekte

Zunächst soll ein Blick darauf fallen, inwiefern die Probanden unmittelbar nach dem Duell den subjektiven Eindruck äußerten, dass dieses für sie hilfreich war – sie also etwas dazugelernt haben. Sowohl die weniger als auch die stärker politisch Interessierten lobten die Möglichkeit, die politischen Ideen der Diskutanten direkt miteinander vergleichen sowie sich ein Bild von deren Persönlichkeit machen zu können. Gering Interessierten half das Schauen des Duells zudem im Schnitt dabei, ihre Wahlentscheidung zu treffen. Bei beiden Gruppen im Vergleich fällt auf, dass es insbesondere die weniger Interessierten Personen sind, die subjektiv Lernerfolge durch das Duell erfahren haben, indem sie bei allen drei Items eine durchschnittlich höhere Zustimmung äußerten (Abb. 1). Verglichen mit den Erwartungen, die vorher erhoben wurden, zeigt sich zudem bei allen Gruppen eine Übererfüllung (ohne Abb.) – ein Befund, der sich etwa beim Duell 2009 nicht zeigte: Die vor dem Duell geäußerten Erwartungen wurden damals nicht in vollem Maße erfüllt (Faas und Maier 2011, S. 106).

Zwei weitere Variablen wurden berücksichtigt, die zumindest indirekt Lernerfolge durch das Duell messen: Erstens wurde gefragt, inwiefern die Probanden meinen, dass zwischen den Parteien im Wahlkampf Unterschiede feststellbar sind. Je eher eine Person hier zustimmt, so die Annahme, desto eher verfügt sie über das notwendige Wissen, welches sie inhaltliche Unterschiede zwischen dem politischen Angebot erkennen lässt. Dies wiederum sollte die Wahlbeteiligungsabsicht erhöhen, da das Gefühl gestärkt wird, dass die eigene Stimmabgabe und die Wahlteilnahme an sich einen Sinn haben (Downs 1957). In der vorliegenden Untersuchung zeigen sich zwar nach dem Duell immer noch höhere Werte bei den politisch Interessierten. Gleichwohl können, verglichen mit den vor dem Duell gemachten Angaben, die weniger Interessierten hier erneut stärker profitieren als die Vergleichsgruppe (ohne Abb.).

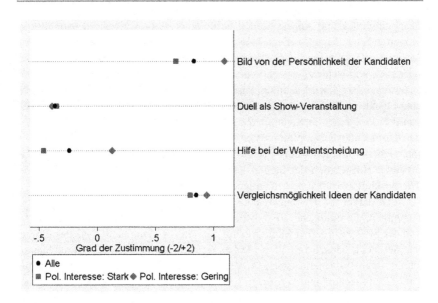

Abb. 1 Wahrgenommener Nutzen des Duells, nach politischem Interesse

Schließlich wurde die Wahrnehmung, ob das Duell eine Show-Veranstaltung war, untersucht: Schätzen die Rezipienten die Debatte als ernsthaft und ehrlich, sollte dies eine günstigere Gelegenheitsstruktur für Lernerfolge bieten als eine Wahrnehmung, das Format sei eine reine Show und gehe an den Bedürfnissen und Problemen der Wähler vorbei. Letzteres dürfte eher eine „Politik(er)verdrossenheit" als eine politische Mobilisierung nach sich ziehen. Die durchschnittliche Ablehnung dieses Items in allen Gruppen sowie das deutlich größere Anteil niedrig Interessierter, der sich im Vergleich zu vor dem Duell davon überzeugen ließ, dass das Duell *keine* Show-Veranstaltung war, lässt aus demokratietheoretischer Perspektive positiv stimmen und ist konsistent mit der gesteigerten externen Efficacy (vgl. Abb. 1).

3.2.2 Objektive Lerneffekte

Geht der subjektiv wahrgenommene Nutzen von TV-Duellen mit einem objektiv messbaren Wissenszuwachs einher? Zur Beantwortung dieser Frage wurden die Befragten sowohl vor als auch direkt nach dem Duell um eine Einordnung von

Peer Steinbrück und Angela Merkel bezüglich sozial- und sicherheitspolitischer Fragen gebeten. Eine Positionierung Steinbrücks auf einer 11-stufigen Skala weiter links als Merkel wurde als korrekte Antwort gewertet, eine Nennung derselben oder einer politisch weiter rechts angesiedelten Position Steinbrücks als falsch.

Anhand Tab. 4 wird deutlich, dass durch das Schauen des Duells ein erheblicher objektiver Wissenszuwachs erfolgte: Während etwa vor dem Duell nur zwei von drei Probanden in Kenntnis der relativen Position der Kandidaten zur Frage der Kriminalitätsbekämpfung waren, waren es im Nachgang bereits drei von vieren. Dabei profitieren wenig Interessierte mindestens ebenso sehr wie stark Interessierte: Hinsichtlich der Steuer- und Abgabenpolitik verringerte das Duell die Wissenskluft zwischen beiden Gruppen sogar um fast 13 Prozentpunkte.

Noch stärker werden objektive Lerneffekte deutlich, schaut man auf den Anteil derjenigen, die politische Wissensfragen richtig beantworten: Über die Höhe des von der SPD geforderten Mindestlohns wussten vor dem Duell 70 % der Befragten Bescheid, danach fast 95 %. Dabei konnten die weniger an Politik Interessierten ihren Wissensrückstand im Vergleich zur stark interessierten Gruppe um ganze 22 Prozentpunkte verringern und somit die Wissenskluft durch Sehen des Duells beinahe schließen; aber auch die stark Interessierten haben signifikant hinzugelernt. Bezüglich der Frage „Haben wir im Moment mehr, weniger oder gleich viele Arbeitslose als vor der Bundestagswahl 2009?" haben sich die Unterschiede zwischen beiden Gruppen gänzlich aufgehoben, wenngleich sie vor dem Duell mit zehn Prozentpunkten auch nicht so stark ausgeprägt waren wie bei der Frage nach dem Mindestlohn, bei der eine Wissensdifferenz von 26 Prozentpunkte bestand (Tab. 5).

Vom TV-Duell 2013 gingen also – insbesondere vor dem Hintergrund der relativ kurzen Dauer von 90 min – im Rahmen unserer Studie beachtliche subjektive wie objektive Lerneffekte aus.

Tab. 4 Korrekte relative Positionierung der Kanzlerkandidaten vorher und nachher, nach politischem Interesse (in Prozent)

	Steuer- und Abgabenpolitik			Kriminalitätsbekämpfung		
	Vorher[#]	Nachher[#]	Differenz	Vorher[*]	Nachher[*]	Differenz
Alle	71,5	81,9	+10,4[#]	59,1	76,2	+17,1[#]
Niedr. Int.	54,8	73,1	+18,3[#]	51,9	69,2	+17,3[#]
Hohes Int.	81,4	87,0	+5,6[*]	63,3	80,2	+16,9[#]

Tab. 5 Anteil korrekt beantworteter Wissensfragen vorher und nachher, nach politischem Interesse (in Prozent)

	Mindestlohn			Arbeitslosenzahlen		
	Vorher[#]	Nachher[**]	Differenz	Vorher[**]	Nachher	Differenz
Alle	70,3	93,9	+23,6	74,6	88,2	+13,6[#]
Niedr. Int.	53,9	91,2	+37,3[#]	69,2	86,5	+17,3[#]
Hohes Int.	80,0	95,4	+15,4[#]	77,8	89,2	+11,4[#]

4 Diskussion

Die vorangegangene Analyse hat deutlich gemacht, dass das TV-Duell im Vorfeld der Bundestagswahl 2013 zu einer signifikanten politischen und kognitiven Mobilisierung der Rezipienten führte: Sowohl die Wahlbeteiligungsabsicht, als auch das Interesse am Wahlkampf sowie politische Selbstwirksamkeitsüberzeugungen haben sich signifikant erhöht. Ebenso hielten die Probanden die Debatte subjektiv für von Nutzen, sogar über ihre anfänglichen Erwartungen hinaus. Schließlich lernten sie vor allem objektiv kräftig hinzu. Als wäre dies aus demokratietheoretischer Sicht noch nicht erfreulich genug, zeigten sich ein Großteil der genannten Effekte auch noch besonders stark bei politikfernen Personen, sodass diese ihren Rückstand gegenüber stärker Interessierten Rezipienten verkleinern oder – im Fall der externen Efficacy und der Wahlbeteiligungsabsicht – sogar gänzlich aufheben konnten. Indem TV-Duelle für politische Sendungen einzigartig hohe Einschaltquoten verzeichnen und somit auch eher uninteressierte Gruppen verhältnismäßig stark ansprechen können, dürfte der Mobilisierungsschub solcher Veranstaltungen auch außerhalb der Experimentalsituation gesamtgesellschaftlich Wirkung entfalten – im Gegensatz zu anderen Vorwahlevents, die schon allein deshalb zu einer Vergrößerung von Gaps führen, da sie nur von einer ohnehin stark interessierten und partizipationsaffinen Minderheit wahrgenommen werden. Wie Mobilisierungs- und Lerneffekte allerdings außerhalb derartiger Fernseh-Großevents mit Millionen-Einschaltquoten zu realisieren sind, bleibt weiterhin eine offene, aber nicht minder spannende Frage.

Die Analyse zeigt im Vergleich mit solchen der Duelle der vorangegangenen Bundestagswahl auch, dass 2013 besonders starke Mobilisierungs- und Lerneffekte erzielt wurden. Möglicherweise war dies der Fall, weil der Wahlkampf zuvor eher ungünstige Voraussetzungen für derlei Wirkungen lieferte: Es herrschte „[p]olitische Windstille […]: Es fehlt der Kontrast, es fehlt die Alternative, es fehlt der Streit", konstatierte Heribert Prantl (2013) in der Süddeutschen. An anderer Stelle wurde gefragt: „Fällt der Wahlkampf dieses Jahr aus?". „Stell dir vor, es ist Wahlkampf und keiner merkt es", hieß es weiter (RP-Online 2013) – also wahrlich ungünstige Bedingungen für politisches Lernen und die Sensibilisierung politikferner Gruppen für politische Themen und die Wichtigkeit der Wahlteilnahme. Auch wenn das Fazit nach dem Duell ebenfalls lautete: „Wieder kein Wahlkampf" (Widmann 2013), stellte das Format offenbar doch einen geeigneten Rahmen für politische und kognitive Mobilisierung zur Verfügung.

Das TV-Duell 2013 war aufgrund der konstatierten Effekte in der Lage, nicht nur die Grundlage für eine höhere Wahlbeteiligung – die am breitesten und sozial am wenigsten selektiv genutzte Form politischer Partizipation (Schäfer 2008) – zu legen, sondern vor allem auch für eine informiertere, rationalere Wahlentscheidung. Insofern ist den eingangs zitierten Kritikern der „Mediendemokratie" zu entgegnen, dass es durch die freilich stark personalisierten Veranstaltungen keineswegs zu einer Schwächung des demokratischen politischen Systems kommen muss, sondern das Elektorat und das politische System als solches durchaus verschiedenartige begrüßenswerte Effekte, die kein anderes Wahlkampfereignis in diesem Ausmaß hervorrufen kann, bereitete.

Kritik an den Medien könnte höchstens insofern geübt werden, als sie die subjektiven positiven Nutzenbewertungen, die die Rezipienten direkt nach dem Duell äußern, durch ihre Nachberichterstattung abschwächen oder gar aufheben können. Einen solchen „feindlichen Medieneffekt" (Faas und Maier 2011, S. 110) stellten Faas und Maier (2011) für das Duell 2009 fest (Faas und Maier 2011, S. 108 ff.). Für 2013 müsste dies noch untersucht werden, ebenso wie eine Analyse der Langfristigkeit der objektiven Lerneffekte aussteht. Bis dahin kann aber erst einmal angenommen werden, dass das TV-Duell 2013 eine „Win-Win-Situation" (Faas und Seils 2013) nicht nur für die Politiker und Medien, sondern vor allem auch die Bürgerinnen und Bürger schuf.

Literatur

Beierlein, C., Kemper, C. J., Kovaleva, A., & Rammstedt, B. (2012). Ein Messinstrument zur Erfassung politischer Kompetenz- und Einflussüberzeugungen. Political Efficacy Kurzskala (PEKS). GESIS Working Papers. 18/2012. http://www.gesis.org/fileadmin/kurzskalen/working_papers/PEKS_Workingpaper.pdf. Zugegriffen: 7. November 2016.

Dehm, U. (2002). Fernsehduelle im Urteil der Zuschauer. Eine Befragung des ZDF zu einem neuen Sendungsformat bei der Bundestagswahl 2002. *Media-Perspektiven 6*, 600–609.

Dehm, U. (2005). Das TV-Duell 2005 aus Zuschauersicht. Eine Befragung des ZDF zum Wahlduell zwischen Herausforderin Angela Merkel und Kanzler Gerhard Schröder. *Media-Perspektiven 9*, 627–637.

Dehm, U. (2009). Das TV-Duell 2009 aus Zuschauersicht. *Media-Perspektiven 13*, 651–661.

Donsbach, W. (2002). Sechs Gründe gegen Fernsehduelle. Zur politischen Bewertung einer medialen Inszenierung. *Die Politische Meinung 3*, 19–25.

Downs, A. (1957). *An Economic Theory of Democracy*. New York: Harper & Row.

Druckman, J. N. (2003). The Power of Television Images: The First Kennedy-Nixon Debate Revisited. *Journal of Politics 65*, 559–571.

Faas, T., & Maier, J. (2004). Mobilisierung, Verstärkung, Konversion? Ergebnisse eines Experiments zur Wahrnehmung der Fernsehduelle im Vorfeld der Bundestagswahl 2002. *Politische Vierteljahresschrift 45*, 55–72.

Faas, T., & Maier, J. (2011). Medienwahlkampf: Sind TV-Duelle nur Show und damit nutzlos? In: E. Bytzek, & S. Roßteutscher (Hrsg.), *Der unbekannte Wähler? Mythen und Fakten über das Wahlverhalten in Deutschland* (S. 99–114). Frankfurt: Campus.

Faas, T., & Seils, C. (2013). Das TV-Duell war eine Win-Win-Situation. *Cicero Online*, Artikel vom 10. September 2013. http://www.cicero.de/berliner-republik/cicero-wahlkampfindex-das-tv-duell-war-eine-win-win-win-situation/55715. Zugegriffen: 7. November 2016.

Holbrook, T. M. (1999). Political Learning from Presidential Debates. *Political Behavior 21*, 67–89.

Holbrook, T. M. (2002). Presidential Campaigns and the Knowledge Gap. *Political Communication 19*, 437–454.

Huber, S. (2013). Politisches Lernen im Wahlkampf bei der Bundestagswahl 2009. In: T. Faas, K. Arzheimer, S. Roßteutscher, & B. Weßels (Hrsg.), *Koalitionen, Kandidaten, Kommunikation. Analysen zur Bundestagswahl 2009* (S. 173–197). Wiesbaden: Springer VS.

Lemert, J. B. (1993). Do Televised Presidential Debates Help Inform Voters? *Journal of Broadcasting & Electronic Media 37*, 83–94.

Maier, J. (2007). Eine Basis für rationale Wahlentscheidungen? Die Wirkungen des TV-Duells auf politische Kenntnisse. In: M. Maurer, C. Reinemann, J. Maier, & M. Maier (Hrsg.), *Schröder gegen Merkel. Wahrnehmung und Wirkung des TV-Duells 2005 im Ost-West-Vergleich* (S. 129–143). Wiesbaden: VS / GWV.

Maier, J., & Maier, M. (2007). Das TV-Duell 2005: Katalysator für die Personalisierung des Wahlverhaltens? In: F. Brettschneider, O. Niedermayer, & B. Weßels (Hrsg.), *Die Bundestagswahl 2005. Analysen des Wahlkampfes und der Wahlergebnisse* (S. 219–232). Wiesbaden: VS / GWV.

Maier, J., Faas, T., & Maier, M. (2013). Mobilisierung durch Fernsehdebatten: zum Einfluss des TV-Duells 2009 auf die politische Involvierung und die Partizipationsbereitschaft. In: B. Weßels, H. Schoen, & O. W. Gabriel (Hrsg.), *Wahlen und Wähler. Analysen aus Anlass der Bundestagswahl 2009* (S. 79–96). Wiesbaden: Springer VS.

Prantl, H. (2013). Große Flaute. *Süddeutsche Zeitung*, Artikel vom 19. August 2013. http://www.sueddeutsche.de/politik/bundestagswahlkampf-grosse-flaute-1.1749117. Zugegriffen: 7. November 2016.

RP-Online (2013). Fällt der Wahlkampf dieses Jahr aus? http://www.rp-online.de/politik/deutschland/bundestagswahl/faellt-der-wahlkampf-dieses-jahr-aus-aid-1.3598428. Zugegriffen: 7. November 2016.

Schäfer, A. (2008). *Alles halb so schlimm? Warum eine sinkende Wahlbeteiligung der Demokratie schadet.* Tätigkeitsbericht der Max-Planck-Gesellschaft. http://www.mpg.de/467839/pdf.pdf. Zugegriffen: 7. November 2016.

Tichenor, P. J., Donohue, G. A., & Olien, C. N. (1970). Mass Media Flow and Differential Growth in Knowledge. *Public Opinion Quarterly* 34, 159–170.

Widmann, A. (2013): Wieder kein Wahlkampf. *Berliner Zeitung*, Artikel vom 1. September 2013. http://www.berliner-zeitung.de/leitartikel-zum-tv-duell-merkel-vs–steinbrueck-wieder-kein-wahlkampf-3896098. Zugegriffen: 7. November 2016

Die Bedeutung von Emotionen für die Rezeption der TV-Debatte 2013

Ines C. Vogel und Lukas Otto

1 Einleitung

Lange Zeit galten Emotionen als „problematische Größe" (Marcus 2003, S. 182) in der Forschung zur politischen Kommunikation, da emotionale Verarbeitungsprozesse angeblich im Widerspruch zum Konzept eines vernunftgeleiteten, aufgeklärten Wählers stehen. Gefühle oder Affekte – so die weit verbreitete Meinung – behindern den Prozess der rationalen (Wahl-)Entscheidung und stellen somit eine Antithese zur Rationalität dar (Brader 2006). Ihre heuristische Funktion bei der Bildung politischer Einstellungen sei schädlich für die politische Urteilsbildung und damit letzten Endes auch für demokratische Systeme (Cho et al. 2003; Früh 2010; Marcus 2003).

In den letzten Jahren hat sich jedoch auch in der Politikwissenschaft und der politischen Kommunikationsforschung die Erkenntnis durchgesetzt, dass bei der Informationsverarbeitung, Urteilsbildung oder auch beim (politischen) Lernen keinesfalls zwischen „kalten" Kognitionen und „heißen" Emotionen unterschieden werden kann. Inzwischen ist die Erforschung der Bedeutsamkeit von Emotionen für

---

I.C. Vogel (✉)
Landau, Deutschland
E-Mail: vogel@uni-landau.de

L. Otto
Landau, Deutschland
E-Mail: otto@uni-landau.de

© Springer Fachmedien Wiesbaden GmbH 2017
T. Faas et al. (Hrsg.), *Merkel gegen Steinbrück*,
DOI 10.1007/978-3-658-05432-8_6

politisch-psychische Prozesse daher auch ein fester Bestandteil der einschlägigen Forschung geworden: So wird die Rolle von Emotionen u. a. in Zusammenhang mit der Analyse von Einstellungsbildung und Persuasion (Brader 2005, 2006), politischem Interesse, Mobilisierung und Aufmerksamkeit (Marcus et al. 2000, 2011), politischer Urteilsbildung (Cassino und Lodge 2007), der Strukturierung von politischem Wissen im Gedächtnis (Cassino et al. 2007) sowie bei politischem (Wahl-)Verhalten (Marcus et al. 2011; Valentino et al. 2009) untersucht. Darüber hinaus hat sich die Erkenntnis durchgesetzt, dass Emotionen rationale Entscheidungsprozesse keineswegs behindern, sondern essenzieller Bestandteil dieser sind bzw. ohne emotionale Grundlagen gar unmöglich sind (Brader 2005; Damasio 2006; Marcus 2000).

Doch was versteht man eigentlich unter dem Begriff „Emotion"? Und wodurch zeichnen sich Emotionen aus? Die Autoren Meyer, Reisenzein und Schützwohl (2001, S. 24) verstehen unter Emotionen aktuelle psychische Zustände von Personen, die eine bestimmte Qualität (z. B. Freude, Trauer, Ärger, Angst, Scham), Intensität und Dauer aufweisen. Häufig gehen Emotionen mit einem charakteristischen, subjektiven Erleben (dem „Gefühl"), bestimmten physiologischen Veränderungen (z. B. Herzklopfen, Schwitzen, Zittern) sowie mit bestimmten Verhaltensabsichten oder -weisen einher (z. B. dem Wunsch, sich aus einer unangenehmen Situation zu entfernen; Lächeln; Weinen; vgl. hierzu auch Vogel und Gleich 2013). In aller Regel sind Emotionen objektgerichtet, d. h. sie haben einen konkreten Auslöser und beziehen sich auf diesen. Hierin unterscheiden sie sich beispielsweise von Stimmungen, die keinen klaren Auslöser haben und die im Vergleich zu Emotionen als schwächer ausgeprägt, länger anhaltend und hinsichtlich ihrer Qualität als weniger variabel gelten (vgl. hierzu Otto et al. 2000). Es gibt vielfältige Auslöser von Emotionen: Soziale Interaktionen mit anderen Menschen stellen dabei eine der wichtigsten Quellen emotionaler Empfindungen dar. Weiterhin können selbst erlebte, aktuelle oder vergangene Situationen und Ereignisse Emotionen auslösen, insbesondere wenn sie von hoher persönlicher Relevanz für die betroffene Person sind. Häufig werden Emotionen aber auch durch medial vermittelte Situationen und Ereignisse verursacht, von denen eine Person, im Gegensatz zu selbst erlebten Situationen und Ereignissen, nicht unbedingt persönlich betroffen sein muss. Gerade aber politische Ereignisse, die in den Medien aufgegriffen werden, und die Inhalte (massenmedialer) politischer Kommunikation können durchaus von persönlicher Relevanz sein (z. B. wenn es um Informationen zu Elternzeit, Elterngeld, Steuererhöhungen oder Erhöhungen von Krankenkassenbeträgen geht).

2 Emotionen in der politischen Kommunikation

Die meisten Formate, die klassischerweise zur massenmedialen politischen Kommunikation gezählt werden, wie z. B. politische Nachrichten, Wahlwerbespots oder eben TV-Duelle, dienen primär der Informationsvermittlung und zielen somit auf kognitive Medienwirkungen ab (Schemer 2009). Allerdings haben alle medialen Formate – und somit auch TV-Duelle – beabsichtigte oder unbeabsichtigte emotionale Reaktionen der Zuschauer zur Konsequenz (Schramm und Wirth 2006). Gerade wenn der Debatteninhalt einen direkten Bezug zum Leben der Zuschauer hat, können (politische) Medieninhalte ähnliche Emotionen auslösen wie reale Lebenssituationen. Die so entstandenen Emotionen haben dann wiederum das Potenzial, Wirkung auf weitere, politisch relevante Größen, wie politisches Lernen, Urteilsbildung oder Entscheidungen, politische Einstellungen sowie politische Mobilisierung und Partizipation zu entfalten. Emotionen sind wichtiger Bestandteil der psychologischen Prozesse und spielen daher auch bei der Wirkung politischer Kommunikation eine entscheidende Rolle.

In Bezug auf die emotionale Wirkung von TV-Debatten steckt die Forschung sowohl in den USA als auch in Deutschland bisher noch in den Kinderschuhen. Dies mag verschiedene Gründe haben: Zum einen liegt der Fokus der Medienwirkungsforschung für TV-Duelle traditionell auf kognitiven Variablen, z. B. Wissen über oder Einstellungen gegenüber Parteien und Kandidaten (siehe hierzu z. B. Benoit et al. 2003; Maurer und Reinemann 2006) oder auf Verhaltensvariablen, z. B. Mobilisierung zur Wahl oder Wahlverhalten (siehe hierzu Maier und Faas 2011; Maier et al. 2013). Zum anderen gibt es formatbedingte Einschränkungen, die eine Verbindung von Emotionsforschung und TV-Debatten-Forschung erschweren: Dem – im Gegensatz z. B. zu politischen Wahlwerbespots – eher nüchternen Format wird eine weniger emotionalisierende Wirkung unterstellt als anderen Formaten (siehe dazu auch Schemer 2009). Es gibt hier keine schnellen Schnitte, keine musikalische Untermalung, keine emotionalisierenden Bilder, wie sie bei Wahlwerbung der Parteien oder bei Politainment-Formaten üblich sind (Brader 2006). Des Weiteren ist es schwierig, die Wirkung bestimmter Emotionen zu untersuchen, da sich TV-Debatten über einen längeren Zeitraum, in Deutschland meist 90 min, erstrecken und somit viele Emotionen erlebt und berichtet werden können.

Trotz dieser Schwierigkeiten gibt es einige wenige Studien, die emotionale Zuschauerreaktionen im Rahmen von TV-Duellen untersuchen. So stellt Mutz (2007) fest, dass bestimmte Aspekte von TV-Debatten, wie „unziviles" Verhalten von Kandidaten (z. B. Unterbrechung und Beleidigen des Kontrahenten) einerseits und technische Aspekte von TV-Duellen (z. B. extreme Nahaufnahmen der Kandidaten) andererseits das Potenzial haben, den Zuschauer emotional zu erregen.

In ihrer experimentellen Studie variiert sie systematisch Verhaltensweisen von Kandidaten und Kameraeinstellungen und kann zeigen, dass das so entstehende „Arousal", eine Erregungsvariable, die in engem Zusammenhang zum Emotionserleben steht, Auswirkungen auf die Kandidatenbewertung und die Evaluation der Argumente von Kandidaten haben kann. Erregungs- und Emotionsvariablen scheinen also bei der Verarbeitung von TV-Debatten durchaus eine Rolle zu spielen.

Eine Studie von Cho und Ha (2012) beschreibt unterschiedliche Effekte von negativen Emotionen bei der Rezeption von TV-Debatten in den USA. Dabei spielen negative Emotionen während des TV-Duells innerhalb dieser Befragungsstudie nur bei Parteianhängern eine Rolle. Für diese Personengruppe führen negative Emotionen zu politischem Engagement und Anschlusskommunikation, während dieser Zusammenhang für die ungebundenen Wähler nicht besteht. Dies zeigt auch, dass Emotionen nicht für alle Rezipienten gleich wichtig sind und von allen gleichermaßen erlebt werden (siehe auch Appel und Richter 2010). Parteiidentifikation und andere wichtige Personenvariablen können den Einfluss von Emotionen auf Rezipientenurteile verändern.

Beide Studien zeigen somit, dass Emotionen auch bei der Rezeption von TV-Debatten eine wichtige Rolle spielen und Erklärungen für politische Urteile oder politisches Verhalten liefern können. Verglichen mit der Forschung zur kognitiven Debattenwirkung bzw. der emotionalen Wirkung anderer Formate politischer Kommunikation (Wahlwerbespots, Nachrichten, Politainment etc.) ist der Forschungskorpus zur emotionalen Wirkung von TV-Duellen dennoch bisher sehr klein.

Vor dem Hintergrund dieser Forschungslücke soll innerhalb dieses Kapitels geklärt werden, inwiefern positive und negative emotionale Zustände durch das TV-Duell ausgelöst oder verändert werden können und wie bestimmte emotionale Zustände mit Kandidatenbewertungen und dem Interesse am Wahlkampf zusammenhängen. Als emotionstheoretische Grundlagen dienen dabei Appraisal-Theorien (z. B. Scherer 1984), die Theorie der affektiven Dispositionen von Zillmann (2004), sowie die Theorie der affektiven Intelligenz von Marcus et al. (2000), die im folgenden Abschnitt näher dargestellt werden.

3 Theoretische Zugänge zur Erforschung von Emotionen

Appraisal-Theorien, wie das Komponenten-Prozess-Modell von Scherer (1984), gehören zu den so genannten kognitiven Emotionstheorien, deren Hauptanliegen darin besteht, zu erklären und zu beschreiben, wie Emotionen in konkreten Situationen entstehen. Scherer geht hierbei davon aus, dass Menschen kontinuierlich, automatisch und blitzschnell interne und externe Reize, Situationen und Ereignisse u. a. danach bewerten, ob diese…

- neu bzw. vorhersehbar, angenehm oder unangenehm sowie förderlich oder hinderlich für das Erreichen von persönlich wichtigen Zielen sind,
- durch eigenes Zutun verändert oder vermieden werden können und
- im Einklang mit z. B. sozialen Normen und Werten bzw. eigenen Normen und Standards stehen.

Das Ergebnis eines solchen Bewertungsprozesses ist ein spezifisches emotionales Reaktionsmuster, welches mit bestimmten physiologischen Reaktionen, Verhaltensabsichten und Verhaltensweisen sowie mit charakteristischen Gefühlen einhergeht.

Oftmals werden Emotionen jedoch durch die bloße Beobachtung von anderen Personen und die Wahrnehmung des emotionalen Ausdrucks (vor allem der Mimik) anderer Personen ausgelöst – und zwar unabhängig davon, ob die wahrgenommenen Emotionen für die beobachtende Person von persönlichem Belang sind oder nicht. Dieser Fall trifft insbesondere auf medial vermittelte Situationen und Ereignissen sowie auf medial beobachtete soziale Interaktionen zu (z. B. Interaktionen zwischen Politikerinnen oder Politikern im Rahmen einer TV-Debatte). In diesem Zusammenhang spricht man von einer empathischen Vermittlung von Emotionen. Nach Zillmanns Theorie der affektiven Dispositionen (2004, S. 116) sind bei der empathischen Vermittlung vor allem drei Mechanismen von Bedeutung:

1. **Emotionale Ansteckung:** Der Anblick eines emotionalen Gesichtsausdrucks löst beim Beobachter unbewusst die Tendenz aus, diesen Ausdruck nachzuahmen (z. B. unwillkürliches Zurücklächeln, wenn man angelächelt wird). Die Imitation des mimischen Ausdrucks wiederum führt dazu, dass sich beim Beobachter ein entsprechender Gefühlszustand einstellt (z. B. Freude).
2. **Affektive Dispositionen:** Darunter versteht man emotionale und kognitive Bewertungen bezogen auf die beobachteten Personen, die durch Erfahrungen und soziale Interaktionen mit dieser Person erworben werden und die bestimmen, „wann empathische Reaktionen auftreten, wann sie nicht auftreten und […] wann Reaktionen auftreten, die im Gegensatz zu empathischen Reaktionen stehen" (Zillmann 2004, S. 117). Von besonderer Bedeutung ist hierbei die Valenz der affektiven Disposition: Positive affektive Dispositionen (z. B. Sympathie) fördern empathische Reaktionen (z. B. Mitgefühl, wenn es einer Person schlecht geht), wohingegen negative affektive Dispositionen (z. B. Antipathie) empathische Reaktionen abschwächen und u. U. sogar so genannte „gegen-empathische Reaktionen" begünstigen (Zillmann 2004, S. 118; z. B. Schadenfreude, wenn es einer Person schlecht geht).

3. **Perspektivenübernahme:** Hierbei geht es um ein gedankliches Hineinversetzen in die Lage der beobachteten Person mit dem Ziel, deren emotionales Erleben besser einschätzen und verstehen zu können. Das emotionsauslösende Ereignis und die der Emotion zugrunde liegenden, oben beschriebenen kognitiven Bewertungsprozesse werden dabei von der beobachtenden Person nachvollzogen und miteinander in Bezug gesetzt.

Zillmanns Theorie der affektiven Dispositionen wurde im Rahmen der Unterhaltungsforschung von Raney (2004) um eine weitere Komponente erweitert: Demnach muss für die Auslösung von Emotionen neben affektiven Dispositionen gegenüber einer Medienperson auch in Betracht gezogen werden, welches „Schicksal" die Zuschauer für die beobachtete Person erwarten und welches „Schicksal" die beobachtete Person letztlich ereilt: Nach Ansicht des Autors entstehen positive Emotionen, wenn einer sympathischen und beliebten Medienperson gute Dinge und/oder einem unsympathischen und unbeliebten Akteur schlechte Dinge widerfahren. Im Gegenzug ist mit negativen Emotionen zu rechnen, wenn eine sympathische Person negative Folgen und/oder eine unsympathische Person durch ihr Handeln positive Folgen erfährt.

Bezogen auf das TV-Duell ist somit für die Qualität der ausgelösten Emotionen nach den Annahmen von Zillmann (2004) zum einen die Valenz der affektiven Disposition gegenüber Angela Merkel bzw. Peer Steinbrück von Bedeutung. Zum anderen ist im Sinne von Raney (2004) zu vermuten, dass die vom Zuschauer erwartete und schließlich wahrgenommene Leistung der Kandidaten in der Debatte Auswirkungen auf die Entstehung bestimmter Emotionen hat. Vor diesem Hintergrund ist von folgenden Hypothesen auszugehen: Im Vergleich zu Versuchspersonen mit negativen affektiven Dispositionen zeigen Versuchspersonen mit positiven affektiven Dispositionen (d. h. Sympathie) gegenüber Angela Merkel bzw. Peer Steinbrück...

H1:   ein höheres Ausmaß an positiven Emotionen (z. B. Freude, Hoffnung) bezogen auf die jeweilige Person,
H2:   ein geringeres Ausmaß an negativen Emotionen (z. B. Ärger, Angst, Wut) bezogen auf die jeweilige Person,
H3:   ein höheres Ausmaß an positiven Emotionen, wenn sie den Eindruck haben, dass der jeweilige Kandidat in der TV-Debatte wie erwartet oder besser als erwartet abgeschnitten hat,
H4:   ein höheres Ausmaß an negativen Emotionen, wenn sie den Eindruck haben, dass der jeweilige Kandidat in der TV-Debatte schlechter als erwartet abgeschnitten hat.

Eine Emotionstheorie, die im engen Zusammenhang mit der Forschung zur politischen Kommunikationsforschung entstanden ist, ist die Theorie der affektiven Intelligenz von Marcus et al. (2000). Die Theorie soll erklären, wann Menschen im politischen Kontext, beispielsweise durch Wahlkampfkommunikation, mobilisiert werden, auf Informationssuche gehen und sich tiefer mit politischen Inhalten auseinandersetzen und wann dies nicht der Fall ist. Die zentrale Annahme innerhalb der Theorie ist, dass der Mensch zwei „emotionale Informationsverarbeitungssysteme" besitzt, die entweder zu habituellem, heuristischem Verhalten oder aber zu gesteigerter Informationssuche, Interesse, Aufmerksamkeit, Verhaltensänderungen und Mobilisierung führen (siehe auch Brader 2005, 2006). Das dispositionelle „Routinesystem" ist durch positive Emotionen wie Freude, Hoffnung, Begeisterung gekennzeichnet und dann aktiv, wenn es keine negativen, neuen, bedrohlichen Informationen gibt. Das „Überwachungssystem" dagegen wird aktiv, sobald neue, unbekannte und potenziell bedrohliche Informationen wahrgenommen werden. Die Aktivität dieses Systems geht mit dem Erleben negativer Emotionen, vor allem „Angst", einher (Marcus et al. 2011), führt zu weiterer Informationssuche und kann über die negative Emotion zur Mobilisierung beitragen. Auf Grundlage der Theorie der affektiven Intelligenz nehmen wir somit an, dass...

H5: negative Emotionen einen signifikanten positiven Einfluss auf das Wahlkampfinteresse der Rezipienten des Duells haben, während
H6: positive Emotionen keinen Einfluss auf das Wahlkampfinteresse der Rezipienten haben.

4 Methode

Design Bei unseren Analysen zur emotionalen Wirkung von TV-Debatten beziehen wir uns auf Daten des Live-Experiments zum TV-Duell zwischen Angela Merkel und Peer Steinbrück im Bundestagswahlkampf 2013 (vgl. Kap. „Das Studiendesign" in diesem Band). Die auszuwertenden Größen wurden meist unmittelbar vor und nach dem Duell erhoben, es handelt sich also um ein Pre-Post-Design, bei dem Unterschiede im emotionalen Zustand durch die Rezeption des TV-Duells und die Bewertung der Kandidaten erklärt werden soll.

Variablen Emotionen bezogen auf den jeweiligen Spitzenkandidaten wurden durch die direkte Frage „Wenn Sie an Angela Merkel/Peer Steinbrück denken: In welchem Ausmaß löst Angela Merkel/Peer Steinbrück die folgenden Gefühle und Empfindungen bei Ihnen aus?" erfasst. Berücksichtigt wurden dabei die Emotionen Angst, Ärger, Verachtung und Wut als negative Emotionen sowie

Freude und Hoffnung als positive Emotionen mit konkretem Bezug zu den beiden Spitzenkandidaten. Vor und nach dem Duell wurden die Versuchsteilnehmer gebeten, ihre Einschätzung anhand einer siebenstufigen Rating-Skala anzugeben (1 = überhaupt nicht, 7 = in sehr großem Ausmaß), um mögliche Veränderungen durch das Duell feststellen zu können.

Um die Sympathie mit dem jeweiligen Spitzenkandidaten zu messen, wurden die Versuchsteilnehmer vor Rezeption des TV-Duells zum einen bezogen auf Angela Merkel, zum anderen bezogen auf Peer Steinbrück aufgefordert, mithilfe einer fünfstufigen Rating-Skala zu bewerten, inwieweit die Aussage „Sie/Er ist mir menschlich sympathisch" auf sie persönlich zutrifft (1 = trifft überhaupt nicht zu, 5 = trifft voll und ganz zu).

Subjektive Erwartungen hinsichtlich des Abschneidens im Duell wurden vor dem Duell mit der Frage „Wie werden Ihrer Meinung nach Angela Merkel bzw. Peer Steinbrück in dieser Debatte abschneiden?" anhand einer fünfstufigen Rating-Skala erfasst (1 = sehr schlecht, 5 = sehr gut). Direkt im Anschluss an das Duell wurde durch die Frage „Einmal ganz allgemein gesprochen, wie haben Ihrer Meinung nach Angela Merkel bzw. Peer Steinbrück in dieser Debatte abgeschnitten?" die subjektive Einschätzung der tatsächlich gezeigten Leistung wiederum anhand der oben genannten fünfstufigen Rating-Skala erhoben. Indem der Wert der Erwartung vor dem Duell von dem Wert der Einschätzung nach dem Duell subtrahiert wurde, wurde ein Maß dafür gebildet, inwiefern die Erwartungen der Versuchsteilnehmer hinsichtlich der Leistungen im Duell erfüllt (Ergebnis der Subtraktion = 0), übertroffen (Ergebnis der Subtraktion > 0) oder nicht erfüllt wurden (Ergebnis der Subtraktion < 0).

Eine gesteigerte Aufmerksamkeit wie sie in der Theorie der affektiven Intelligenz angenommen wird, wurde über das Wahlkampfinteresse operationalisiert. Dieses wurde über die Frage „Wie stark interessiert Sie speziell der gerade laufende Wahlkampf zur bevorstehenden Bundestagswahl?" mithilfe der Einschätzung anhand einer fünfstufigen Skala erfragt (1 = überhaupt nicht; 5 = sehr stark).

5 Ergebnisse

Betrachtet man zunächst die auf die Spitzenkandidaten bezogenen Emotionen, so fällt vor Beginn des Duells die sehr geringe Ausprägung einiger Emotionen auf: Angst, Verachtung und Wut sind bezogen auf beide Kandidaten am geringsten ausgeprägt. Etwas höhere Ausprägungen sind dagegen für die Emotionen Ärger, Hoffnung und Freude feststellbar (Tab. 1).

Tab. 1 Deskriptive Statistiken zu den Emotionen vor Rezeption des Duells

Emotion bezogen auf	Angela Merkel		Peer Steinbrück	
	M	SD	M	SD
a) Negative Emotionen				
Angst	1,70	1,36	1,88	1,49
Ärger	3,04	1,92	2,81	1,80
Verachtung	1,84	1,42	1,89	1,48
Wut	2,21	1,72	1,94	1,56
b) Positive Emotionen				
Hoffnung	3,21	1,73	3,00	1,77
Freude	2,69	1,60	2,41	1,55

M = Mittelwert; SD = Standardabweichung; mögliche Werte 1 = „überhaupt nicht" bis 7 = „in sehr großem Ausmaß"; Angaben beziehen sich auf die Experimentalgruppen, $n = 294$

Vergleicht man Veränderungen im emotionalen Befinden der Versuchspersonen vor und nach der Rezeption des TV-Duells, so zeigen die Ergebnisse einer einfaktoriellen Varianzanalyse mit Messwiederholung signifikante Veränderungen für sämtliche erhobenen Emotionen. Da sich die Ergebnisse für die einzelnen negativen (d. h. Ärger, Wut, Verachtung und Angst) und die einzelnen positiven Emotionen (d. h. Hoffnung und Freude) stark ähneln, werden diese im Folgenden zusammengefasst berichtet. Negative Emotionen nehmen nach der Rezeption des Duells bezogen auf beide Kandidaten deutlich ab (Angela Merkel: $F = 39,227$, $p < 0,01$, partielles $Eta^2 = 0,13$; Peer Steinbrück: $F = 27,729$, $p < 0,01$, partielles $Eta^2 = 0,096$). Im Hinblick auf positive Emotionen gibt es allerdings einen klaren Unterschied zwischen den beiden Spitzenkandidaten: Während positive Emotionen bezogen auf Angela Merkel signifikant abnehmen ($F = 4,793$, $p = 0,029$, partielles $Eta^2 = 0,018$), zeigt sich bei ihrem Herausforderer Peer Steinbrück eine deutliche Zunahme an positiven Emotionen ($F = 12,798$, $p < 0,01$, partielles $Eta^2 = 0,096$; Abb. 1).

Auf der Grundlage der Theorie der affektiven Dispositionen von Zillmann (2004) sind wir bei den Hypothesen H1 und H2 davon ausgegangen, dass Versuchspersonen mit positiven affektiven Dispositionen (d. h. Sympathie) gegenüber Angela Merkel bzw. Peer Steinbrück verglichen mit Versuchspersonen mit negativen affektiven Dispositionen ein höheres Ausmaß an positiven Emotionen (z. B. Freude, Hoffnung) sowie ein geringeres Ausmaß an negativen Emotionen (z. B.

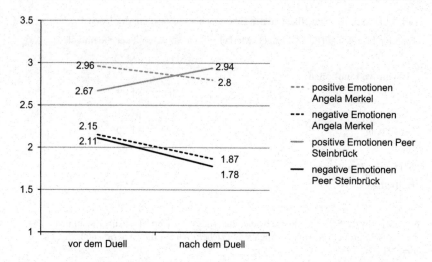

Abb. 1 Veränderung im emotionalen Befinden vor und nach der Rezeption des TV-Duells (Datenbeschriftungen geben Mittelwerte an; mögliche Werte 1 = überhaupt nicht bis 7 = in sehr großem Ausmaß; Angaben beziehen sich auf die Experimentalgruppen, $n = 294$)

Ärger, Angst, Wut) bezogen auf die jeweilige Person berichten. Um diese Hypothesen zu prüfen, wurden die Probanden mittels Mediansplit hinsichtlich ihrer Sympathie für den jeweiligen Spitzenkandidaten in zwei gleich große Gruppen eingeteilt (1 = untere 50 %, 2 = obere 50 %). Die Ergebnisse bestätigen unsere Annahmen: Sowohl vor als auch nach der Rezeption des Duells berichten Versuchsteilnehmer mit höher ausgeprägter Sympathie für den jeweiligen Spitzenkandidaten ein signifikant höheres Ausmaß an positiven Emotionen (Angela Merkel: $F = 48{,}121$, $p < 0{,}01$, partielles Eta$^2 = 0{,}155$; Peer Steinbrück: $F = 63{,}565$, $p < 0{,}01$, partielles Eta$^2 = 0{,}195$) sowie ein signifikant geringeres Ausmaß an negativen Emotionen bezogen auf den jeweiligen Kandidaten (Angela Merkel: $F = 71{,}714$, $p < 0{,}01$, partielles Eta$^2 = 0{,}216$; Peer Steinbrück: $F = 35{,}033$, $p < 0{,}01$, Partielles Eta$^2 = 0{,}118$). Bezieht man Veränderungen im emotionalen Befinden vor und nach dem Duell zusätzlich mit ein, nehmen interessanterweise negative Emotionen sowohl gegenüber Angela Merkel als auch gegenüber Peer Steinbrück signifikant bei Versuchspersonen mit gering ausgeprägter Sympathie stärker ab als bei Personen mit stark ausgeprägter Sympathie gegenüber dem jeweiligen Spitzenkandidaten (Angela Merkel: $F = 5{,}031$, $p = 0{,}026$, partielles Eta$^2 = 0{,}019$; Peer Steinbrück: $F = 9{,}533$, $p = 0{,}002$, partielles Eta$^2 = 0{,}035$).

Allerdings bewegen sich die berichteten negativen Emotionen auch nach der Rezeption des Duells auf einem signifikant höheren Niveau als bei Versuchspersonen mit höher ausgeprägter Sympathie.

Im Sinne der Erweiterung der Theorie der affektiven Dispositionen durch Raney (2004) gingen wir bei den Hypothesen H3 und H4 des Weiteren davon aus, dass die subjektiv wahrgenommene Debattenleistung ebenfalls einen Einfluss auf die Entstehung von Emotionen hat. Wir erwarteten, dass positive Emotionen vor allem dann entstehen, wenn ein als sympathisch erachteter Kandidat in der TV-Debatte wie erwartet oder besser als erwartet abschneidet. Negative Emotionen wurden vor allem dann erwartet, wenn der als sympathisch erachtete Spitzenkandidat schlechter als erwartet abschneidet. Zur Überprüfung der Hypothese wurde eine zweifaktorielle Varianzanalyse gerechnet: Als Faktoren gingen zum einen die Sympathie (wie oben beschrieben mittels Mediansplit), zum anderen die subjektiv wahrgenommene Debattenleistung unter Berücksichtigung der vor dem Duell geäußerten Erwartungen (drei Kategorien: $-1 =$ Erwartungen nicht erfüllt, $0 =$ Erwartungen erfüllt, $+1 =$ Erwartungen übertroffen) in die Berechnungen ein. Als abhängige Variable wurde das auf den jeweiligen Spitzenkandidaten bezogene emotionale Empfinden nach der Rezeption des Duells berücksichtigt. Die Ergebnisse bestätigen unsere Hypothesen und zeigen jeweils einen signifikanten Haupteffekt für beide Faktoren (vgl. hierzu auch die Abb. 2 und 3). Positive Emotionen sind stärker ausgeprägt, wenn

- die Sympathie für den Spitzenkandidaten hoch ist (vgl. hierzu auch die vorangegangenen Analysen; Angela Merkel: $F = 31{,}225$, $p < 0{,}01$, partielles Eta$^2 = 0{,}108$; Peer Steinbrück: $F = 37{,}755$, $p < 0{,}01$, partielles Eta$^2 = 0{,}128$) und
- die subjektiv wahrgenommene Debattenleistung des Kandidaten die Erwartungen des Versuchsteilnehmers erfüllt oder sogar übertrifft (Angela Merkel: $F = 4{,}506$, $p = 0{,}012$, partielles Eta$^2 = 0{,}034$; Peer Steinbrück: $F = 5{,}673$, $p = 0{,}004$, partielles Eta$^2 = 0{,}042$).

Negative Emotionen sind stärker ausgeprägt, wenn

- die Sympathie für den Spitzenkandidaten gering ist (Angela Merkel: $F = 44{,}525$, $p < 0{,}01$, partielles Eta$^2 = 0{,}148$; Peer Steinbrück: $F = 15{,}157$, $p < 0{,}01$, partielles Eta$^2 = 0{,}055$) und
- die subjektiv wahrgenommene Debattenleistung des Kandidaten die Erwartungen des Versuchsteilnehmers nicht erfüllt (Angela Merkel: $F = 5{,}295$, $p = 0{,}006$, partielles Eta$^2 = 0{,}040$; Peer Steinbrück: $F = 4{,}393$, $p = 0{,}013$, partielles Eta$^2 = 0{,}033$).

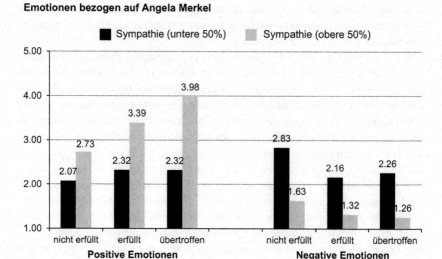

Abb. 2 Emotionen bezogen auf Angela Merkel nach der Rezeption des TV-Duells in Abhängigkeit von Sympathie und subjektiv wahrgenommener Debattenleistung (Datenbeschriftungen geben Mittelwerte an; mögliche Werte 1 = überhaupt nicht, 7 = in sehr großem Ausmaß; Angaben beziehen sich auf die Experimentalgruppen, $n = 294$)

Neben dem beschriebenen Zusammenhang zwischen Sympathie, Abschneiden des Kandidaten und den ausgelösten emotionalen Zuständen spielen Emotionen jedoch auch (unabhängig von den Kandidaten) für andere abhängige Variablen im Kontext des TV-Duells eine Rolle. Das Interesse am Wahlkampf steigt durch die Rezeption des TV-Duells. Hier stellt sich nun die Frage, ob die durch das Duell ausgelösten Emotionen eine Erklärung für ein gesteigertes Wahlkampfinteresse bieten könnten. Der Theorie der affektiven Intelligenz von Marcus et al. (2000) folgend, gingen wir in den Hypothesen H5 und H6 davon aus, dass insbesondere negative Emotionen das Interesse am Wahlkampf bedingen sollten, während positive Emotionen charakteristisch für das Routinesystem des Rezipienten sind und daher nicht zu einer Mobilisierung beitragen sollten.

Tatsächlich hat, neben der Rezeption des TV-Duells ($\beta = 0{,}19$, $p < 0{,}01$), lediglich die negative Emotion Angst ($\beta = 0{,}11$, $p = 0{,}093$) einen signifikanten Einfluss auf das Wahlkampfinteresse der Probanden, während Freude ($\beta = 0{,}12$, $p = 0{,}14$) oder Hoffnung ($\beta = 0{,}04$, $p = 0{,}624$) keine Rolle für diese abhängige Variable spielen und zwar unabhängig davon, ob sich die Emotionen auf Angela

Die Bedeutung von Emotionen für die Rezeption der TV-Debatte 2013

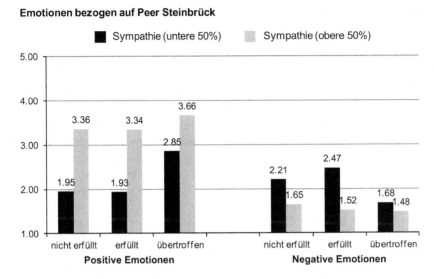

Abb. 3 Emotionen bezogen auf Peer Steinbrück nach der Rezeption des TV-Duells in Abhängigkeit von Sympathie und subjektiv wahrgenommener Debattenleistung (Datenbeschriftungen geben Mittelwerte an; mögliche Werte $1 =$ überhaupt nicht, $7 =$ in sehr großem Ausmaß; Angaben beziehen sich auf die Experimentalgruppen, $n = 294$)

Merkel oder Peer Steinbrück beziehen. Die negative Emotion Ärger hat jedoch ebenfalls keinen signifikanten Einfluss auf das Wahlkampfinteresse ($\beta = -0{,}06$, $p = 0{,}386$). Insbesondere die Emotion Angst scheint hypothesenkonform für die spezielle anhängige Variable Wahlkampfinteresse von hoher Wichtigkeit zu sein, während Ärger- und Wut-Emotionen in unserer Studie von geringerer Bedeutung für diese abhängige Variable waren (Hypothese 5). Positive Affekte, die charakteristisch für die Aktivität des Routinesystems sind, tragen dagegen nicht signifikant zu einer Erklärung des Wahlkampfinteresses bei.

6 Zusammenfassung und Diskussion

Unsere Ergebnisse zeigen, dass auch das als „nüchtern" geltende Format der TV-Debatte signifikante Auswirkungen auf das emotionale Erleben von Zuschauern hat: Negative Emotionen reduzieren sich deutlich bezogen auf beide Spitzenkandidaten nach Ansehen des TV-Duells. Beim Erleben positiver Emotionen zeigen sich hingegen Unterschiede zwischen den Spitzenkandidaten: Während sich positive Emotionen bezogen auf Angela Merkel mindern, steigern sich positive Emotionen bezogen auf Peer Steinbrück signifikant nach Rezeption des TV-Duells. Im Einklang mit den emotions- bzw. medienpsychologischen Theorien von Zillmann (2004) und Raney (2004) konnten wir zeigen, dass Sympathie, subjektive Erwartungen bezüglich des Abschneidens der Kandidaten bei der TV-Debatte und die subjektiv wahrgenommene Debattenleistung das emotionale Erleben der Versuchsteilnehmer beeinflussen. Positive Emotionen entstehen vor allem dann, wenn der jeweilige Kandidat als sympathisch erachtet und hinsichtlich der Debattenleistung die Erwartungen erfüllt oder gar übertrifft. Negative Emotionen entstehen vor allem dann, wenn der Kandidat als unsympathisch erachtet und die Erwartungen durch seine Debattenleistung nicht erfüllt. Zieht man die Veränderungen im emotionalen Erleben vor und nach Rezeption des TV-Duells zusätzlich in Betracht, überrascht das Ergebnis, dass gerade bei Versuchspersonen mit gering ausgeprägter Sympathie ein signifikant stärkerer Rückgang an negativen Empfindungen bezogen auf den jeweiligen Spitzenkandidaten zu verzeichnen ist. Möglicherweise lässt sich dieses Ergebnis einerseits dadurch erklären, dass Zuschauer das TV-Duell unter anderem auch aus Unterhaltungsmotiven rezipieren und hierbei auch ein wenig sympathischer Kandidat punkten kann, wenn er denn durch sein – möglicherweise offensiveres – Verhalten in der Debatte zum Unterhaltungserleben beitragen kann (siehe auch Kap. „Von Schachteln im Schaufenster, Kreisverkehren und (keiner) PKW-Maut: Kandidatenagenda, -strategien und ihre Effekte" in diesem Band). Andererseits ist aber auch denkbar, dass die Zuschauer durchaus dazu bereit sind, sich trotz der Vorbehalte einem Kandidaten gegenüber, „angenehm" von diesem „überraschen" zu lassen.

Die Ergebnisse zum Wahlkampfinteresse bestätigen zum Großteil Annahmen der Theorie der affektiven Intelligenz; negative Emotionen, vor allem Angst, sind in der Lage, das Interesse am Wahlkampf zu erhöhen, während positive Emotionen nicht mit gesteigertem Interesse einhergehen. Wut und Ärger stehen jedoch ebenfalls nicht im Zusammenhang mit dem Interesse am Bundestagswahlkampf. In der neueren Forschung wird aufgrund der sehr unterschiedlichen Verhaltenskonsequenzen der negativen Emotionen Angst und Wut/Ärger auch darüber gesprochen, ob man noch einen dritten Prozess abgrenzen muss, der durch Ärger-Emotionen gekennzeichnet ist. Diese Emotion führt im Gegensatz zu Angst nicht nur zu erhöhtem Interesse und Informationssuche wie oben beschrieben, sondern auch zu weitergehender politischer Partizipation und „kostspieligem" politischen Verhalten, wie beispielsweise Spenden oder das Zeichnen einer Petition. Zudem scheint die emotionale Reaktion auch von moderierenden Variablen, wie beispielsweise dem Need for Affect oder der politischen Efficacy abhängig zu sein, sodass die hier dargestellte Verbindung zwischen Emotionen und Interesse sicherlich noch weiterer Analysen bedarf (siehe u. a. Huddy et al. 2005; Schuck und Otto 2014; Valentino et al. 2009). Wie erwähnt sind emotionale Prozesse insgesamt innerhalb der Forschung zu TV-Duellen bisher eine kaum beachtete Größe. Durch entsprechende Versuchsanordnungen und Studien könnten in Bezug auf das Format noch viele weitere relevante Aspekte untersucht werden. Beispielsweise wäre es interessant, ob Kandidaten gezielt emotionale Sprache verwenden, um bestimmte Reaktionen beim Zuschauer zu provozieren (siehe auch Strategien von Kandidaten in Kap. „Von Schachteln im Schaufenster, Kreisverkehren und (keiner) PKW-Maut: Kandidatenagenda, -strategien und ihre Effekte"). Schließlich kann die Erforschung von emotionalen Prozessen einerseits die Erklärung von politisch relevanten Variablen wie beispielsweise politischer Partizipation, Wahlverhalten, politisches Wissen verbessern, andererseits können Affekte und Stimmungen erklären, welche Mechanismen bei der Verarbeitung und Wirkung von TV-Debatten eine Rolle spielen und somit einen wichtigen Beitrag zur politisch-psychologischen Forschung in diesem Kontext liefern.

Literatur

Appel, M., & Richter, T. (2010). Wirken „pure Emotionen" auf alle Rezipienten/innen gleichermaßen überzeugend? Zur Wirkung von Stories aus Perspektive der politischen Kommunikation. In: C. Schemer, W. Wirth, & C. Wünsch (Hrsg.), *Politische Kommunikation: Wahrnehmung, Verarbeitung, Wirkung* (S. 117–131). Baden-Baden: Nomos.

Benoit, W. L., Hansen, G. J., & Verser, R. M. (2003). A meta-analysis of the effects of viewing U.S. presidential debates. *Communication Monographs* 70, 335–350. doi:10.1080/0363775032000179133.

Brader, T. (2005). Striking a responsive chord: How political ads motivate and persuade voters by appealing to emotions. *American Journal of Political Science* 49, 388–405. doi:10.1111/j.0092-5853.2005.00130.x.

Brader, T. (2006). *Campaigning for hearts and minds: How emotional appeals in political ads work*. Chicago: University of Chicago Press.

Cassino, D., & Lodge, M. (2007). The primacy of affect in political evaluations. In W. R. Neuman, G. E. Marcus, A. N. Crigler, M. MacKuen (Hrsg.), *The affect effect: Dynamics of emotion in political thinking and behavior* (S. 101–123). Chicago, IL: University of Chicago Press.

Cassino, D., Taber, C. S., & Lodge, M. (2007). Information processing and public opinion. *Politische Vierteljahresschrift* 48, 205–220. doi:10.1007/s11615-007-0044-3.

Cho, J., Boyle, M. P., Keum, H., Shevy, M. D., McLeod, D. M., Shah, D. V., & Pan, Z. (2003). Media, terrorism, and emotionality: Emotional differences in media content and public reactions to the September 11th terrorist attacks. *Journal of Broadcasting & Electronic Media* 47, 309–327. doi:10.1207/s15506878jobem4703_1.

Cho, J., & Ha, Y. (2012). On the communicative underpinnings of campaign effects: Presidential debates, citizen communication, and polarization in evaluations of candidates. *Political Communication* 29, 184–204. doi:10.1080/10584609.2012.671233.

Damasio, A. R. (2006). *Descartes' Irrtum: Fühlen, Denken und das menschliche Gehirn.* München: List.

Früh, H. (2010). *Emotionalisierung durch Nachrichten: Emotionen und Informationsverarbeitung in der Nachrichtenrezeption.* Baden-Baden: Nomos.

Huddy, L., Feldman, S., Taber, C., & Lahav, G. (2005). Threat, anxiety and support of antiterrorism policies. *American Journal of Political Science* 49, 593–608. doi: 10.1111/j.1540-5907.2005.00144.x.

Maier, J., & Faas, T. (2011). 'Miniature campaigns' in comparison: The German televised debates, 2002–09. *German Politics* 20, 75–91. doi:10.1080/09644008.2011.554102.

Maier, J., Faas, T., & Maier, M. (2013). Mobilisierung durch Fernsehdebatten: zum Einfluss des TV-Duells 2009 auf die politische Involvierung und die Partizipationsbereitschaft. In: B. Weßels, H. Schoen & O. W. Gabriel (Hrsg.), *Wahlen und Wähler. Analysen aus Anlass der Bundestagswahl 2009* (S. 79–96). Wiesbaden: Springer VS.

Marcus, G. E. (2000). Emotions in Politics. *Annual Review of Political Science* 3, 221–250. doi:10.1146/annurev.polisci.3.1.221.

Marcus, G. E. (2003). The psychology of emotions and politics. In: D. O. Sears, L. Huddy, & R. Jervis (Hrsg.), *Handbook of Political Psychology* (S. 182–221). New York, NY: Oxford University Press.

Marcus, G. E., MacKuen, M., & Neuman, W. R. (2011). Parsimony and complexity: Developing and testing theories of affective intelligence. *Political Psychology* 32, 323–336. doi:10.1111/j.1467-9221.2010.00806.x.

Marcus, G. E., Neuman, W. R., & MacKuen, M. (2000). *Affective intelligence and political judgment.* Chicago: University of Chicago Press.

Maurer, M., & Reinemann, C. (2006). Learning versus knowing effects of misinformation in televised debates. *Communication Research* 33, 489–506. doi:10.1177/0093650206293252.

Meyer, W. U., Reisenzein, R., & Schützwohl, A. (2001). *Einführung in die Emotionspsychologie.* Bern: Huber.

Mutz, D. C. (2007). Effects of „in-your-face" television discourse on perceptions of a legitimate opposition. *American Political Science Review* 101, 621–635. doi:10.1017/s0003055407070554.

Otto, J. H., Euler, H. A., & Mandl, H. (2000). Begriffsbestimmungen. In: J. H. Otto, H. A. Euler, & H. Mandl (Hrsg.), *Emotionspsychologie. Ein Handbuch* (S. 11–18). Weinheim: Beltz PVU.

Raney, A. A. (2004). Expanding disposition theory: Reconsidering character liking, moral evaluations, and enjoyment. *Communication Theory* 14, 348–369. doi:10.1111/j.1468-2885.2004.tb00319.x.

Schemer, C. (2009). *Politische Kampagnen mit Herz und Verstand.* Baden-Baden: Nomos.

Scherer, K. R. (1984). Emotion as a multicomponent process: A model and some cross-cultural data. In: P. Shaver (Hrsg.), *Review of personality and social psychology: Emotions, relationships, and health* (S. 37–63). Beverly Hills, CA: Sage.

Schramm, H., & Wirth, W. (2006). Medien und Emotionen. Bestandsaufnahme eines vernachlassigten Forschungsfeldes aus medienpsychologischer Perspektive. *Medien und Kommunikationswissenschaft* 54, 25–55.

Schuck, A. R. T., & Otto, L. (2014). *Framing climate change – Emotions as mediators for the effect of threat framing on climate change beliefs and political behavior.* Vortrag auf der 64th Annual Meeting of the International Communication Association (ICA), Seattle.

Valentino, N. A., Gregorowicz, K., & Groenendyk, E. W. (2009). Efficacy, emotions, and the habit of participation. *Political Behavior* 31, 307–330. doi:10.1007/s11109-008-9076-7.

Vogel, I. C., & Gleich, U. (2013). Non- und paraverbale Kommunikation. In: I. C. Vogel (Hrsg.), *Kommunikation in der Schule* (S. 29–49). Bad Heilbrunn: Klinkhardt.

Zillmann, D. (2004). Emotionspsychologische Grundlagen. In: R. Mangold, P. Vorderer, & G. Bente (Hrsg.), *Lehrbuch der Medienpsychologie* (S. 101–128). Göttingen: Hogrefe.

"Deutschlandkette statt Sachkompetenz": Führt die Rezeption des TV-Duells zu einer personalisierten Wahrnehmung von Politik?

Michaela Maier, Lukas Otto, Katharina Disch und Carlo Ruppert

1 Einleitung

Bereits im Jahr 2002, anlässlich des ersten TV-Duells auf Bundesebene zwischen Gerhard Schröder und Edmund Stoiber, vermutete die *Frankfurter Rundschau,* dass die Debatte die Aufmerksamkeit des Publikums „auf das Modell des ‚Präsidialkanzlers' [lenke], der Legitimation wesentlich aus medialer Präsenz und Überzeugungskraft bezieht" (Frankfurter Rundschau vom 17.09.2002). Helmut Markwort drückte es noch weitaus drastischer aus und behauptete, dass die Deutschen sogar Günther Jauch zum Kanzler wählen würden, weil er die beste Fernsehpräsenz besitze (Donsbach 2002). Und beim jüngsten TV-Duell zwischen Angela Merkel und Peer Steinbrück schien es teilweise, als sei die Kette, die die Kanzlerin während des Duells trug, wichtiger gewesen als ihre Aussagen zu einem neuen Rettungspaket für Griechenland.

Diese Beispiele verdeutlichen den häufig geäußerten Vorwurf an das Format der TV-Debatten, sie rückten den Fokus auf unzulässige Weise auf Spitzenkandidaten

---

M. Maier (✉)
Landau, Deutschland
E-Mail: mmaier@uni-landau.de

L. Otto (✉)
Landau, Deutschland
E-Mail: otto@uni-landau.de

K. Disch
Neustadt, Deutschland
E-Mail: katharina.disch@asz-kl.de

C. Ruppert
Landau, Deutschland

© Springer Fachmedien Wiesbaden GmbH 2017
T. Faas et al. (Hrsg.), *Merkel gegen Steinbrück,*
DOI 10.1007/978-3-658-05432-8_7

anstelle von Sachthemen oder gar auf politisch irrelevante Eigenschaften der Kandidaten (Donsbach 2002; Donsbach und Jandura 2005; Maier und Faas 2004; Maier und Maier 2007; Maurer und Reinemann 2007). Beide Phänomene werden unter dem Schlagwort *Personalisierung von Politik* zusammengefasst: Zum einen wird eine Verschiebung der Urteilskriterien der Bürger hin zu einer größeren Kandidatenorientierung beschrieben. Zum anderen wird unter Personalisierung ein größerer Fokus auf die Persönlichkeit des Kandidaten und seine unpolitischen Eigenschaften anstelle von politischen Sachkompetenzen verstanden (Adam und Maier 2010; Holtz-Bacha 2004; Kaase 1994; McAllister 2007; van Aelst et al. 2012). TV-Duelle mit ihrer Fokussierung auf die Spitzenkandidaten der beiden größten deutschen Parteien – so die Annahme – könnten eine Ursache für eine zunehmend personalisierte Politikwahrnehmung und ein stärker personalisiertes Wahlverhalten in Deutschland sein. Befürchtungen, die mit dieser Annahme einhergehen, sind einerseits eine abnehmende Bedeutung von politischen Sachfragen, andererseits wird unterstellt, dass die Personalisierung des Wählerverhaltens zu einer weniger „rationalen" Wahl führt, und dass dadurch auf unzulässige Weise unpolitische Eigenschaften von Politikern oder gar die Attraktivität eines Kandidaten zu Bewertungs- und Wahlkriterien werden. Nicht der kompetenteste Politiker und das beste Wahlprogramm würden so die Wahl gewinnen, sondern der beste „Talker", der vor der Kamera am besten „rüberkommt" (Donsbach 2002; Donsbach und Jandura 2005).

Der Frage, ob TV-Duelle tatsächlich ein „Katalysator" von Personalisierung sind (Maier und Maier 2007) soll im folgenden Kapitel nachgegangen werden. Dabei wird das Phänomen der Personalisierung zunächst kurz umrissen und der Forschungsstand zur Wirkung von TV-Duellen auf die Politikwahrnehmung dargelegt. Unsere Forschungsfragen und Hypothesen werden anschließend auf der Grundlage von Daten des Live-Experiments zum TV-Duell 2013 zwischen Angela Merkel und Peer Steinbrück (siehe zu den Daten Kap. „Das Studiendesign" in diesem Band) analysiert.

1.1 Die Personalisierungshypothese

Die meisten Autoren unterscheiden bei der Definition von Personalisierung analytisch zwei Phänomene (Adam und Maier 2010; Holtz-Bacha 2001; Holtz-Bacha et al. 1998; Rahat und Sheafer 2007; van Aelst et al. 2012): *Individualisierung* beschreibt dabei die Fokussierung auf Spitzenkandidaten anstelle von Parteien oder Sachfragen. Innerhalb des sozialpsychologischen Modells des Wahlverhaltens findet also eine Verschiebung des Einflusses von Parteien und Sachfragen hin zu einer größeren Kandidatenorientierung statt (Brettschneider 2002; Maurer und Reinemann 2007). Der zweite Teil der Personalisierungshypothese, der häufig als *Privatisierung* bezeichnet wird, beschreibt einen Trend, bei dem eine Fokussierung auf persönliche, private, politisch nicht relevante Eigenschaften von Politikern stattfindet (Lass 1995; Vetter und Brettschneider 1998). Diese beiden Aspekte lassen sich vor allem bezogen auf drei Bereiche der politischen Kommunikationsforschung untersuchen: 1) bezüglich der politischen Berichterstattung, 2) Wahlkampagnen 3) und des Wahlverhaltens (Adam und Maier 2010; Holtz-Bacha et al. 2014; Maier und Maier 2007; Maurer und Reinemann 2007). In einer Metaanalyse konnten Adam und Maier (2010) lediglich für den ersten Teil der Personalisierungshypothese (Individualisierung) und auch nur für einen Bereich, nämlich die Medienberichterstattung über Politik, einen klaren Zuwachs bestätigen. Eine stärkere Fokussierung auf unpolitische Eigenschaften in Medien, Kampagnen oder beim Wahlverhalten konnte in der longitudinalen Betrachtung empirisch bisher nicht überzeugend nachgewiesen werden. Insgesamt scheint es sich also bei der Personalisierung von Politik – mit Ausnahme der stärker individualisierten Medienberichterstattung – nicht um einen generellen Trend innerhalb der politischen Kommunikation zu handeln (Adam und Maier 2010; Holtz-Bacha et al. 2014), sondern eher um ein situationales Phänomen, das durch Personen- und Themenkonstellationen sowie mediale Darstellungen befördert werden kann. Im Zusammenhang mit TV-Duellen spielt die Personalisierungsfrage eine wichtige Rolle, da diese unter dem Verdacht stehen, ein ebensolches Format zu sein, das der Fokussierung auf die Spitzenkandidaten im Wahlkampf Vorschub leistet (Faas und Maier 2011; Maier 2006; Maier et al. 2013).

1.2 TV-Debatten und Personalisierung

Innerhalb der Forschung zu TV-Debatten und Personalisierung kann man zwei relativ unabhängige Forschungslinien feststellen. Häufig wird auf der Grundlage von Experimenten und Befragungen untersucht, ob sich die Urteils- und Entscheidungskriterien von Bürgern durch das TV-Duell ändern – also ob das Verfolgen der Debatte eine Fokussierung auf die Spitzenkandidaten und deren Persönlichkeit bewirkt (Donsbach 2002; Maier 2006; Maier und Maier 2007; Maurer und Reinemann 2007). Eine zweite Linie innerhalb der Forschung zu TV-Debatten beschäftigt sich mit der Frage, ob das *Sehen* des Duells im Vergleich zum *Hören* ebenfalls eine Verschiebung der Urteilskriterien zur Folge hat (Druckman 2003; Faas und Maier 2004). Diese Arbeiten beschäftigen sich nur auf den zweiten Blick mit Personalisierung, geht es doch vornehmlich um den Unterschied zwischen bewegten Bildern und gesprochenem oder geschriebenem Wort.

Allerdings kann das TV-Bild durchaus als „personalisierte" Form politischer Kommunikation verstanden werden, das die Kandidaten und ihre Persönlichkeit stärker in den Vordergrund stellt als beispielsweise ein Radio-Duell[1] (Druckman 2003). Somit stellen sich zwei Forschungsfragen: 1) Bewirkt das TV-Duell insgesamt eine *Fokussierung auf Spitzenkandidaten und deren Persönlichkeit* und 2) sind es die *TV-Bilder*, die diese Fokussierung hervorrufen oder verschärfen.

Priming durch Debatten und Fernsehbilder
Die Frage, ob das TV-Duell insgesamt und die Fernsehbilder in besonderem Maße auf die Kandidaten und ihre (unpolitischen) Eigenschaften fokussieren, wurde bereits in mehreren Studien untersucht. Dabei wurde „Priming" als theoretischer Erklärungsansatz für diese Vermutung herangezogen (Druckman 2003; Maurer und Reinemann 2007). Innerhalb der Medienwirkungsforschung bedeutet Priming, dass durch die Medienberichterstattung allgemein oder durch einzelne Formate die Salienz bestimmter Informationen erhöht wird und diese deshalb für nachfolgende Urteile eine größere Rolle spielen (Schemer 2013). Im Fall der TV-Debatten könnte dies bedeuten, dass die Rezeption der Duelle die Kandidaten und ihre unpolitischen Eigenschaften primt. Dies könnte wiederum dazu führen, dass diese nun salienten Informationen wichtiger für nachfolgende Urteile, wie z. B. die Kanzlerpräferenz, sind.

Maurer und Reinemann (2007) gingen von den Annahmen aus, dass das Sehen des TV-Duells zum einen die Salienz der Spitzenkandidaten erhöht, zum anderen aber auch deren unpolitische Eigenschaften wichtiger erscheinen lässt. Sie unterschieden dabei drei Priming-Ebenen: Das Priming häufig angesprochener Themen und Eigenschaften, das Priming unpolitischer Eigenschaften (Privatisierung) und das Priming der Kandidaten (Individualisierung). Für das TV-Duell 2005 zwischen Angela Merkel und Gerhard Schröder konnten die Autoren lediglich für die erste Priming-Ebene Nachweise finden. Eigenschaften und Sachthemen, die im Duell häufig angesprochen wurden, waren bei den Zuschauern anschließend salienter. Bei der Frage nach der Privatisierung und Individualisierung des Wahlverhaltens waren die Ergebnisse uneindeutig bzw. sprachen nicht für eine Perso-

---

[1]Diese Idee stammt vornehmlich aus dem ersten TV-Duell in den USA zwischen Kennedy und Nixon, bei dem der schlecht rasierte, kränkelnde Nixon von den Radiohörern als Gewinner des Duells gesehen wurde, während der junge, attraktive Kennedy von den Fernsehzuschauern als Debattensieger eingeschätzt wurde. Obwohl die Evidenz bezüglich dieses Duells eher anekdotischer, nicht-empirischer Natur ist, ist der Befund bis heute allgemein bekannt und hat zu einer großen Anzahl von Forschungsarbeiten angeregt (Cho et al. 2009; Druckman 2003; Nagel et al. 2012; Ziegler et al. 2007).

nalisierung durch Priming. Auch Maier und Maier (2007) fanden für das gleiche Duell keine eindeutige Zunahme der Bedeutung unpolitischer Eigenschaften – lediglich die Bedeutung der Kandidatenorientierungen für die Wahlabsicht nahm in ihrer Analyse direkt nach dem Duell zu, fiel jedoch wenige Tage nach dem Duell wieder ab. Insgesamt kann man also von einem uneindeutigen Forschungsbefund zur allgemeinen Personalisierung durch TV-Debatten sprechen.

Dem Aspekt des Priming durch TV-Bilder wurde erstmals in einer Studie von Druckman (2003) nachgegangen. Druckman wählte einen experimentellen Versuchsaufbau, bei dem er einen Teil der Probanden das erste TV-Duell zwischen Nixon und Kennedy wie im Fernsehen *hören und sehen* ließ, während die zweite Experimentalgruppe dasselbe Duell wie im Radio *hörte*. Für die zweite Gruppe konnte so ein Priming durch die Fernsehbilder ausgeschlossen werden. In dieser Studie zeigte sich in der Tat ein Priming auf die (unpolitischen) Eigenschaften der Kandidaten durch das Sehen der Debatte. Die Probanden in der TV-Gruppe bewerteten die Kandidaten und den Debattensieger stärker anhand von Persönlichkeitseigenschaften, wie beispielsweise der Vertrauenswürdigkeit, während Probanden in der Radio-Gruppe ihr Urteil eher auf Sachthemen und die Positionen der Kandidaten stützten. Dieses Priming durch TV-Bilder konnte für die TV-Duelle in Deutschland bisher nicht nachgewiesen werden. Allerdings hatten die bislang vorliegenden Untersuchungen in der Regel ein etwas anders gelagertes Erkenntnisinteresse und hoben z. B. auf Effekte non- und paraverbaler Verhaltensweisen (Faas und Maier 2004; Maurer 2009; Nagel et al. 2012) oder auf verzerrte, selektive Informationsverarbeitung durch unterschiedliche Duell-Modalitäten (Ziegler et al. 2007) ab. Bezüglich der Frage nach dem Einfluss der Modalität (Audio vs. Audio-Video) auf die personalisierte Wahrnehmung von Politik liegt für deutsche TV-Duelle bisher noch keine systematisch-empirische Analyse vor. Diese Forschungslücke möchten wir mit der vorliegenden Untersuchung schließen. Der Studie von Druckman folgend, formulieren wir für den ersten Teil der Personalisierungshypothese (Individualisierung) folgende Annahmen:

H1a: *Für Probanden, die das TV-Duell als Audio-Videoversion verfolgen, sind Personenbezüge nach dem Duell eher verfügbar als Sachthemen.*

Während wir umgekehrt annehmen, dass

H1b: *bei Versuchspersonen, die eine Audio-Version der Debatte rezipieren, die Orientierung an Sachthemen stärker ausgeprägt ist.*

In gleicher Weise formulieren wir gemäß des zweiten Teils der Personalisierungshypothese und den theoretischen Überlegungen von Maurer und Reinemann (2007) sowie Maier und Maier (2007) die Hypothese, dass:

H2a: *für Versuchspersonen in der Audio-Videogruppe eher politisch nicht relevante Eigenschaften und Verhaltensweisen im Fokus stehen, während*
H2b: *Versuchspersonen, die das Duell als Audioversion hören, eher auf politisch relevante Verhaltensweisen fokussiert sind.*

Zuletzt wollen wir der Frage nachgehen, ob das vermutete Priming auf bestimmte Persönlichkeitseigenschaften auch Konsequenzen für nachfolgende politisch relevante Urteile, wie beispielsweise die Kanzlerpräferenz hat. Wir nehmen daher an, dass:

H3a: *für Personen in der Audio-Videogruppe politisch nicht relevante Eigenschaften wichtiger für die nachfolgende Beurteilung der Kanzlerpräferenz sind, während*
H3b: *für Personen in der Audio-Gruppe politisch relevante Eigenschaften sowie die rhetorische Kompetenz der Kandidaten eine größere Rolle bei der Beurteilung der Kanzlerpräferenz spielen.*

Innerhalb unserer Analysen wollen wir einerseits die Idee der Personalisierung durch Priming, andererseits auch die Wirkungen der Fernsehbilder im TV-Duell untersuchen. Um der Idee der Personalisierung durch Priming möglichst nahe zu kommen, werten wir hierbei *offene Fragen* aus, die *direkt nach dem Duell* gestellt wurden. Dieses Frageformat ist besser als geschlossene Fragebogenitems dazu geeignet herauszufinden, welche Konzepte während und nach dem Duell beim Rezipienten aktiviert sind.

2 Methode

Wie im Kap. „Das Studiendesign" dieses Bandes beschrieben wurden für die Studie zum TV-Duell 2013 unterschiedliche Experimentalbedingungen an den drei Standorten Mainz, Koblenz und Landau realisiert, unter denen die Probanden das Duell rezipierten. Für unsere Analysen sind an dieser Stelle zwei Experimentalgruppen am Standort Koblenz von Interesse: eine Gruppe (N = 41) verfolgte das TV-Duell im gewohnten „Fernsehmodus" mit Bild und Ton, während die andere Gruppe (N = 39) das Geschehen im „Radiomodus" rezipierte und das Duell nur mittels Ton präsentiert bekam. Ferner ist für uns die Kontrollgruppe (N = 22) relevant, die anstelle des TV-Duells einen Film sah.

Wie oben erwähnt stehen bei unseren Analysen offen formulierte Fragen im Vordergrund, die den Versuchsteilnehmern direkt im Anschluss an das Duell gestellt wurden. Die erste Frage lautete: „Wenn Sie noch einmal an das Duell zurückdenken: Welche Gedanken gingen Ihnen während des Duells durch den Kopf?" Die zweite war die Frage nach zentralen, besonders gut im Gedächtnis gebliebenen Augenblicke während des Duells, sogenannten „Defining Moments": „Manchmal gibt es bei solchen Sendungen ja Momente, die einem besonders in Erinnerung bleiben. Gab es in der Debatte, die Sie gerade verfolgt haben, Aussagen, Argumente oder Situationen, die für Sie besonders wichtig waren? Bitte beschreiben Sie diese kurz und geben Sie an, welchen Kandidaten Sie damit in Verbindung bringen." Im weiteren Verlauf des Fragebogens wurden die Probanden aufgefordert, gute und schlechte Eigenschaften der beiden Kandidaten zu beschreiben: „Jeder Mensch hat ja gute und schlechte Eigenschaften. Wenn Sie einmal an Angela Merkel (Peer Steinbrück) denken, welche guten und schlechten Seiten fallen Ihnen dann spontan zu ihr (ihm) ein?".

Für die Auswertung wurden die Antworten der Probanden auf Aussagenebene einer standardisierten Inhaltsanalyse unterzogen.[2] Dabei wurde zunächst das allgemeine Thema der Aussage (Moderatoren, Sachthema, Eigenschaften der Kandidaten oder konkrete Aspekte des Duells) erfasst. Ging es thematisch um die Eigenschaften eines Kandidaten, wurden im nächsten Schritt die konkrete Eigenschaft (z. B. Führungskompetenz) codiert, hier wurde später zwischen politisch relevanten Eigenschaften und politisch nicht relevanten Eigenschaften unterschieden. Bei Aussagen über die Debatte selbst, konnte zwischen zwei Bereichen unterschieden werden: zum einen die Bewertung der Debatte als Format, zum anderen Verhaltensweisen von Merkel und Steinbrück während des Duells. Es wurden drei Aspekte von Verhalten codiert: politisch relevantes Verhalten (z. B. „der Kandidat hatte gute Argumente"), politisch nicht relevantes Verhalten (z. B. „der Kandidat wirkte entspannt") und rhetorische Kompetenzen (z. B. „der Kandidat konnte sich gut ausdrücken"). Bei den Antworten auf die Fragen nach den Eigenschaften der Kandidaten wurden politisch relevante von politisch nicht relevanten Eigenschaften sowie rhetorischen Fähigkeiten unterschieden. Die Intercoder-Reliabilität dieser Variablen wurde mit Hilfe von Krippendorfs Alpha berechnet und lag zwischen $\alpha = 0{,}78$ für die Variable Debattenverhalten der Kandidaten, und $\alpha = 0{,}95$ für die Variable Debattenperformance vs. Format der Debatte.

---

[2]Das Codebuch dieser Inhaltsanalyse ist auf Nachfrage bei den Autoren erhältlich.

3 Ergebnisse

Im Folgenden stellen wir die Ergebnisse unserer statistischen Analysen dar. Dabei steht zunächst die Frage im Vordergrund, welche relative Bedeutung die Kandidaten- und die Sachfragenorientierung in den beiden Versuchsgruppen habe. Im Anschluss gehen wir der Frage nach, ob die Rezipienten der Debatte die beiden Kandidaten vorrangig auf der Grundlage politisch relevanter oder politisch nicht relevanter Eigenschaften beurteilen. Abschließend analysieren wir, welche Bedeutung politisch relevante und politisch nicht relevante Eigenschaften in den beiden Versuchsgruppen für die Kanzlerpräferenz der Versuchsteilnehmer haben.

In Hypothese H1a postulieren wir, dass bei Rezipienten, die die TV-Debatte in der Audio-Videoversion verfolgt haben, Personenbezüge eher verfügbar sein sollten als bei Rezipienten, die die Audioversion gehört haben. Umgekehrt nehmen wir in Hypothese H1b an, dass bei Personen, die die Audioversion rezipiert haben, die Themenorientierung stärker ausgeprägt sein sollte als bei Personen, die die Audio-Videoversion verfolgt haben. Beide Hypothesen überprüfen wir zunächst anhand der jeweils ersten offenen Nennung der Rezipienten, welche Gedanken ihnen während der Debatte durch den Kopf gegangen seien. Die Häufigkeitsverteilung in Tab. 1 zeigt, dass alle Rezipienten mit Abstand am häufigsten angaben, während der Rezeption hätten sie an die Debatte selbst gedacht (66 bzw. 56 %). An zweiter Stelle stehen Gedanken an die Kandidaten, die in der Audio-Videogruppe erwartungsgemäß signifikant häufiger genannt werden (24 %) als in der Audiogruppe (10 %). Sachthemen spielen in beiden Gruppen eine deutlich nachgeordnete Rolle, und der Unterschied zwischen der Audio-Video- (2 %) und der Audiogruppe (5 %) ist statistisch nicht signifikant. Eine ebenfalls geringe Rolle spielen Gedanken an die Moderatoren (2 bzw. 5 %).

Tab. 1 Gedanken während des Duells – 1. Nennungen (in Prozent)

	Audio-Videogruppe	Audiogruppe
Debatte	65,9	56,4
Kandidaten	24,4	10,3[#]
Sachthemen	2,4	5,1
Moderatoren	2,4	5,1
Sonstiges/keine Angabe	4,9	20,5
N	41	39

Signifikanzniveau: [#]$p < 0{,}10$

Tab. 2 fasst im Unterschied zu Tab. 1 nun die jeweils erste bis dritte Nennung der Probanden zusammen. Erneut zeigt sich, dass Gedanken an die Debatte selbst in beiden Gruppen mit weitem Abstand auf dem ersten Platz liegen (63 bzw. 64 % aller Nennungen). Gedanken an Kandidaten werden in der Audio-Videogruppe wieder signifikant häufiger genannt (23 %) als in der Audiogruppe (10 %). Beispiele für solche Gedanken an die Kandidaten sind z. B. Überlegungen zu ihrer Glaubwürdigkeit, ihrer Führungsstärke, ihrer Entscheidungsfreudigkeit oder ihrem Machtbewusstsein. Auch bei den Gesamtnennungen ist der Anteil der Sachbezüge mit drei bzw. fünf Prozent sehr gering ausgeprägt. Die vereinzelten Nennungen beziehen sich z. B. auf die Energiewende, die Wirtschafts- oder die Bildungspolitik. Erneut zeigen sich keine signifikanten Unterschiede bezüglich der Relevanz von Sachthemen in den beiden Experimentalgruppen.

Insgesamt scheint die Auswertung der ganz allgemeinen Frage, woran die Rezipienten während des Duells denken, die Hypothese zu unterstützen, dass das Sehen der TV-Debatte im normalen „Fernsehmodus" die Fokussierung auf die Kandidaten im Vergleich zur „Radioversion" erhöht. Allerdings sind diese personenbezogenen Gedanken weniger wichtig als Gedanken an die Debatte selbst. Sachthemen werden bei der ganz allgemeinen Frage nach den *rezeptionsbegleitenden Gedanken* hingegen extrem selten genannt. Ein etwas anderes Bild zeigt sich jedoch, wenn man die Rezipienten nach den Aussagen, Argumenten oder Situationen während des Duells fragt, die für sie besonders wichtig waren, den sogenannten *„Defining Moments"*. Tab. 3 gibt einen Überblick über die Verteilung der jeweils ersten drei Nennungen auf diese Frage. Erneut werden bestimmte Aspekte der Debatte sehr häufig genannt (41 bzw. 22 %). Noch häufiger nennen die Rezipienten auf diese Frage jedoch die Kandidaten in Kombinationen mit den

Tab. 2 Gedanken während des Duells – 1. bis 3. Nennungen

	Audio-Videogruppe ($N = 41$)		Audiogruppe ($N = 39$)	
	Zahl der Nennungen	%	Zahl der Nennungen	%
Debatte	55	63,2	39	63,9
Kandidaten	20	23,0	6	9,8*
Sachthemen	3	3,4	3	4,9
Moderatoren	5	5,7	4	6,6
Sonstiges	4	5,0	9	14,8
Gesamtnennungen	87		61	

Signifikanzniveau: *$p < 0,05$

Tab. 3 Defining Moments – 1. bis 3. Nennungen

	Audio-Videogruppe ($N = 41$)		Audiogruppe ($N = 39$)	
	Zahl der Nennungen	%	Zahl der Nennungen	%
Debatte	32	40,5	12	21,8*
Kandidaten	5	6,3	4	7,3
Kandidaten und Sachthemen	32	40,5	27	49,1
Sachthemen	7	8,9	3	5,5
Moderatoren	2	2,5	4	7,3
Sonstiges	1	1,3	5	9,1
Gesamtnennungen	69		55	

Zahl der Personen, die keine Angaben zu Defining Moments machten: Audio-Videogruppe $N = 4$; Audiogruppe: $N = 10$
Signifikanzniveaus: *$p < 0,05$

von ihnen genannten Sachthemen (41 bzw. 49 %). Viel Beachtung finden z. B. die Positionen beider Kandidaten zur Syrienkrise. Angela Merkels Position zur NSA-Affäre wird mehrfach genannt, ebenso wird sie häufig in Zusammenhang mit Wirtschafts- und Arbeitsmarktthemen genannt. Mit Peer Steinbrück verbinden viele Probanden sozialpolitische Themen.

Auch die Zahl der ohne Kandidatenbezug genannten Sachthemen ist bei der Frage nach den Defining Moments etwas höher (9 bzw. 6 %). D. h. die Sachargumente der Kandidaten sind für die Rezipienten in der *rückschauenden* Bewertung der wichtigsten Debattenmomente durchaus wichtig und wichtiger als die Gedanken an die Kandidaten, die *rezeptionsbegleitend* die größere Rolle spielten. Entsprechend muss zunächst unsere Beobachtung eingeschränkt werden, dass Gedanken an Kandidaten im Vergleich zu Sachthemen v. a. rezeptionsbegleitend eine größere Rolle spielten. Hier zeigt sich auch die angenommene größere Relevanz von Personenbezügen in der Audio-Videogruppe, die die normale Fernsehrezeption simulierte. Bei der rückschauenden Bewertung der wichtigsten Momente des Duells wurden jedoch in beiden Gruppen vor allem Sachargumente der Kandidaten genannt. Der Anteil dieser Nennungen ist in der Audiogruppe etwas höher als in der Audio-Videogruppe, der Unterschied ist jedoch statistisch nicht signifikant.

Bei den vorangegangenen Analysen wurde deutlich, dass Gedanken an die Debatte während der Rezeption, aber auch bei der retrospektiven Bewertung der wichtigsten Momente eine sehr wichtige Rolle spielen. In der Kategorie „Gedanken zur Debatte" sind zweierlei Arten von Nennungen zusammengefasst: Einerseits Überlegungen zur Performance der Kandidaten während der Debatte und andererseits Nennungen zu anderen Aspekten der Debatten. Zur Performance der Kandidaten gehören z. B. Nennungen wie „Steinbrück argumentiert wesentlich stärker", aber auch Gesamturteile wie „Frau Merkel hat einen deutlich besseren Eindruck hinterlassen". Zur Debatte allgemein reichen die Nennungen von „phasenweise zu lang, nicht so spannend wie erhofft" bis „hilfreich zur Eindrucks- und Meinungsbildung". Die Häufigkeitsverteilung in Tab. 4 verdeutlicht, dass die Gedanken, die die Rezipienten während der Debatte hatten, am häufigsten um die Debattenperformance der Kandidaten kreisen (75 bzw. 82 %). Wesentlich seltener wurde über andere Aspekte der Debatte nachgedacht (26 bzw. 18 %). Zwischen den beiden Versuchsgruppen zeigt sich an dieser Stelle kein statistisch signifikanter Unterschied.

Die interessante Anschlussfrage, die sich nun stellt ist, ob die von den Rezipienten genannten Verhaltensweisen und Eigenschaften der Kandidaten politisch relevant sind oder nicht. Gemäß Hypothese H2a sollten sich Rezipienten in der Audio-Videogruppe stärker auf politisch nicht relevantes Verhalten konzentrieren, während für Zuhörer in der Audiogruppe entsprechend Hypothese H2b stärker politisch relevantes Verhalten im Vordergrund stehen sollte. In der Folge analysieren wir die Antworten der Studienteilnehmer auf zwei Fragen: In Tab. 5 unterscheiden wir zunächst, ob sich die Gedanken der Rezipienten während der Debatte mit politisch relevantem oder mit politisch nicht relevantem Verhalten beschäftigten. In den Tab. 6, 7, 8 und 9 analysieren wir die Antworten auf die offenen Fragen, welche guten und schlechten Eigenschaften den Teilnehmern zu Angela Merkel und Peer Steinbrück einfallen. In beiden Analysen weisen wir zusätzlich Nennungen zur Rhetorik der Kandidaten aus.

Die Ergebnisse zeigen zunächst, dass die Gedanken der Rezipienten in beiden Experimentalgruppen vor allem um politisch relevantes Verhalten kreisen. Dabei ist der Anteil der Nennungen in der Audio-Videogruppe sogar signifikant höher

Tab. 4 Gedanken zur Debatte – 1. bis 3. Nennungen

	Audio-Videogruppe ($N = 41$)		Audiogruppe ($N = 39$)	
	Zahl der Nennungen	%	Zahl der Nennungen	%
Performance der Kandidaten	41	74,5	32	82,1
Debatte allgemein	14	25,5	7	17,9
Gesamtnennungen	55			

Zahl der Personen, die keine Angaben zur Debatte machten: Videogruppe $N = 9$; Audiogruppe: $N = 15$

Tab. 5 Gedanken zur Debattenperformance – 1. bis 3. Nennungen

	Audio-Videogruppe ($N = 41$)		Audiogruppe ($N = 39$)	
	Zahl der Nennungen	%	Zahl der Nennungen	%
Politisch relevantes Verhalten	31	75,6	18	56,3[#]
Pol. nicht relevantes Verhalten	6	14,8	7	21,9
Rhetorik	4	9,8	7	21,9
Gesamtnennungen	41		32	

Zahl der Personen, die keine Angaben zur Debattenperformance machten: Videogruppe $N = 17$; Audiogruppe: $N = 19$
Signifikanzniveau: [#]$p < 0{,}10$

Tab. 6 Gute Eigenschaften von Angela Merkel – 1. bis 3. Nennungen

	Audio-Videogruppe ($N = 41$)		Audiogruppe ($N = 39$)	
	Zahl der Nennungen	%	Zahl der Nennungen	%
Politisch relevante Eigenschaften	49	72,1	55	82,1
Pol. nicht relevante Eigenschaften	15	23,4	9	13,4
Rhetorische Kompetenz	1	1,6	1	1,5
Sonstiges/unklar	3	4,7	2	3,0
Gesamtnennungen	68		67	

Zahl der Personen, die keine Angaben zu guten Eigenschaften von Angela Merkel machten: Videogruppe $N = 6$; Audiogruppe: $N = 6$

Tab. 7 Schlechte Eigenschaften von Angela Merkel – 1. bis 3. Nennungen

	Audio-Videogruppe ($N = 41$)		Audiogruppe ($N = 39$)	
	Zahl der Nennungen	%	Zahl der Nennungen	%
Politisch relevante Eigenschaften	54	83,1	47	88,7
Pol. nicht relevante Eigenschaften	6	9,2	3	5,7
Rhetorische Kompetenz	1	1,5	1	1,9
Sonstiges/unklar	4	6,2	2	3,8
Gesamtnennungen	65		53	

Zahl der Personen, die keine Angaben zu schlechten Eigenschaften von Angela Merkel machten: Videogruppe $N = 5$; Audiogruppe: $N = 12$

Tab. 8 Gute Eigenschaften von Peer Steinbrück – 1. bis 3. Nennungen

	Audio-Videogruppe ($N = 41$)		Audiogruppe ($N = 39$)	
	Zahl der Nennungen	%	Zahl der Nennungen	%
Politisch relevante Eigenschaften	59	76,6	51	73,9
Pol. nicht relevante Eigenschaften	7	9,1	4	5,8
Rhetorische Kompetenz	10	13,0	11	15,9
Sonstiges/unklar	1	1,3	3	4,3
Gesamtnennungen	77		69	

Zahl der Personen, die keine Angaben zu guten Eigenschaften von Peer Steinbrück machten: Videogruppe $N = 5$; Audiogruppe: $N = 7$

Tab. 9 Schlechte Eigenschaften von Peer Steinbrück – 1. bis 3. Nennungen

	Audio-Videogruppe ($N = 41$)		Audiogruppe ($N = 39$)	
	Zahl der Nennungen	%	Zahl der Nennungen	%
Politisch relevante Eigenschaften	44	72,1	43	86,0
Pol. nicht relevante Eigenschaften	12	19,7	4	8,0[#]
Rhetorische Kompetenz	3	4,9	0	0,0
Sonstiges/unklar	2	3,3	3	6,0
Gesamtnennungen	61		50	

Zahl der Personen, die keine Angaben zu schlechten Eigenschaften von Peer Steinbrück machten: Videogruppe $N = 7$; Audiogruppe: $N = 9$
Signifikanzniveau: [#]$p < 0,10$

(76 %) als in der Audiogruppe (56 %). Typische Nennungen sind z. B. „Steinbrück hatte die besseren Argumente" oder die Kandidaten hätten „viele vage Antworten gegeben". Politisch nicht relevantes Verhalten spielt hingegen eine nachgeordnete Rolle. Typische Nennungen hierfür sind z. B. „Frau Merkel war deutlich müder" oder „Steinbrück war oft lässig". Referenzen auf Äußerlichkeiten, wie in „Frau Merkel trägt eine schöne Kette" sind sehr selten. Über die rhetorischen Kompetenzen der Kandidaten dachten die Teilnehmer in der Audiogruppe häufiger nach als die Teilnehmer in der Audio-Videogruppe. Typisch sind hier

Äußerungen wie „die Rhetorik von Steinbrück ist beängstigend und erschlagend gut" oder „Steinbrück redet langsamer und einfacher". Der augenscheinliche Unterschied zwischen den beiden Experimentalgruppen ist theoretisch plausibel, jedoch statistisch nicht signifikant.

Auch bei der Analyse der von den Studienteilnehmern offen genannten guten und schlechten Eigenschaften von Angela Merkel und Peer Steinbrück (Tab. 6, 7, 8 und 9) zeigt sich, dass weitaus mehr politisch relevante als politisch nicht relevante Eigenschaften genannt werden. Typische Äußerungen sind z. B. „Zielstrebigkeit", „Durchsetzungsstärke", „diplomatisches Verhalten", „Durchhaltevermögen", aber auch „Machtbesessenheit". Je nach Kandidat und Experimentalgruppe beziehen sich zwischen rund 70 und 90 % der Nennungen auf politisch relevante Eigenschaften. Der Anteil der politisch nicht relevanten Eigenschaften liegt hingegen lediglich zwischen fünf und 23 % der Nennungen. Peer Steinbrück wird beispielsweise als „unsympathisch" oder „humorvoll" beschrieben. Angela Merkel werden Eigenschaften wie „zurückhaltend" und „langweilig" zugewiesen. Obwohl der Anteil der politisch nicht relevanten Nennungen in der Audio-Videogruppe immer höher ist als in der Audiogruppe, wird dieser Gruppenunterschied aufgrund der geringen Fallzahlen nur bei den schlechten Eigenschaften von Peer Steinbrück signifikant. Bei den guten wie schlechten Eigenschaften von Angela Merkel sowie den schlechten Eigenschaften von Peer Steinbrück ist auch die postulierte Tendenz zu erkennen, dass sich die Audiogruppe stärker als die Audio-Videogruppe auf politisch relevante Eigenschaften konzentriert. Diese Unterschiede sind jedoch nicht statistisch signifikant.

Ein interessanter Unterschied lässt sich bezüglich der rhetorischen Kompetenzen der beiden Kandidaten feststellen: Bei Angela Merkel werden kaum Angaben zu rhetorischen Kompetenzen gemacht (ca. 2 % in beiden Gruppen); Peer Steinbrück kann jedoch mit seiner Rhetorik punkten, auf die 13 bzw. 16 % der positiven Eigenschaftsnennungen entfallen. Die Probanden schreiben z. B. er sei ein „guter Rhetoriker", „angenehmer Redner", „schlagfertig" und würde „klare Formulierungen" verwenden, aber er „rede(t) zu schnell".

Zuletzt stellt sich die Frage, ob die Wahrnehmung politisch relevanter und politisch nicht relevanter Eigenschaften in den beiden Experimentalgruppen Konsequenzen für die nachgeordneten politischen Einstellungen der Versuchsteilnehmer hat. Hypothese H3a entsprechend sollten politisch nicht relevante Einstellungen für diejenigen Rezipienten wichtiger sein, die das Duell in der Audio-Videoversion gesehen haben, während für Personen, die das Duell nur gehört haben, vor allem politisch relevante Eigenschaften von Bedeutung sein sollten (Hypothese H3b). In der folgenden OLS-Regression schätzen wir daher den Einfluss der Anzahl der von den Versuchspersonen offen genannten positiven und negativen, politisch relevanten und nicht politisch relevanten, Eigenschaften auf die Kanzlerpräferenz. Wir vergleichen den relativen Einfluss der wahrgenommenen Eigenschaften in den beiden Experimental- und der Kontrollgruppe und kontrollieren zusätzlich für die Parteiidentifikation der Befragten. Die in Tab. 10 dargestellten Ergebnisse unterstützen Hypothese H3a zumindest für die wahrgenommenen positiven Eigenschaften: Für beide Kandidaten haben in der Audio-Videogruppe die positiven politisch relevanten Eigenschaften den stärksten, signifikant positiven Effekt, während die negativen politisch relevanten Eigenschaften einen etwas geringeren, ebenfalls signifikanten aber negativen Einfluss haben. Auch die politisch nicht relevanten positiven Eigenschaften haben in der Audio-Videogruppe einen schwächeren aber signifikanten Effekt auf die Kanzlerpräferenz. In der Audiogruppe haben politisch nicht relevante Eigenschaften hingegen keinen Einfluss auf die Kanzlerpräferenz. Auch Hypothese H3b wird zumindest teilweise bestätigt: In der Audiogruppe haben die wahrgenommenen positiven politisch relevanten Eigenschaften jeweils einen statistisch signifikanten Einfluss auf die Kanzlerpräferenz. In der Kontrollgruppe hat das Modell keinerlei Erklärungskraft für eine Kanzlerpräferenz zugunsten Angela Merkels.

Tab. 10 Effekte der Wahrnehmung von Eigenschaften auf die Kanzlerpräferenz

	Merkel			Steinbrück		
Gruppen	Video	Audio	Kontrolle	Video	Audio	Kontrolle
Intercept	0,293	0,152	0,593	0,233	0,087	0,295
Parteiidentifikation[a]	ns	0,411*	ns	0,359*	ns	ns
Zahl genannter Eigenschaften						
Positiv: politisch relevant	0,470**	0,347*	ns	0,349*	0,493**	0,486**
Positiv: pol. nicht relevant	0,312*	ns	ns	0,247*	ns	ns
Negativ: politisch relevant	−0,396**	ns	ns	−0,280*	ns	−0,510#
Negativ: pol. nicht relevant	ns	ns	ns	ns	ns	ns
Adjusted R^2	0,40	0,29	0,00	0,51	0,12	0,21
F	6,33	4,17	0,98	9,32	2,06	2,10
N	41	39	22	41	39	22

Dargestellt sind standardisierte Regressionskoeffizienten β
Signifikanzniveau: **$p < 0{,}01$; *$p < 0{,}05$; #$p < 0{,}10$
[a]Dichotomisierte Parteiidentifikation für die CDU/CSU bzw. die SPD

Eine Präferenz für Peer Steinbrück wird hingegen schwach signifikant durch die Wahrnehmung positiver politisch relevanter Eigenschaften verbessert und ungefähr im selben Ausmaß durch die Wahrnehmung negativer politisch relevanter Eigenschaften reduziert.

4 Zusammenfassung

In der vorliegenden Analyse stand zunächst die Forschungsfrage im Mittelpunkt, ob die Rezeption des TV-Duells zu einer Fokussierung auf die Spitzenkandidaten anstelle von politischen Sachfragen und auf politisch nicht relevante Persönlichkeitseigenschaften anstelle von politisch relevanten Merkmalen führt. Dabei wollten wir auch der Frage nachgehen, ob diese Individualisierungs- bzw. Privatisierungseffekte ggf. von der Form der Fernsehdarstellung, d. h. von den bewegten Bildern ausgehen. Die Analyse basiert auf dem Vergleich von zwei Experimentalgruppen, die das Fernsehduell entweder im normalen Fernsehmodus mit Bild und Ton gesehen haben oder die Debatte in einer Radioversion nur hören konnten. Um dem theoretischen Rahmen des Priming auch methodisch näher zu kommen, wurden für diese Studie erstmals offene Antworten der Teilnehmer ausgewertet, welche Gedanken sie während der Debatte beschäftigten, welche Momente der Debatte für sie am wichtigsten waren und welche Eigenschaften die beiden Kanzlerkandidaten hätten.

Die Ergebnisse zeigen, dass Kandidaten im Vergleich zu Sachthemen *rezeptionsbegleitend* eine größere Rolle spielten. D. h. auf die Frage, woran sie während der Debatte gedacht hätten, nannten die Probanden wesentlich häufiger kandidatenbezogene Aspekte als Sachthemen. Hier zeigte sich auch die angenommene größere Relevanz von Personenbezügen in der Audio-Videogruppe, die die normale Fernsehrezeption simulierte. Bei der *rückschauenden Bewertung der wichtigsten Momente* des Duells wurden jedoch in beiden Experimentalgruppen vor allem Sachargumente der Kandidaten genannt. Dabei zeigten sich keine signifikanten Effekte des Rezeptionsmodus.

Bezüglich der Frage, welche Bedeutung politisch relevante, im Verhältnis zu politisch nicht relevanten Eigenschaften, bei der Beschreibung und Bewertung der beiden Kanzlerkandidaten hatten, zeigen die Ergebnisse einerseits, dass die Gedanken der Rezipienten in beiden Experimentalgruppen vor allem um politisch relevantes Verhalten kreisten. Dabei war der Anteil der politisch relevanten Nennungen in der Audio-Videogruppe sogar signifikant höher als in der Audiogruppe. Politisch nicht relevantes Verhalten spielte hingegen eine stark nachgeordnete Rolle. Dieses Bild bestätigte sich auch bei der Beschreibung der guten und schlechten Eigenschaften der beiden Politiker.

Bei der abschließenden Analyse der Bedeutung politisch relevanter und politisch nicht relevanter Eigenschaften für die Kanzlerpräferenz der Rezipienten wurden die Annahmen der Privatisierungsthese, zumindest teilweise, gestützt: In der Audio-Videogruppe hatten neben den positiven und negativen politisch relevanten Eigenschaften auch die positiven politisch nicht relevanten Eigenschaften einen signifikanten Einfluss. Dies war in der Audiogruppe nicht der Fall. Dort waren lediglich die wahrgenommenen positiven politisch relevanten Eigenschaften ausschlaggebend für die Kanzlerpräferenz.

Insgesamt zeigt sich bezüglich der Frage nach einer möglichen Verschiebung von Urteilskriterien durch die Rezeption von TV-Duellen ein gemischtes Bild. Zunächst scheint es so, als könne der Trend der Personalisierung bestätigt werden, da die Probanden bei der Rezeption eher über die Kandidaten nachdenken, als über die Sachthemen, die während des Duells diskutiert werden. Dies ist ein bemerkenswertes Ergebnis, stehen Sachthemen aus Wirtschafts-, Außen- und Sozialpolitik doch klar im Mittelpunkt des Duells (siehe Kap. „Von Schachteln im Schaufenster, Kreisverkehren und (keiner) PKW-Maut: Kandidatenagenda, -strategien und ihre Effekte" in diesem Band). Bereits in der Rückschau auf das Duell verblasst dieser starke Personenbezug allerdings, und Sachfragen gewinnen an Bedeutung. Private, politisch nicht relevante Eigenschaften oder Verhaltensweisen der Kandidaten spielen hingegen bei der Erinnerung an das Duell zunächst eine untergeordnete Rolle. Bei der Analyse der Wirkungen auf die Kanzlerpräferenz sind jedoch in der Versuchsgruppe, die das Duell im Fernsehformat rezipiert hat, positive politisch nicht relevante Eigenschaften ebenso signifikante Einflussgrößen wie positive und negative politisch relevante Eigenschaften. Insgesamt kommen wir zu folgendem Schluss: Es ist vorstellbar, dass die Rezeption des TV-Duells im Fernsehen vor allem kurzfristig Personen primt, dass dieser Effekt aber schon bei der rückschauenden Bewertung des Duells verblasst. Gleichzeitig scheint das Fernsehformat auch positive politisch nicht relevante Eigenschaften als relevantes Urteilskriterium erscheinen zu lassen. Wichtiger bleiben jedoch politisch relevante Eigenschaften. D. h. Annahmen, dass die Kandidaten nach denselben Kriterien beurteilt werden wie „Showmaster" oder andere Prominente (Donsbach 2002) und die Wahl durch die Fernsehduelle zu einem reinen Schönheitswettbewerb verkomme (Rosar 2009), können auf der Grundlage dieser Befunde nicht bestätigt werden. Es gibt jedoch durchaus Hinweise darauf, dass sich zumindest kurzfristig Effekte zeigen, die den Annahmen der Individualisierungs- und der Privatisierungsthese entsprechen.

Die gemischten Ergebnisse könnten auch darauf hindeuten, dass in Zukunft noch mehr moderierende Variablen aufseiten der Rezipienten in die Analysen einbezogen werden sollten, um herauszufinden für welche Gruppen von Rezipienten sich die Modalitäten- und Personalisierungseffekte zeigen und für welche Gruppen nicht. Bereits vorliegende Analysen zu TV-Debatten von Druckman (2003) sowie Otto et al. (2014) legen nahe, dass der angenommene Zusammenhang zwischen der Rezeptionsmodalität (Audio vs. Audiovideo) und den Urteilskriterien (Persönlichkeit vs. Sachthemen) vor allem für politisch weniger interessierte Zuschauer des Duells nachgewiesen werden kann, während politisch hoch interessierte Rezipienten ihre Urteile immer eher auf Sachpositionen gründen.

Schließlich stellt sich die Frage, was personalisierte Formate und eine größere Kandidatenorientierung für andere politisch relevante Größen bedeuten könnten. Hier steckt die Forschung noch in den Kinderschuhen, doch erste Ansätze zur Erforschung der Wirkung personalisierter politischer Kommunikation auf politisches Wissen (Druckman 2003; Lee und Oh 2012), politisches Vertrauen (Jebril et al. 2013) oder Wahlabsichten (Kruikemeier et al. 2013) zeigen, dass Personalisierung nicht notwendigerweise negative Konsequenzen haben muss. Vielmehr zeichnen erste empirische Befunde hier ein differenziertes Bild, das über die triviale Logik, „mehr Kandidaten bedeuten weniger politischer Inhalt" (Adam und Maier 2010, S. 220, eigene Übersetzung) hinaus geht.

Literatur

Adam, S., & Maier, M. (2010). Personalization of Politics: A critical review and agenda for research. *Communication Yearbook* 34, 213–257.
Brettschneider, F. (2002). Kanzlerkandidaten im Fernsehen. *Media Perspektiven* 6, 263–276.
Cho, J., Shah, D. V., Nah, S., & Brossard, D. (2009). "Split Screens" and "Spin Rooms": Debate Modality, Post-Debate Coverage, and the New Videomalaise. *Journal of Broadcasting & Electronic Media* 53, 242–261. doi: 10.1080/08838150902907827
Donsbach, W. (2002). Sechs Gründe gegen Fernsehduelle: Zur politischen Bewertung einer medialen Inszenierung. *Die politische Meinung* 396, 19–25.
Donsbach, W., & Jandura, O. (2005). Urteile mit Verfallsdatum: Einflüsse auf die Wahrnehmung des ersten TV-Duells. In: E. Noelle-Neumann, W. Donsbach, & H. M. Kepplinger (Hrsg.), *Wählerstimmungen in der Mediendemokratie* (S. 141–163). Freiburg: Alber.
Druckman, J. N. (2003). The Power of Television Images: The First Kennedy-Nixon Debate Revisited. *The Journal of Politics* 65, 559–571.
Faas, T., & Maier, J. (2004). Schröders Stimme, Stoibers Lächeln. Wahrnehmungen von Gerhard Schröder und Edmund Stoiber bei Sehern und Hörern der Fernsehdebatten im Vorfeld der Bundestagwahl 2002. In: T. Knieper & M. G. Müller (Hrsg.), *Visuelle Wahlkampfkommunikation* (S. 186–209). Köln: von Halem.

Faas, T., & Maier, J. (2011). Medienwahlkampf: Sind TV-Duelle nur Show und damit nutzlos? In: E. Bytzek, & S. Roßteutscher (Hrsg.), *Der unbekannte Wähler?* (S. 99–113). Frankfurt: Campus.

Holtz-Bacha, C. (2001). Das Private in der Politik: Ein neuer Medientrend? *Aus Politik und Zeitgeschichte* B41–42, 20–26.

Holtz-Bacha, C. (2004). Germany: How the Private Life of Politicians got into the Media. *Parliamentary Affairs* 57, 41–52. doi: 10.1093/pa/gsh004

Holtz-Bacha, C., Langer, A. I., & Merkle, S. (2014). The personalization of politics in comparative perspective: Campaign coverage in Germany and the United Kingdom. *European Journal of Communication* 29, 153–170 doi: 10.1177/0267323113516727

Holtz-Bacha, C., Lessinger, E. M., & Hettesheimer, M. (1998). Personalisierung als Strategie der Wahlwerbung. In: K. Imhof (Hrsg.), *Die Veröffentlichung des Privaten - die Privatisierung des Öffentlichen* (S. 240–250). Opladen: Westdeutscher Verlag.

Jebril, N., Albaek, E., & De Vreese, C. H. (2013). Infotainment, cynicism and democracy: The effects of privatization vs personalization in the news. *European Journal of Communication* 28, 105–121. doi: 10.1177/0267323112468683

Kaase, M. (1994). Is There Personalization in Politics? Candidates and Voting Behavior in Germany. *International Political Science Review* 15, 211–230. doi: 10.1177/019251219401500301

Kruikemeier, S., van Noort, G., Vliegenthart, R., & De Vreese, C. H. (2013). Getting closer: The effects of personalized and interactive online political communication. *European Journal of Communication* 28, 53–66. doi: 10.1177/0267323112464837

Lass, J. (1995). *Vorstellungsbilder über Kanzlerkandidaten: Zur Diskussion um die Personalisierung von Politik.* Wiesbaden: DUV.

Lee, E.-J., & Oh, S. Y. (2012). To Personalize or Depersonalize? When and How Politicians' Personalized Tweets Affect the Public's Reactions. *Journal of Communication* 62, 932–949. doi: 10.1111/j.1460-2466.2012.01681.x

Maier, J. (2006). Deutschland auf dem Weg zur "Kanzlerdemokratie"? Zur Bedeutung der Kanzlerkandidaten für das Wahlverhalten bei den Bundestagswahlen 1990 bis 2005. In: J. W. Falter, O. W. Gabriel, H. Rattinger, & H. Schoen (Hrsg.), *Sind wir ein Volk? Ost- und Westdeutschland im Vergleich* (S. 158–187). München: Beck.

Maier, J., & Faas, T. (2004). Debattenwahrnehmung und Kandidatenorientierung: Eine Analyse von Real-Time-Response und Paneldaten zu den Fernsehduellen im Bundestagswahlkampf 2002. *Zeitschrift für Medienpsychologie* 16, 26–35.

Maier, J., Faas, T., & Maier, M. (2013). Mobilisierung durch Fernsehdebatten: zum Einfluss des TV-Duells 2009 auf die politische Involvierung und die Partizipationsbereitschaft. In: H. Schoen, & B. Weßels (Hrsg.), *Wahlen und Wähler. Analysen aus Anlass der Bundestagswahl 2013* (S. 79–96). Wiesbaden: Springer.

Maier, J., & Maier, M. (2007). Das TV-Duell 2005: Katalysator für die Personalisierung des Wahlverhaltens? In: F. Brettschneider, O. Niedermayer & B. Weßels (Hrsg.), *Die Bundestagswahl 2005. Analysen des Wahlkampfs und der Wahlergebnisse* (S. 219–232): Wiesbaden: VS.

Maurer, M. (2009). Sagen Bilder mehr als tausend Worte?: Die Relevanz verbaler und visueller Informationen für die Urteilsbildung über Personen im Fernsehen. *Medien & Kommunikationswissenschaft* 57, 198–216.

Maurer, M., & Reinemann, C. (2007). Personalisierung durch Priming: Die Wirkungen des TV-Duells auf die Urteilkriterien der Wähler. In: M. Maurer, C. Reinemann, J. Maier & M. Maier (Hrsg.), *Schröder gegen Merkel. Wahrnehmung und Wirkung des TV-Duells 2005 im Ost-West-Vergleich* (S. 111–128). Wiesbaden: VS.

McAllister, I. (2007). The personalization of politics. In: R. J. Dalton, & H.-D. Klingemann (Hrsg.), *Oxford Handbook of Political Behavior* (S. 571–588). Oxford: Oxford University Press.

Nagel, F., Maurer, M., & Reinemann, C. (2012). Is There a Visual Dominance in Political Communication? How Verbal, Visual, and Vocal Communication Shape Viewers' Impressions of Political Candidates. *Journal of Communication* 62, 833–850. doi: 10.1111/j.1460-2466.2012.01670.x

Rahat, G., & Sheafer, T. (2007). The Personalization(s) of Politics: Israel, 1949–2003. *Political Communication* 24, 65–80. doi: 10.1080/10584600601128739

Rosar, U. (2009). *Pretty Politicians Die physische Attraktivität von Spitzenkandidaten, ihr Einfluss bei Wahlen und die These der Personalisierung des Wahlverhaltens*. Universität Köln, Forschungsinstitut für Soziologie.

Schemer, C. (2013). Priming, Framing, Stereotype. In: W. Schweiger, & A. Fahr (Hrsg.), *Handbuch Medienwirkungsforschung* (S. 153–169). Wiesbaden: Springer.

van Aelst, P., Sheafer, T., & Stanyer, J. (2012). The personalization of mediated political communication: A review of concepts, operationalizations and key findings. *Journalism* 13, 203–220. doi: 10.1177/1464884911427802

Vetter, A., & Brettschneider, F. (1998). "Idealmaße" für Kanzlerkandidaten. *ZUMA-Nachrichten* 43, 90–115.

Ziegler, R., Arnold, F., & Diehl, M. (2007). Communication Modality and Biased Processing: A Study on the Occasion of the German 2002 Election TV Debate. *Basic and Applied Social Psychology* 29, 175–184. doi: 10.1080/01973530701332237

Alles nur Show? Effekt des TV-Duells auf Performanz- und Positionssachfragen

Felicitas Belok und Tassilo Heinrich

1 Einleitung

Das TV-Duell ist mittlerweile im deutschen Bundestagswahlkampf ein etabliertes Ereignis. Während einige das TV-Duell als hilfreiche Informationsquelle für den Wähler loben, ist das Format vor allem in den Medien immer wieder als inhaltsleere Showveranstaltung verschrien (Reinemann und Maurer 2007, S. 7). Dabei soll die Debatte den Wählern die Möglichkeit bieten, etwas über das politische Angebot der Kandidaten und ihre Haltung zu politischen Themen zu erfahren. Denn politische Sachthemen werden in der Wahlforschung neben anderen Faktoren, wie z. B. der Parteibindung oder der Bewertung der Kandidaten, als eine entscheidende Determinante für die individuelle Wahlentscheidung angesehen (Campbell et al. 1960). Vor allem aus demokratietheoretischer Sichtweise sollten politische Themen bei Wahlen eine bedeutende Rolle spielen, da der gewählten Regierung nur so ein inhaltlicher Auftrag durch das Votum übertragen werden kann (Schoen und Weins 2005, S. 226). Die Frage ist nun, ob das TV-Duell 2013 einen Effekt auf die Wahrnehmung der Wähler hinsichtlich der Haltung der Kandidaten bzw. Parteien zu politischen Sachfragen hatte. Bevor jedoch dieser Frage nachgegangen werden kann, muss zunächst geklärt werden, was unter dem

F. Belok (✉)
Berlin, Deutschland
E-Mail: felicitasbelok@gmail.com

T. Heinrich
Regensburg, Deutschland
E-Mail: Tassilo.Heinrich@ur.de

© Springer Fachmedien Wiesbaden GmbH 2017
T. Faas et al. (Hrsg.), *Merkel gegen Steinbrück*,
DOI 10.1007/978-3-658-05432-8_8

Begriff „politische Sachfrage" zu verstehen ist. In der Politikwissenschaft hat sich ein enges Verständnis des Begriffes etabliert. So werden nur Fragen, die sich auf staatliche Inhalte beziehen, als politische Sachfragen bezeichnet (Roller 1998, S. 177) und nicht etwa alle Fragen, die im politischen Diskurs auftreten können (Schoen und Weins 2005, S. 226). Jedoch gibt es nicht nur die *eine* politische Sachfrage. Sachfragen können beispielsweise entlang verschiedener Dimensionen unterteilt werden. So können Sachfragen nach Politikfeldern (z. B. Verteidigungso. Wirtschaftspolitik) ausdifferenziert werden oder nach ihrem zeitlichen Bezug. Für die folgende Analyse ist die wichtigste Unterteilung die Unterscheidung politischer Sachfragen in *Performanzsachfragen* und *Positionssachfragen*. Bei Performanzsachfragen handelt es sich um Sachfragen, bei denen Einigkeit über das Ziel besteht (z. B. Vollbeschäftigung, Frieden), jedoch zur Debatte steht, wie das Ziel erreicht werden soll bzw. welche Partei die größte Lösungskompetenz besitzt (Roller 1998, S. 179). Hingegen umfassen positionsbasierte Sachfragen Themen und Probleme, bei denen das Ziel selbst innerhalb der Gesellschaft umstritten ist, wie z. B. der Atomausstieg (Stokes 1963, S. 373; Roller 1998, S. 179).

Die Einstellung zu politischen Sachfragen muss aber nicht zwangsläufig für die Wahlentscheidung von Bedeutung sein. Es müssen gewisse Voraussetzungen erfüllt sein, damit politische Sachfragen generell für den Wahlakt relevant sind: Der Wähler muss das Thema wahrnehmen, es als wichtig erachten und eine Meinung dazu entwickeln. Zudem muss das Thema mit den Parteien in Verbindung gebracht und Unterschiede zwischen den Parteien wahrgenommen werden (Campbell et al. 1960, S. 169 f.). Sind diese Bedingungen gegeben, ist der Mechanismus, mit dem die Sachfragen auf die Wahlentscheidung wirken, je nach Sachfragetyp unterschiedlich: Bei Performanzsachfragen wird der Bürger für diejenige Partei votieren, welche seiner Meinung nach in dem entsprechenden Politikfeld die beste Leistung erbracht hat bzw. von der die beste Problemlösungskompetenz zu erwarten ist (Budge und Farlie 1983; van der Brug 2004). Obwohl es verschiedene Ansätze über den Wirkungsmechanismus bei Positionssachfragen gibt (siehe u. a. Downs 1957; Rabinowitz und MacDonald 1989), wird in der Wahlforschung meistens das Distanzmodell herangezogen, was auf Downs (1957) zurückgeht. Laut dem Distanzmodell vergleichen die Wähler ihre eigene Position zu einem Thema mit der wahrgenommenen Position der Parteien und geben dann derjenigen Partei ihre Stimme, deren Position der eigenen am nächsten ist.

Die Einstellung zu politischen Themen, Parteien und Kandidaten, so wird argumentiert, wird in weiten Teilen durch das politische Interesse beeinflusst (Popkin 1991). Da politisch Interessierte sich häufiger mit Informationen über Politik auseinandersetzen und sich dadurch eine fundierte Meinung gebildet haben, nimmt man an, dass neue Informationen nur selten dazu führen, dass diese Personen ihre Einstellungen oder gar ihre Wahlabsicht dadurch ändern. Politisch weniger Interessierte sollten sich aufgrund mangelnder Auseinandersetzung mit politischen Themen leichter von politischen Informationen beeinflussen lassen, sofern sie diese erreichen. Somit gilt diese Gruppe als „leichtgläubig und manipulierbar" (Reinemann und Maurer 2010, S. 237).

2 Daten

Die Datengrundlage der folgenden Analyse bilden die Befragungen, welche direkt vor (W1) und nach dem TV-Duell (W2) durchgeführt wurden, wobei sowohl die Experimental- als auch die Kontrollgruppe betrachtet werden[1]. Um die Einstellung zu Performanzsachfragen zu messen, sollten die Probanden sowohl vor als auch nach der Debatte angeben, welche Probleme ihrer Meinung nach die wichtigsten Probleme in Deutschland sind und welche Partei ihrer Ansicht nach am ehesten in der Lage ist, die jeweiligen Probleme zu lösen. Zudem wurden in der Studie zwei Positionssachfragen abgefragt, die jeweils unterschiedliche Dimensionen umfassen, nämlich eine sozioökonomische und eine sicherheitspolitische Dimension. Die Pole der sozioökonomischen Dimension bilden zum einen die Position „*weniger Steuern und weniger sozialstaatliche Leistungen*" und zum anderen die Position „*mehr sozialstaatliche Leistungen und mehr Steuern*". Die sicherheitspolitische Dimension stellt den Standpunkt „*wirkungsvolle Kriminalitätsbekämpfung und damit uneingeschränkter Eingriff in die Privatsphäre*" der Position „*Schutz der Privatsphäre trotz Behinderung der Kriminalitätsbekämpfung*" gegenüber. Sowohl vor als auch nach dem TV-Duell sollten sich die Probanden selbst auf beiden Dimensionen einordnen und außerdem angeben, wie sie die Position von Angela Merkel und Peer Steinbrück zu den beiden Themen einschätzen.

Um das politische Interesse zu messen, wurden die Probanden gefragt, wie sehr sie sich im Allgemeinen für Politik interessieren. Als hoch Interessierte gelten die Personen, die angaben, sich stark oder sehr stark für Politik zu interessieren. Bei mittelmäßigem bis gar keinem Interesse werden die Probanden als weniger politisch Interessierte klassifiziert.

---

[1] Zur genaueren Darstellung der Daten siehe Kap. „Das Studiendesign" in diesem Band.

3 Empirische Analyse

Wie schon in den früheren Debatten wurden von den Befragten auch vor dem Duell Merkel gegen Steinbrück die Themen Arbeitsmarkt, Sozialpolitik und Finanzpolitik als die größten Probleme in Deutschland identifiziert. Tab. 1 zeigt die Veränderungen der Wahrnehmung des größten Problems in Deutschland im Laufe des Duells.

Im Verlauf des Duells gewinnt vor allem das Thema Sozialpolitik an Bedeutung. Aber auch für die Themen innere Sicherheit und die internationalen Beziehungen wird ein größeres Problembewusstsein über alle Befragten hinweg geschaffen. Dieses Bild bestätigt sich, wenn man die Experimental- und Kontrollgruppe trennt. Allerdings sind die Veränderungen nicht signifikant. Tab. 2 stellt die Veränderungen in der Problemwahrnehmung für die Gruppe der politisch

Tab. 1 Die größten Probleme vor und nach dem Duell

Probleme	Gesamt		Experimentalgruppe		Kontrollgruppe	
	W1	W2	W1	W2	W1	W2
Sozialpolitik	77	88	73	83	4	5
Arbeitsmarkt	83	79	73	71	10	8
Wirtschaft	21	15	19	13	2	2
Bildung	22	22	22	22	0	0
Finanzpolitik	65	61	60	55	5	6
N gesamt	316		294		22	

Dargestellt werden die fünf größten Probleme nach der absoluten Häufigkeit ihrer Nennung, Signifikanzniveaus: #$p < 0{,}1$; *$p < 0{,}05$; **$p < 0{,}01$

Tab. 2 Die größten Probleme für politisch weniger Interessierte

Probleme	Gesamt		Experimentalgruppe		Kontrollgruppe	
	W1	W2	W1	W2	W1	W2
Sozialpolitik	24	33*	21	30*	3	3
Arbeitsmarkt	35	30	31	28	0	2
Wirtschaft	9	4#	9	4#	0	0
Bildung	10	12	10	12	0	0
Finanzpolitik	21	17	15	13	3	4
N gesamt	118		108		10	

Dargestellt werden die größten fünf Probleme nach ihrer absoluten Nennung der politisch weniger Interessierten, Signifikanzniveaus: #$p < 0{,}1$; *$p < 0{,}05$; **$p < 0{,}01$

weniger Interessierten dar. Wenn die politisch Uninteressierten leichter zu beeinflussen sind, so ist anzunehmen, dass sich deren Problemwahrnehmung durch das Verfolgen des TV Duells stärker ändert.

Auch hier zeigt sich, dass die Thematiken Soziales, Arbeitsmarkt und Finanzpolitik als die dringlichsten wahrgenommen werden. Sowohl die Sozialpolitik als auch die Bildung gewinnen nach dem Duell für die Befragten an Relevanz. Hingegen verlieren vor allem wirtschaftliche Themen an Bedeutung. Die Veränderungen der Relevanzzuschreibung zwischen der Vorabbefragung und der direkt im Anschluss an das TV-Duell erfolgten Befragung sind für die Sozialpolitik auf dem 5 %-Niveau signifikant, für die Wirtschaftspolitik noch auf dem 10 %-Niveau. Für die Gruppe der politisch Interessierten sind dieselben Probleme von größter Bedeutung, allerdings gibt es durch das TV-Duell kaum wahrnehmbare Veränderungen im Problembewusstsein. Personen mit einem hohen politischen Interesse sind in ihrer Problemwahrnehmung so gefestigt, dass das TV-Duell keinen signifikanten Effekt hinterlässt (Tab. 3).

Hinsichtlich der Problemorientierung bestätigt sich somit die Annahme, dass das Bereitstellen von neuen Informationen bei politisch weniger Interessierten zu einer – zumindest kurzfristigen – Einstellungsänderung führt. Obwohl für beide Gruppen dieselben Themen von größter Bedeutung sind, verändert sich die Problemwahrnehmung nur bei Personen mit einem geringen politischen Interesse.

Neben der Problemwahrnehmung gilt die Problemlösungskompetenz als ein weiterer Faktor, der die Wahlentscheidung beeinflusst. Während des TV-Duells haben die Spitzenkandidaten die Chance, die Zuschauer und potenziellen Wähler von ihren Lösungsstrategien für die einzelnen Probleme zu überzeugen. Auch hier ist anzunehmen, dass politisch weniger Interessierte ihre Meinung durch das

Tab. 3 Die größten Probleme für politisch Interessierte

Probleme	Gesamt		Experimentalgruppe		Kontrollgruppe	
	W1	W2	W1	W2	W1	W2
Sozialpolitik	53	54	52	52	1	2
Arbeitsmarkt	48	48	42	42	6	6
Wirtschaft	12	11	10	9	2	2
Bildung	12	10	12	10	0	0
Finanzpolitik	44	42	42	40	2	2
N gesamt	191		179		12	

Dargestellt werden die größten fünf Probleme nach ihrer absoluten Nennung der politisch Interessierten
Signifikanzniveaus: #$p < 0{,}1$; *$p < 0{,}05$; **$p < 0{,}01$

Verfolgen des TV-Duells eher ändern als politisch Interessierte, die von vorneherein ein festes Bild von den Parteien und ihren jeweiligen Lösungskompetenzen haben.

Eine Schwierigkeit der Analyse besteht in der Unterscheidung zwischen Effekten, die nur auf die Problemlösungskompetenz zurückzuführen sind und möglichen Überlagerungen durch Agenda-Setting-Effekte. Agenda-Setting-Effekte treten auf, sobald durch verstärkte Aufmerksamkeit für ein Thema ein größeres Problembewusstsein für dieses geschaffen wird (Iyengar und Kinder 1987). Durch dieses neue Problembewusstsein ist eine Veränderung in der Kompetenzzuschreibung nicht mehr alleine auf die Leistung einer Partei oder eines Kandidaten zurückzuführen. Zu diesem Zweck werden im Folgenden nur Befragte berücksichtigt, deren Problemwahrnehmung sich durch das TV-Duell nicht verändert hat.

Insgesamt zeigt sich, dass den Oppositionsparteien in allen Problemfeldern die größere Lösungskompetenz zugewiesen wird, außer in der Finanzpolitik (vgl. Tab. 4). Hier gilt das Regierungslager als kompetenter. Im Verlauf des TV-Duells gewinnt die Regierung jedoch an Zuspruch. Signifikante Wechsel in diese Richtung zeigen sich bei der Kompetenzzuschreibung in der Sozial- und Arbeitsmarktpolitik

Tab. 4 Zugeschriebene Problemlösungskompetenz

Problem	Lösungskompetenz	Gesamt		Experimentalgruppe	
		W1	W2	W1	W2
Alle Probleme	Regierung	61	64#	54	57#
	Opposition	90	86#	83	79#
Sozialpolitik	Regierung	7	12*	6	10*
	Opposition	37	34*	34	32*
Arbeitsmarkt	Regierung	16	20*	14	18*
	Opposition	33	29*	30	25*
Wirtschaft	Regierung	8	6	6	5
	Opposition	2	2	2	2
Bildung	Regierung	3	4	3	4
	Opposition	4	5	4	5
Finanzpolitik	Regierung	25	20	23	18
	Opposition	5	8	4	6
N gesamt		208		189	

Dargestellt wird die zugeschriebene Problemlösekompetenz der beiden Lager. Die Zahlen sind absolute Häufigkeiten
Signifikanzniveaus: $\#p < 0{,}1$; $*p < 0{,}05$; $**p < 0{,}01$

Alles nur Show? Effekt des TV-Duells auf ...

jeweils auf dem 5 %-Niveau; über alle Themen hinweg noch auf dem 10 %-Niveau. Das Oppositionslager kann jedoch in der Finanzpolitik Zugewinne verzeichnen, letztlich bleiben diese aber insignifikant.

Ein ähnliches Bild ergibt sich bei Berücksichtigung des politischen Interesses. Auch bei Personen mit einem geringeren politischen Interesse wird dem Oppositionslager über alle Themen hinweg die größere Kompetenz zugeschrieben, wobei das Regierungslager durch das TV-Duell von sich zu überzeugen weiß (Tab. 5).

Die Veränderungen über alle Themenbereiche zugunsten der Regierung sind auf dem 5 %-Niveau signifikant, ebenso die Veränderungen bei der Kompetenzzuschreibung in der Arbeitsmarktpolitik. Die Gruppe der politisch weniger Interessierten schreibt entgegen der Meinung aller Befragten der Opposition in der Finanzpolitik nach dem TV-Duell weniger Kompetenzen zu als vorher. Im Vergleich zu den politisch Interessierten verändern die politisch weniger Interessierten die Kompetenzzuschreibung viel häufiger. Bei den politisch Interessierten bleibt die Kompetenzzuschreibung stabil und wird daher nicht tabellarisch ausgewiesen.

Tab. 5 Zugeschriebene Problemlösungskompetenz durch politisch weniger Interessierte

Problem	Lösungskompetenz	Gesamt		Experimentalgruppe	
		W1	W2	W1	W2
Alle Probleme	Regierung	19	25*	17	22*
	Opposition	34	27*	28	22*
Sozialpolitik	Regierung	2	4	2	3
	Opposition	12	10	9	8
Arbeitsmarkt	Regierung	6	10*	6	10*
	Opposition	14	10*	12	8*
Wirtschaft	Regierung	0	1	2	1
	Opposition	2	0	0	0
Bildung	Regierung	1	1	1	1
	Opposition	2	2	2	2
Finanzpolitik	Regierung	8	9	6	7
	Opposition	2	1	1	0
N gesamt		69		61	

Dargestellt wird die zugeschriebene Problemlösekompetenz der beiden Lager durch politisch weniger Interessierte. Die Zahlen sind absolute Häufigkeiten
Signifikanzniveaus: #$p < 0{,}1$; *$p < 0{,}05$; **$p < 0{,}01$

Insgesamt bestätigen sich die Annahmen, dass das TV-Duell einen Effekt sowohl auf die Problemwahrnehmung als auch die Problemlösungskompetenz hat, wobei Stärke und Niveau nicht immer gleich sind. Sowohl für die Frage nach der Wichtigkeit eines Problems als auch bei der Kompetenzzuschreibung ändern die politisch weniger Interessierten deutlich häufiger ihre Meinung, als die Personen mit einem hohen politischen Interesse.

Doch wie verhält es sich bei den Positionssachfragen? Hatte das TV-Duell auch einen Effekt auf die eigene Haltung zu politischen Sachfragen bzw. auf die Wahrnehmung der Position der beiden Kontrahenten? Voraussetzung für einen kausalen Zusammenhang ist, dass im TV-Duell auch Themen angesprochen werden, die in die beiden Dimensionen einzuordnen sind. Nur so können sich Veränderungen in der Positionierung durch das TV-Duell erklären lassen (Schumann 2006, S. 116 ff.). Sowohl die sozioökonomische als auch die innenpolitische Dimension wurden im TV-Duell behandelt (siehe Kap. „Von Schachteln im Schaufenster, Kreisverkehren und (keiner) PKW-Maut: Kandidatenagenda, -strategien und ihre Effekte"), sodass die Voraussetzungen für einen kausalen Zusammenhang zwischen des Verfolgens des TV-Duells und einer möglichen Positionsveränderung gegeben sind.

Betrachten wir nun zuerst die sozioökonomische Dimension. Tab. 6 zeigt den Mittelwert der Positionen der Befragten, den Mittelwert der von den Probanden wahrgenommenen Positionen der Duellanten sowie den Mittelwert der individuellen Distanz[2] zwischen der Position der Probanden und der jeweiligen Position der Kandidaten sowohl in der Experimental- als auch in der Kontrollgruppe[3].

Die Wahrnehmung der Standpunkte von Angela Merkel und Peer Steinbrück vor dem TV-Duell ist nicht überraschend: Während Angela Merkel als Vertreterin der Union nach der Einschätzung der Probanden eher für weniger Steuern steht, wird dem SPD-Kandidaten eine ideologisch eher linke Position zugewiesen, welche mehr sozialstaatliche Leistungen befürwortet. Die Befragten ordnen Steinbrück leicht näher an ihrer eigenen Position ein als Merkel, sodass die

---

[2]Der Wert der individuellen Distanzen ergibt sich aus der Berechnung der Differenz zwischen der individuellen Position der Befragten und der individuell wahrgenommenen Positionen der Kandidaten und nicht aus der Differenz zwischen dem Mittelwert der Befragten-Positionen und Kandidaten-Positionen.

[3]Da die Ergebnisse in der Kontrollgruppe nur des Vergleiches mit den Befunden in der Experimentalgruppe und damit der Kontrolle für Effekte des TV-Duells auf Sachfragenpositionen dienen und sich in der Kontrollgruppe keine signifikante Veränderung zeigt (außer in einem Fall), wird der Kontrollgruppe im weiteren Verlauf keine weitere Aufmerksamkeit geschenkt und der Fokus der Analyse liegt allein auf der Experimentalgruppe.

Tab. 6 Sozioökonomische Dimension

	Experimentalgruppe					Kontrollgruppe				
	W1	Distanz	W2	Distanz	DΔ	W1	Distanz	W2	Distanz	DΔ
Proband	6,35	–	6,40	–	–	6,36	–	6,50	–	
Merkel	5,05	1,35	4,09**	2,45	+1,10**	5,09	1,27	4,82	1,68	+0,41
Steinbrück	7,64	1,23	8,13**	1,70	+0,47**	6,27	0,09	6,55	0,05	−0,04
N gesamt			294					22		

Sozioökonomische Dimension, Skala von 1 („Weniger Steuern") bis 11 („Mehr sozialstaatliche Leistungen"). Abgebildet sind Mittelwerte der Einstellung der Probanden; der Einschätzung der Positionen von Merkel und Steinbrück; Distanz zwischen Probandenposition und Kandidatenposition und Veränderung der Distanz von Welle 1 auf Welle 2 sowohl für Welle 1 und Welle 2 als auch für Experimental- und Kontrollgruppe
Signifikanzniveaus: #$p < 0,1$; *$p < 0,05$; **$p < 0,01$

individuelle Distanz zwischen den Befragten und Kandidaten beim SPD-Spitzenkandidat leicht geringer ausfällt. Die spannende Frage ist nun, wie sich die (relativen) Positionen nach dem TV-Duell in der Experimentalgruppe verändern. Aus Tab. 6 lassen sich drei zentrale Ergebnisse ableiten: 1) Während die Haltung der Probanden gleich bleibt, verändert sich die Einschätzung der Kandidaten hingegen signifikant. Ihre Positionen werden nach dem Duell deutlich extremer wahrgenommen. 2) Auch die individuellen Distanzen zwischen den Probanden und den Kandidaten ändern sich in der Folge signifikant. 3) Trotz Veränderung der Positionswahrnehmung wird die Position Steinbrücks von den Befragten immer noch näher – und im Vergleich zu vor dem Duell nun deutlich näher als Merkel – an ihrer eigenen Position eingeschätzt.

Bei einer detaillierten Betrachtung zeigt sich, dass die Veränderungen der Distanzen zwischen Befragten und Kandidaten von der ideologischen Position der Befragten abhängig ist: So nimmt der Abstand zwischen Merkel und den Befürwortern sozialstaatlicher Leistungen zu, während Personen, welche sich eher für weniger Steuern aussprechen, die Kanzlerin nach dem Duell näher an ihrer Position einschätzen. Bei Peer Steinbrück zeigt sich, dass Personen mit Positionen im mittleren Bereich der Skala den SPD-Kandidaten mehrheitlich nun näher an ihrer eigenen Position wahrnehmen. Hingegen führt das TV-Duell bei Personen mit Positionen an den Polen der Skala, d. h. bei sowohl absoluten Befürworten als auch absoluten Gegnern von sozialstaatlichen Leistungen, dazu, dass sie den Standpunkt des Sozialdemokraten weiter weg von ihrer eigenen Position einordnen. Nichtsdestotrotz konnte Steinbrück durch das Duell – im Sinne des

Distanzmodells – seine Wahlchancen erhöhen, da er durch das Duell deutlich näher an der Position der Befragten wahrgenommen wurde als die Kanzlerin. Berücksichtigt man das politische Interesse, so bestätigen sich die schon vorgestellten Ergebnisse (vgl. Tab. 7). Interessant ist, dass sich auch bei Personen mit einem hohen politischen Interesse die individuellen Distanzen signifikant verändern. Demnach beeinflusst das Verfolgen des TV-Duells – jedenfalls bei sozialpolitischen Themen – die Wahrnehmung der Probanden unabhängig vom politischen Interesse.

Die zweite bedeutende politische Positionssachfrage war die Frage, wie das Verhältnis zwischen Sicherheit und individueller Freiheit sein sollte. Wie Tab. 8 zeigt, schätzen die Probanden vor dem TV-Duell die Distanz zu Peer Steinbrück deutlich geringer ein als die Distanz zur Kanzlerin. Damit hatte der SPD-Kandidat vor dem TV-Duell eine größere Chance, die Stimmen der Probanden für sich gewinnen zu können. Die Position von Angela Merkel hat sich im Gegensatz zur Position Steinbrücks in der durchschnittlichen Wahrnehmung nach dem Duell nicht verändert. Der Standpunkt der Kanzlerin scheint den Probanden schon vor dem Duell bekannt zu sein; wahrscheinlich aufgrund der Medienberichterstattung und dem Handeln Merkels im Kontext des NSA-Skandals.

Tab. 7 Sozioökonomische Dimension; in Abhängigkeit des politischen Interesses

	Experimentalgruppe					Kontrollgruppe				
	W1	Distanz	W2	Distanz	DΔ	W1	Distanz	W2	Distanz	DΔ
Pol. Int. niedrig										
Proband	6,26	–	6,25	–	–	6,90	–	7,10	–	–
Merkel	6,70	0,60	4,36**	1,73	+1,13**	6,30	0,60	5,70#	1,40	+0,80
Steinbrück	7,12	0,71	7,71**	1,36	+0,65*	5,40	1,50	6,00	1,10	−0,40
N gesamt	108					10				
Pol. Int. hoch										
Proband	6,40	–	6,53	–	–	5,92	–	6,00	–	–
Merkel	4,67	1,80	3,70**	2,94	+1,14**	4,08	1,83	4,08	1,92	+0,09
Steinbrück	7,95	1,55	8,37*	1,83	+0,28#	7,00	1,08	7,00	1,00	+0,08
N gesamt	179					12				

Signifikanzniveaus: #$p < 0{,}1$; *$p < 0{,}05$; **$p < 0{,}01$

Tab. 8 Sicherheitspolitische Dimension

	Experimentalgruppe					Kontrollgruppe				
	W1	Distanz	W2	Distanz	DΔ	W1	Distanz	W2	Distanz	DΔ
Proband	6,24	–	6,61**	–	–	6,41	–	6,86	–	–
Merkel	4,46	1,76	4,46	2,13	+0,37**	4,23	2,18	4,18	2,68	+0,37
Steinbrück	6,14	0,10	7,53**	0,96	+0,86**	5,91	0,50	6,14	0,73	+0,23
N gesamt			294					22		

Innenpolitische Dimension; Skala von 1 („Kriminalitätsbekämpfung") bis 11 („Schutz der Privatsphäre"). Abgebildet sind Mittelwerte der Einstellung der Probanden; der Einschätzung der Positionen von Merkel und Steinbrück; Distanz zwischen Probandenposition und Kandidatenposition und Veränderung der Distanz von Welle 1 auf Welle 2 sowohl für Welle 1 und Welle 2 als auch für Experimental- und Kontrollgruppe
Signifikanzniveaus: #$p < 0{,}1$; *$p < 0{,}05$; **$p < 0{,}01$

Bei den individuellen Distanzen zeigt sich, dass nach der Debatte einerseits die Distanz von Merkel zu Personen, die sich stärker Richtung „Schutz der Privatsphäre" einordnen, größer wird. Andererseits aber nähern sich Kanzlerin und Studienteilnehmer mit einer eher bejahenden Haltung zur effektiven Kriminalitätsbekämpfung nach der Debatte an. Bei Peer Steinbrück nimmt im Aggregat die individuelle Distanz zu. Jedoch zeigt sich bei der Betrachtung der Verteilung erneut, dass der Herausforderer nach dem Duell von der Mehrheit der Probanden nur geringfügig entfernt ist, sich aber der Abstand zu Vertretern effektiver Kriminalitätsbekämpfung vergrößert. Insgesamt ist demnach auch bei der sicherheitspolitischen Dimension der Effekt des TV-Duells auf die individuellen Distanzen zwischen Kandidaten und Probanden festzustellen. Da Peer Steinbrück auch in dieser Dimension nach der Debatte mit knapp einem Skalenpunkt Abstand die geringste mittlere Distanz zu den Probanden aufweist, sollte der SPD-Kandidat nach den Annahmen des Distanzmodells eine größere Chance haben als Frau Merkel, die Stimme der Studienteilnehmer zu erhalten.

Bei der Kontrolle für das politische Interesse bestätigen sich die Befunde: Auch hier verändern sich die individuellen Distanzen signifikant; abgesehen von der Distanz zwischen Merkel und Probanden, die sich eher weniger für Politik interessieren (vgl. Tab. 9). Auffällig ist, dass sich die Position der Probanden mit einem niedrigen politischen Interesse durch das TV-Duell wesentlich stärker verändert als die der Hochinteressierten. Politisch weniger Interessierte hatten also tendenziell eine eher ungefestigte Haltung zu sicherheitspolitische Themen und wurden durch die inhaltliche Debatte stärker beeinflusst. Nichtsdestotrotz lassen

Tab. 9 Sicherheitspolitische Dimension; in Abhängigkeit des politischen Interesses

	Experimentalgruppe					Kontrollgruppe				
	W1	Distanz	W2	Distanz	DΔ	W1	Distanz	W2	Distanz	DΔ
Pol. Int. niedrig										
Proband	6,21	–	7,57[#]	–	–	6,20	–	5,90	–	–
Merkel	4,85	1,43	4,83	1,78	+0,35	4,30	1,90	4,70	1,20	−0,70
Steinbrück	6,02	0,29	6,60**	0,86	+0,57**	6,00	0,20	5,90	0,00	−0,20
N gesamt	108					10				
Pol. Int. Hoch										
Proband	6,25	–	6,64**	–	–	6,58	–	7,47	–	–
Merkel	4,23	1,97	4,22	2,38	+0,41*	4,17	2,42	3,75[#]	3,92	+1,50[#]
Steinbrück	6,20	0,01	7,59**	1,04	+1,03**	5,83	0,75	6,33	1,33	+0,58
N gesamt	179					12				

Signifikanzniveaus: #$p < 0{,}1$; *$p < 0{,}05$; **$p < 0{,}01$

sich auch die politisch Interessierten von dem TV-Duell beeinflussen. Das TV-Duell hat demnach auch in der sicherheitspolitischen Dimension einen Effekt auf die relative Positionierung von Probanden und Kandidaten; unabhängig vom politischen Interesse.

4 Fazit

Das TV-Duell zwischen Merkel und Steinbrück war weder eine reine Showveranstaltung noch ein freundliches Gespräch zwischen zwei Kandidaten ohne inhaltliche Diskussion, wie kritische Stimmen in den Medien verlauten ließen. Sowohl was die Performanz- als auch die Positionssachfragen betrifft, lassen sich Veränderungen auf das TV-Duell zurückführen, sodass anzunehmen ist, dass das TV-Duell hinsichtlich der Wahrnehmung der Positionierung der Parteien und Kandidaten eine wichtige Hilfe für den Wähler darstellt. Allerdings zeigt sich, dass nicht nur Personen mit geringem politischem Interesse beeinflussbar sind, wie zunächst angenommen wurde. Hinsichtlich der Performanzsachfragen kann gezeigt werden, dass sich sowohl die Problemorientierung als auch die wahrgenommen Problemlösungskompetenzen veränderten. Signifikante Veränderungen ließen sich bei der Frage, nach den größten Problemen in Deutschland vor allem bei den politisch weniger Interessierte erkennen. Gleiches gilt für die wahrgenommene Problemlösekompetenz. Auch hier hatte das TV-Duell einen Effekt. Vor allem das Regierungslager wusste von sich zu überzeugen. Wie angenommen, gab es hinsichtlich der Problemlösekompetenz nur Veränderungen bei den politisch Uninteressierten.

Auch bei der Einschätzung der Debattenteilnehmer hinsichtlich sicherheitspolitischer und sozioökonomischer Fragestellungen zeigen sich Veränderungen, die auf einen Einfluss des TV-Duells schließen lassen. In beiden Dimensionen werden die Positionen von Merkel und Steinbrück nach dem Duell extremer eingeschätzt. Gleichzeitig verändert sich die eigene Position, wobei in der Regel die Distanz zu Steinbrück kleiner ist als zu Merkel. Wird das politische Interesse berücksichtigt, vergrößern sich auch die Distanzen zwischen den politisch interessierten Probanden und den Kanzlerkandidaten. Hier kann demnach die Annahme der beeinflussbaren politischen Uninteressierten nicht aufrechterhalten werden.

Literatur

Budge, I., & Farlie, D. (1983). *Explaining and Predicting Elections. Issue Effects and Party Strategies in Twenty-three Democracies*. London: George Allen and Unwin

Campbell, A., Converse, P. E., Miller, W. E., & Stokes, D. E. (1960). *The American Voter*. New York: Wiley.

Downs, A. (1957). *An Economic Theory of Democracy*. New York: Harper.

Iyengar, S., & Kinder, D. R. (1987). *News that Matters. Television and American Opinion*. Chicago: Chicago University Press.

Popkin, S. L. (1991). *The Reasoning Voter. Communication and Persuasion in Presidential Campaigns*. Chicago: Chicago University Press.

Rabinowitz, G., & MacDonald, S. E. (1989). A Directional Theory of Issue Voting. *American Political Science Review* 83, 787–804.

Reinemann, C., & Maurer, M. (2007). Schröder gegen Merkel. Das TV-Duell im Bundestagswahlkampf 2005. In: M. Maurer, C. Reinemann, J. Maier, & M. Maier (Hrsg.), *Schröder gegen Merkel. Wahrnehmung und Wirkung des TV-Duells 2005 im Ost-West-Vergleich* (S. 7–17). Wiesbaden: VS Verlag für Sozialwissenschaften.

Reinemann, C., & Maurer, M. (2010). Leichtgläubig und manipulierbar? Die Rezeption persuasiver Wahlkampfbotschaften durch politisch Interessiert und Desinteressierte. In: T. Faas, K. Arzheimer, & S. Roßteutscher (Hrsg.), *Information – Wahrnehmung – Emotion: Politische Psychologie in der Wahl- und Einstellungsforschung* (S. 239–257). Wiesbaden: VS Verlag für Sozialwissenschaften.

Roller, E. (1998). Positions- und performanzbasierte Sachfragenorientierung und Wahlentscheidung: Eine theoretische und empirische Analyse aus Anlaß der Bundestagswahl 1994. In: M. Kaase, & H.-D. Klingemann (Hrsg.), *Wahlen und Wähler. Analysen aus Anlaß der Bundestagswahl 1994* (S. 176–177). Opladen: Westdeutscher Verlag.

Schoen, H., & Weins, C. (2005). Der sozialpsychologische Ansatz zur Erklärung von Wahlverhalten. In: J. W. Falter, & H. Schoen (Hrsg.), *Handbuch Wahlforschung* (S. 182–242). Wiesbaden: VS Verlag für Sozialwissenschaften.

Schumann, S. (2006). *Repräsentative Umfrage*, 4. überarb. u. erweiterte Aufl. München: Oldenbourg.

Stokes, D. E. (1963). Spatial Models of Party Competition. *American Political Science Review* 57, 368–377.

Van der Brug, W. (2004). Issue Ownership and Party Choice. *Electoral Studies* 23, 209–233.

Der Einfluss des TV-Duells auf die Wahlabsicht

Jürgen Maier

1 TV-Duelle: Ohne Wirkung auf die Wahlabsicht?

Wahlkämpfe werden aus Sicht von Parteien und Politikern letztlich mit dem Ziel geführt, nach der Wahl zu dem Kreis von Akteuren zu gehören, der die Regierung bildet. Es geht darum, besser abzuschneiden als die politische Konkurrenz und Mehrheiten zu gewinnen. Wahlkampfinstrumente müssen sich deshalb daran messen lassen, ob es ihnen gelingt, hierzu einen signifikanten Beitrag zu leisten. Dies gilt selbstverständlich auch für TV-Duelle.

In zahlreichen Untersuchungen wurde nachgewiesen, dass die Rezeption von Fernsehduellen Einfluss auf politisches Wissen und – in geringerem Ausmaß – auf politische Einstellungen hat. Dies gilt, wie etwa die Kap. „Wissens- und Partizipations-Gaps: Führte das TV-Duell 2013 zu einer politischen und kognitiven Mobilisierung?" und „Alles nur Show? Effekt des TV-Duells auf Performanz- und Positionssachfragen" in diesem Buch gezeigt haben, auch für das TV-Duell 2013. Erheblich skeptischer fallen hingegen die Einschätzungen aus, wenn man die Literatur nach empirischen Belegen für den Effekt von TV-Duellen auf das Wahlverhalten durchforstet. Insbesondere in den USA ist die Auffassung weitverbreitet, dass Fernsehdebatten kaum in der Lage sind, Verhaltensabsichten zu ändern. Vielmehr – so der allgemeine Tenor – führen TV-Debatten aufgrund einer selektiven Verarbeitung von Kandidatenaussagen dazu, dass Wähler in ihren bereits vorhandenen Wahlabsichten bestärkt werden (vgl. zusammenfassend z. B. Katz und

J. Maier (✉)
Landau, Deutschland
E-Mail: maierj@uni-landau.de

Feldman 1962; McKinney und Carlin 2000; Sears und Chaffee 1979). Allerdings gibt es auch einzelne Studien, die davon ausgehen, dass TV-Debatten den Ausgang von Präsidentschaftswahlen mitentschieden haben (vgl. z. B. Gallup 1987; McKinney et al. 2003).

Dieses eher skeptische Bild trifft für deutsche TV-Duelle so nicht zu. Auf die erste Hürde auf dem Weg zu zur Stimmabgabe – die Entscheidung, ob man sich überhaupt an der Wahl beteiligen will – nehmen Fernsehdebatten einen erheblichen Einfluss (vgl. z. B. Faas und Maier 2004; Klein 2005a; Maier und Faas 2005, 2011a; Maier et al. 2013; Maurer und Reinemann 2003; anders M. Maier 2007). Vor allem politisch wenig interessierte Bürger lassen sich durch TV-Duelle mobilisieren (Faas und Maier 2004; Maier und Faas 2005, 2011a). Auch die Stimmabgabe selbst verändert sich durch das Verfolgen eines TV-Duells. Allerdings ist die Richtung davon abhängig, wie der Wähler den Ausgang der Debatte einschätzt (vgl. z. B. Faas und Maier 2004; Klein 2005a, b; Klein und Pötschke 2005; Klein und Rosar 2007; Maier 2007; M. Maier 2007; Maier und Faas 2005, 2011a, b). Wird der eigene Kandidat als Sieger gesehen, führt dies zu einer Verstärkung der Wahlabsicht (vgl. z. B. Klein 2005a; Maier und Faas 2011a). Wird der eigene Kandidat hingegen als unterlegen wahrgenommen, rücken Wähler von ihrer ursprünglichen Wahlabsicht ab (vgl. z. B. Bachl 2013; Maier und Faas 2011a). Besonders massiv sind die Effekte auf parteipolitisch ungebundene Wähler – eine Gruppe die in den letzten Jahrzehnten deutlich angewachsen ist und deshalb für Wahlkämpfer immer interessanter wird: Wird ein Kandidat als Sieger gesehen, erhöht sich die Wahrscheinlichkeit einer Stimmabgabe zugunsten seiner Partei um 30 bis 40 Prozentpunkte (Maier und Faas 2011a).

Die Ergebnisse wissenschaftlicher Untersuchungen decken sich einerseits mit den Erwartungen, die insbesondere die Massenmedien im Vorfeld eines TV-Duells an dieses richten.[1] Andererseits stehen die referierten Befunde in bemerkenswertem Kontrast zu den Wirkungsvermutungen, wie sie im Nachgang eines TV-Duells formuliert werden. Dies war auch 2013 so. Beispielsweise stuften führende Printmedien die Fernsehdebatte als Steinbrücks „letzte Chance" ein, den Wahlkampf

---

[1]Nicht nur die Medien, sondern auch die Bevölkerung ist der Meinung, dass von TV-Debatten erhebliche Wirkungen ausgehen – auch wenn die Bürger in der Regel überzeugt sind, sie selbst könnten sich diesem Einfluss entziehen, während sie ähnliches ihren Mitmenschen eher nicht zutrauen („third person effect"). So zeigt eine Untersuchung zur Bundestagswahl 2002, dass die Bürger dem TV-Duell deutlich größere Effekte zuschreiben als Nachrichtensendungen, Meinungsumfragen oder der Wahlwerbung (Rössler 2009).

Der Einfluss des TV-Duells auf die Wahlabsicht

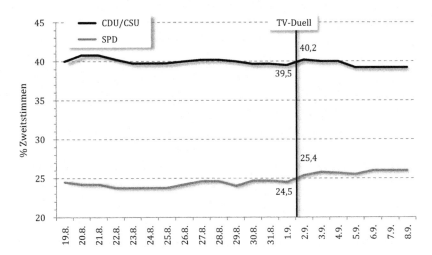

Abb. 1 Einfluss des TV-Duells auf die Zweitstimmenanteile von CDU/CSU und SPD. (Quelle: www.wahlrecht.de [zuletzt abgerufen am 7. November 2016], eigene Berechnungen. Die hier ausgewiesenen Zweitstimmenanteile sind Mittelwerte der von Allensbach, Emnid, Forsa, Forschungsgruppe Wahlen, GMS, Infratest dimap und INSA veröffentlichten Ergebnisse zur Sonntagsfrage. Die dort ausgewiesenen Werte wurden für die gesamte Feldzeit der jeweiligen Umfrage eingesetzt)

doch noch einmal zu seinen Gunsten zu beeinflussen.[2] Angesichts seines veritablen Rückstands in den Umfragen gingen die Medien also von einem erheblichen Wirkungspotenzial des TV-Duells aus. Nach der Debatte zeigten sich die Medien überwiegend enttäuscht; einige sprachen sogar von einem „TV-Duell ohne Wirkung".[3]

In der Tat legt die Entwicklung der Umfrageergebnisse nahe, dass das TV-Duell keinen bedeutsamen Effekt auf die Wahlabsichten der Bundesbürger ausgeübt hat; die in unmittelbarer Nähe der Debatte gemessenen Veränderungen der so genannten „Sonntagsfrage" liegen für beiden Parteien unter einem Prozentpunkt (Abb. 1). Zudem legen die Daten nahe, dass sich die Werte nicht nur für die SPD,

---

[2]http://www.fr-online.de/bundestagswahl---hintergrund/tv-duell-letzte-chance-fuer-steinbrueck,23998104,24165924.html; http://www.spiegel.de/politik/deutschland/spannung-vor-tv-duell-zwischen-merkel-und-steinbrueck-a-919352.html; http://www.welt.de/politik/deutschland/article119592751/So-kann-Steinbrueck-seine-letzte-Chance-nutzen.html (Zugegriffen: 7. November 2016).

[3]http://www.tagesspiegel.de/politik/politbarometer-die-gruenen-brechen-ein-tv-duell-ohne-wirkung/8744190.html (Zugegriffen: 7. November 2016).

deren Spitzenkandidat in der überwiegenden Zahl der Umfragen als Sieger der Debatte gesehen wurde, verbessern, sondern auch für die Union ein leichter Anstieg des Zweitstimmenanteils zu registrieren ist. Detailliertere Analysen zeigen allerdings, dass diese aggregierte Betrachtung, in der sich gegenläufige Trends aufheben, den Einfluss der Debatte unterschätzt: So beziffert Infratest dimap den Anteil der Zuschauer, die ihre Wahlentscheidung aufgrund des TV-Duells verändert habe, auf zehn Prozent.[4] Emnid geht sogar davon aus, dass fünf Prozent der Zuschauer stark und 15 % etwas von der Fernsehdebatte beeinflusst wurden.[5]

Die hier präsentierten Daten zum Einfluss des TV-Duells 2013 auf die Wahlabsicht haben allerdings eine Reihe von Problemen, die einen Rückschluss auf die verhaltensrelevanten Wirkungen der Fernsehdebatte erschweren. Erstens sind die in Abb. 1 dargestellten Umfrageergebnisse das Resultat von Querschnittbefragungen – also Daten, die auf einmaligen Interviews basieren. Über die Veränderung der Wahlabsicht auf der Ebene des einzelnen Wählers können diese Daten keinen Aufschluss liefern, da man hierzu für jeden Befragten zu mindestens zwei Zeitpunkten benötigen würde. Dieses Problem, mit dem übrigens auch viele der oben zitierten wissenschaftlichen Studien zum Einfluss von TV-Duellen auf die Wahlabsicht konfrontiert sind, haben die erwähnten Detailanalysen zur Debattenwirkung nicht, da dort Fernsehzuschauer wiederholt befragt wurden. Die Wirkung des TV-Duells auf die Wahlabsicht wird hier allerdings durch Selbsteinschätzungen (und nicht durch den Vergleich von Wahlabsichten vor und nach dem Duell) erfasst. Dies führt zweitens in Verbindung mit den Erkenntnissen der Third-Person-Effekt-Forschung (Rössler 2009) mit hoher Wahrscheinlichkeit zu einer Unterschätzung von Debatteneffekten. Drittens haben alle angeführten Datenquellen gemeinsam, dass zwischen Debattenrezeption und Befragung mehr oder weniger viel Zeit liegt. Da die Wahlkampfberichterstattung der Medien ihren Fokus in besonderem Maße auf Fernsehdebatten richtet, erfassen all diesen Daten neben direkten Debatteneffekten auch den Einfluss von interpersonaler und massenmedialer Kommunikation, die im Vorfeld und insbesondere im Nachgang eines TV-Duells stattfindet. Dass insbesondere von der Anschlusskommunikation starke Wirkungen auf die Wahrnehmung einer Debatte ausgehen, wurde vielfach nachgewiesen (vgl. zusammenfassend Maier et al. 2014). Die Designs dieser Studien

---

[4]http://www.infratest-dimap.de/bundestagswahl-2013/tv-duell/ (Zugegriffen: 7. November 2016).
[5]http://www.n24.de/n24/Mediathek/videos/d/3473294/hat-tv-duell-einfluss-auf-wahlentscheid-.html (Zugegriffen: 7. November 2016).

bieten jedoch leider keine Möglichkeit, direkte und indirekte Debatteneffekte voneinander zu trennen. Zusammenfassend bedeutet dies: die verfügbaren Daten und Analysen lassen keinen zuverlässigen Aufschluss darüber zu, wie stark sich die Rezeption des TV-Duells 2013 wirklich auf die Wahlabsicht ausgewirkt hat.

Das vorliegende Kapitel untersucht die Wirkung der Fernsehdebatte 2013 auf die Verhaltensabsichten der Fernsehzuschauer mit Hilfe von Experimentaldaten. Im Unterschied zu Repräsentativbefragungen sind mit diesen Daten zuverlässige Aussagen über den direkten Effekt der TV-Debatte möglich (für eine Untersuchung von Debattenwirkungen auf die Wahlabsicht mit einem identischen Design vgl. M. Maier 2007).

2 Der Einfluss des TV-Duells auf die Wahlabsicht[6]

Für die meisten unserer Untersuchungsteilnehmer gilt, dass sich das beabsichtigte Wahlverhalten durch das Verfolgen der Fernsehdebatte nicht verändert hat – 44 Regierungsanhänger wollen vor und nach dem Duell CDU/CSU bzw. FDP wählen, 90 Oppositionsanhänger zeigen ein stabiles Wahlverhalten und auch in der Gruppe der sonstigen Wähler, Wähler ohne Nennung einer konkreten Wahlabsicht und Nichtwähler blieben 63 Personen bei der vor dem Duell artikulierten Entscheidung (vgl. Abb. 2).[7]

Allerdings zeigen unsere Daten auch, dass für einige Probanden die Rezeption des TV-Duells eine Veränderung der Wahlabsicht nach sich gezogen hat. Einige dieser Veränderungen beeinflussen das Kräfteverhältnis zwischen Regierung und Opposition nicht, da es sich um einen Wechsel der Wahlabsicht innerhalb dieser Blöcke handelt. Diese sind im Oppositionslager besonders ausgeprägt (8 Personen). Aber auch im Lager der Wähler sonstiger Parteien, der Unentschlossenen und der Nichtwähler sind Wanderungsbewegungen zu beobachten (2 Personen). Andere Veränderungen der Wahlabsicht haben hingegen das Kräfteverhältnis der Lager verändert – und zwar zugunsten der linken Parteien. So verzeichnet der Regierungsblock 6 Personen, die unter dem Eindruck der TV-Debatte zur Opposition gewechselt sind; den umgekehrten Weg hat nur ein Proband beschritten. Gleichzeitig verlieren Union und Liberale 7 Personen an die Gruppe der sonstigen Parteien, der unentschlossenen Wähler und

---

[6]Eine Analyse des Einflusses auf die Wahlbeteiligung findet sich in Kap. „Die Bedeutung von Emotionen für die Rezeption der TV-Debatte 2013" unter dem Stichwort der „Mobilisierung".

[7]Personen, die bereits per Briefwahl abgestimmt haben (N = 37), wurden von den nachfolgenden Analysen ausgeschlossen.

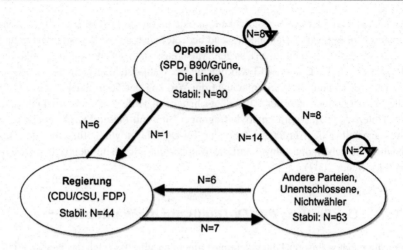

Abb. 2 Debatteninduzierte Wählerwanderung. (Experimentalgruppe; ausgewiesen sind absolute Häufigkeiten)

Tab. 1 Einfluss der Debattenrezeption auf die Veränderung der Wahlabsicht

	%	N
Enge Definition[a]	9,0	166
Weite Definition[b]	20,9	249

[a]nur Vergleich von Probanden, die vor *und* nach dem Duell eine Wahlabsicht zugunsten einer konkreten Partei angegeben haben
[b]Vergleich aller Personen mit einer Angabe zu ihrer Wahlbeteiligung und ihrer Wahlabsicht vor *und* nach dem Duell

der Nichtwähler. Gewinnen können sie aus dieser Gruppe 6 Personen. Die Bilanz der Opposition sieht hier besser aus, denn sie verliert zwar 8 Personen an diese Gruppe, kann aber im Gegenzug 14 Personen gewinnen.

Setzt man nun Stabilität und Veränderung des Wahlverhaltens in Relation, so zeigt sich, dass die Behauptung, die TV-Debatte 2013 sei ohne Konsequenzen für das Wahlverhalten geblieben, nicht aufrechterhalten werden kann (Tab. 1). Lässt man jegliche Veränderung zur Frage der Wahlabsicht zwischen den beiden Befragungswellen zu, liegt der Anteil der Wechsler bei fast 21 %.[8] Definiert man einen

---

[8]Da allerdings auch knapp zwölf Prozent der Kontrollgruppenmitglieder ihre Wahlabsicht verändert haben, ist der gemessene Effekt nicht signifikant ($p > 0{,}1$).

Tab. 2 Einfluss der Debattenrezeption auf die Sicherheit der Wahlabsicht. (Nur Experimentalgruppe)

	W1	W2	Δ_{W2-W1}	N
Gesamt	1,66	1,80	+0,14*	249
Stabile Wahlabsicht	1,83	1,92	+0,09*	197
Wechsel Wahlabsicht	1,00	1,31	+0,31	52
• Innerhalb von Regierungs- oder Oppositionslager	1,50	2,00	+0,50+	8
• Zwischen Regierungs- und Oppositionslager	1,29	1,86	+0,57*	7
• Von Regierungs- oder Oppositionslager zu sonstigen Parteien, unentschiedenen Wählern, Nichtwählern	1,93	0,20	−1,73**	15
• Von sonstigen Parteien, unentschiedenen Wählern, Nichtwählern zu Regierungs- oder Oppositionslager	0,10	1,60	+1,50**	20
• Zwischen sonstigen Parteien, unentschiedenen Wählern, Nichtwählern	0,00	2,00	+2,00	2

Signifikanzniveaus: #: $p < 0{,}1$; *: $p < 0{,}05$; **: $p < 0{,}01$; +: $p = 0{,}104$; 4-Punkte-Skala von 0 (überhaupt nicht sicher) bis 3 (sehr sicher)

Wechsel der Wahlabsicht restriktiver und betrachtet nur Untersuchungsteilnehmer, die vor und nach der Debatte eine Wahlabsicht zugunsten einer konkreten Partei vorgeben, liegt der Anteil der Wechsler bei neun Prozent.[9] Diese Werte ähneln stark den von den Meinungsforschungsinstituten in ihren Detailanalysen verbreiteten Zahlen.

Die TV-Debatte hat nicht nur einen Einfluss auf die Veränderung, sondern auch einen Effekt auf die Sicherheit der Wahlabsicht (Tab. 2). Über alle Untersuchungsteilnehmer ist zu beobachten, dass sich die Sicherheit der Wahlabsicht signifikant erhöht.[10] Dieser Zuwachs ist sowohl bei Personen zu konstatieren, die bei ihrer Wahlabsicht bleiben – also offenbar in ihrer Entscheidung bestärkt werden –, als auch bei Probanden nachweisbar, die ihre ursprüngliche Wahlabsicht zugunsten

---

[9]Wenngleich wir nach diesem Kriterium keine Veränderungen der Wahlabsicht in der Kontrollgruppe beobachten können ist die gemessene Differenz zur Experimentalgruppe nicht signifikant ($p > 0{,}1$).

[10]Allerdings ist auch bei der Kontrollgruppe ein – noch stärker ausgeprägter – Anstieg der Sicherheit der Wahlabsicht zu beobachten (+0,24 Skalenpunkte). Die Differenz zwischen Experimental- und Kontrollgruppe ist jedoch nicht signifikant ($p > 0{,}1$).

einer neuen Entscheidung aufgegeben haben.[11] Eine detaillierte Analyse der Wechsler zeigt, dass eine Veränderung der Wahlabsicht in der Regel dazu führt, dass sich die Wähler subjektiv nun sicherer sind, dieses Verhalten auch am Wahltag umsetzen zu wollen. Zusätzlich sind die gemessenen Effekte in aller Regel statistisch signifikant. Eine wichtige Ausnahme hiervon sind Abwanderungen vom Regierungs- oder Oppositionslager zu einer anderen Partei, zu den Nichtwählern oder zu Wählern, die nun keinerlei Wahlpräferenz mehr angeben können. Hier reduziert sich die subjektive Sicherheit nachvollziehbarerweise – und zwar um mehr als 1,7 Skalenpunkte.

Die Rezeption der TV-Debatte beeinflusst also die Wahlabsicht und die Sicherheit der Wahlentscheidung. Allerdings wird das individuelle Wahlverhalten auch von zahlreichen anderen Faktoren beeinflusst, die wir im Folgenden berücksichtigen wollen. Wir legen unseren Analysen das sozialpsychologische Modell des Wählerverhaltens zugrunde, das die Stimmabgabe auf die kombinierte Wirkung von Langfrist-(Parteiidentifikation) und Kurzfristfaktoren (Einstellung zu Kandidaten und Sachfragen) zurückführt (vgl. Campbell et al. 1960). Uns interessiert jedoch die Veränderung der Wahlabsicht im Zuge der Debattenrezeption. Deshalb müssen wir einerseits die auf die Wahlabsicht wirkenden Kurzfristfaktoren ebenfalls als dynamische Größen modellieren. Dies folgt der Logik, dass eine Veränderung des Stimmverhaltens nur auf einer veränderten Einstellung zu den Kandidaten bzw. zu Sachfragen basieren kann. Andererseits zeigen Untersuchungen zur Wirkung von TV-Debatten immer wieder, dass sich Effekte oft erst dann messen lassen, wenn man über die Frage hinaus, ob ein Duell gesehen wurde oder nicht, auch die Wahrnehmungen der Rezipienten im Hinblick auf die Debattenleistung der Kandidaten einbezieht. Wie diese Wahrnehmungen genau ihre Wirkung entfalten, ist jedoch kaum erforscht. Wir testen hier drei verschiedene Modelle: Erstens kann man auf der Basis eines simplen Bestrafungs-Belohnungs-Mechanismus annehmen, dass eine gute (schlechte) Debattenleistung eines Kandidaten die Wahrscheinlichkeit der Wahlabsicht für dessen Partei erhöht (reduziert). Zweitens können auch Erwartungen, wie ein Kandidat sich in der Debatte schlagen wird, bedeutsam sein. Übertrifft ein Kandidat die an ihn gestellten Erwartungen, erhöht sich die Wahrscheinlichkeit, für seine Partei zu stimmen. Kann ein Kandidat die Erwartungen hingegen nicht erfüllen, sinkt die Wahrscheinlichkeit, seine Partei zu wählen. Drittens kann man die Leistung

---

[11]Allerdings ist die beobachtete Zunahme der Sicherheit der Wahlabsicht nur bei Personen statistisch bedeutsam, die ihr Stimmverhalten beibehalten haben. Die zwischen den beiden Gruppen gemessenen Differenz in der Veränderung ist signifikant ($p < 0{,}05$).

eines Kandidaten auch mit der Performanz seines Kontrahenten vergleichen. Daraus resultiert eine Einschätzung, wer die Debatte gewonnen und wer sie verloren hat. Ein Debattensieg sollte die Wahrscheinlichkeit erhöhen, sich der Partei des Gewinners zuzuwenden. Umgekehrt sollte eine Niederlage die Wahrscheinlichkeit erhöhen, sich vom unterlegenen Kandidaten und seiner Partei anzuwenden.

Mit Blick auf die Regierungsparteien zeigen die hier verwendeten Daten, dass weder die bloße Bewertung der Debattenleistung Angela Merkels (Modell 1) noch der Vergleich zwischen den im Vorfeld des Duells an sie gerichteten Erwartungen und der von ihr gezeigten Leistung (Modell 2) eine Rolle spielt (Tab. 3). Bedeutsam ist hingegen die Wahrnehmung, dass Angela Merkel das Duell für sich entschieden hat (Modell 3). Die Wahrscheinlichkeit, dass Rezipienten ihre Wahlabsicht zugunsten der Regierungsparteien ändern, liegt bei einem Debattensieg Merkels fast sechsmal höher als bei einem Unentschieden.

Umgekehrt hat die Debattenperformanz Merkels nur einen geringen direkten Einfluss auf die Abwanderung von Regierungsanhängern. Keine der in den drei Modellen spezifizierten Varianten schlägt sich signifikant auf die Wechselwahl nieder. Vielmehr zeigt sich, dass die TV-Debatte sich in diesem Fall eher indirekt – d. h. vermittelt über politische Einstellungen – auf die Wahlabsicht auswirkt. In diesem Fall wirkt das Duell über die Problemlösungskompetenz: Personen, die der Regierung nach der Debatte eine geringe Problemlösungskompetenz zuschreiben als vor dem Duell, geben als Folge dieser Einstellungsänderung ihre Wahlabsicht zugunsten von Union und FDP auf.

Die Zuwanderung zu den Oppositionsparteien wird ebenfalls direkt vom TV-Duell beeinflusst (Tab. 4). Der dahinterstehende Prozess ist allerdings einfacher als für die Regierungsparteien, denn eine gute Debattenleistung Steinbrück erhöht die Wahrscheinlichkeit signifikant, dass die vor dem Duell angegebene Wahlabsicht geändert wird (d. h. Modell 1 erweist sich als zutreffend). Mit jedem Skalenpunkt, den der Herausforderer besser abschneidet, steigt diese Wahrscheinlichkeit um sieben Prozentpunkte an.

Wechsel weg von der Opposition lassen sich fast nur über den Vergleich der Debattenperformanz der beiden Kandidaten erklären (einzige Ausnahme ist der signifikante Einfluss der Parteibindung im letzten Modell). Allerdings wirken hier zwei Prozesse: Erstens erhöht eine schlechte Debattenleistung Steinbrücks die Wechselwahlwahrscheinlichkeit (Modell 1). Zweitens wenden sich die Wähler von der Opposition ab, wenn sie den Eindruck haben, Steinbrück habe das Duell verloren (Modell 3).

Schließlich ist – unabhängig vom jeweils betrachteten Parteienblock und dem modellierten Prozess, der für die Wirkung der Debatte angenommen wird – ein praktisch flächendeckender Effekt der Parteiidentifikation auf den Wechsel der

Tab. 3 Einfluss der Debattenleistung auf die Veränderung der Wahlabsicht mit Blick auf die Regierungsparteien. (Nur Experimentalgruppe)

	Zuwanderung						Abwanderung					
	Modell 1		Modell 2		Modell 3		Modell 1		Modell 2		Modell 3	
	b	exp (b)	b	exp (b)	b	exp (b)	b	exp (b)	b	exp (b)	b	exp (b)
Nagelkerkes R^2	0,16		0,20		0,30		0,67		0,66		0,66	
Parteiidentifikation für Regierungsparteien	−2,25*	0,11	−2,95**	0,05	−1,43#	0,24	3,81**	45,15	4,13**	62,12	4,04**	56,65
Δ Kanzlerpräferenz	0,59	1,80	1,20	3,32	−0,77	0,46	−1,30	0,27	−1,19	0,31	−1,05	0,35
Δ Problemlösungskompetenz	0,28	1,32	0,39	1,47	0,11	1,12	−1,05#	0,35	−1,12#	0,33	−1,01#	0,37
Wahrgenommene Debattenperformanz Merkel	0,07	1,07	–	–	–	–	−0,99	0,37	–	–	–	–
Wahrgenommene vs. erwartete Debattenperformanz Merkel	–	–	−0,76	0,47	–	–	–	–	−0,62	0,54	–	–
Wahrgenommener Debattensieger	–	–	–	–	1,75*	5,77	–	–	–	–	−0,45	0,64

(Fortsetzung)

Tab. 3 (Fortsetzung)

	Zuwanderung						Abwanderung					
	Modell 1		Modell 2		Modell 3		Modell 1		Modell 2		Modell 3	
	b	exp (b)	b	exp (b)	b	exp (b)	b	exp (b)	b	exp (b)	b	exp (b)
Konstante	−1,96**	0,14	−1,82**	0,16	−2,85***	0,06	−2,69#	0,07	−3,81**	0,02	−3,47**	0,03
N	224						57					

Ausgewiesen sind die Ergebnisse einer logistischen Regression. Signifikanzniveaus: #: $p < 0{,}1$; *: $p < 0{,}05$; **: $p < 0{,}01$
Zuwanderung: 0 = vor und nach dem Duell keine Wahlabsicht für CDU/CSU oder FDP, 1 = nach (aber nicht vor) dem Duell Wahlabsicht für CDU/CSU oder FDP
Abwanderung: 0 = vor und nach dem Duell Wahlabsicht für CDU/CSU oder FDP, 1 = vor (aber nicht nach) dem Duell Wahlabsicht für CDU/CSU oder FDP
Parteiidentifikation für Regierungsparteien (d. h. CDU/CSU, FDP): 0 = nein, 1 = ja
Veränderung Kanzlerpräferenz: -1 = Präferenz für Merkel vor dem Duell, keine Präferenz für Merkel nach dem Duell, 0 = alle anderen Kombinationen, 1 = keine Präferenz für Merkel vor dem Duell, Präferenz für Merkel nach dem Duell
Veränderung Problemlösungskompetenz: 7-Punkte-Skala von −3 (maximale Zuschreibung von Problemlösungskompetenzen für CDU/CSU und FDP vor dem Duell, fehlende Zuschreibung von Problemlösungskompetenzen für CDU/CSU und FDP nach dem Duell) bis +3 (fehlende Zuschreibung von Problemlösungskompetenzen für CDU/CSU und FDP vor dem Duell, maximale Zuschreibung von Problemlösungskompetenzen für CDU/CSU und FDP nach dem Duell)
Wahrgenommene Debattenperformanz Merkel: 5-Punkte-Skala von −2 (sehr schlecht) bis +2 (sehr gut)
Wahrgenommene vs. erwartete Debattenperformanz Merkel: 9-Punkte-Skala von −4 (wahrgenommene Debattenperformanz viel schlechter als vor dem Duell erwartet) bis +4 (wahrgenommene Debattenperformanz viel besser als vor dem Duell erwartet)
Wahrgenommener Debattensieger: −1 = Steinbrück, 0 = unentschieden, 1 = Merkel

Tab. 4 Einfluss der Debattenleistung auf die Veränderung der Wahlabsicht mit Blick auf die Oppositionsparteien. (Nur Experimentalgruppe)

	Zuwanderung						Abwanderung					
	Modell 1		Modell 2		Modell 3		Modell 1		Modell 2		Modell 3	
	b	exp(b)	b	exp(b)	b	exp(b)	b	exp(b)	b	exp(b)	b	exp(b)
Nagelkerkes R^2	0,22		0,21		0,20		0,15		0,06		0,18	
Parteiidentifikation für Oppositionsparteien	−1,70**	0,18	−1,76**	0,17	−1,59**	0,20	1,18	3,26	1,22	3,38	1,38#	3,96
Δ Kanzlerpräferenz	1,08	2,95	1,13	3,10	1,03	2,79	−0,02	0,98	−0,62	0,54	−0,05	0,95
Δ Problemlösungskompetenz	0,06	1,06	0,04	1,04	0,08	1,09	0,09	1,10	0,10	1,11	0,11	1,12
Wahrgenommene Debattenperformanz Steinbrück	0,68#	1,97	–	–	–	–	−0,90*	0,41	–	–	–	–
Wahrgenommene vs. erwartete Debattenperformanz Steinbrück	–	–	0,46	1,58	–	–	–	–	0,11	1,11	–	–

(Fortsetzung)

Tab. 4 (Fortsetzung)

	Zuwanderung						Abwanderung					
	Modell 1		Modell 2		Modell 3		Modell 1		Modell 2		Modell 3	
	b	exp (b)	b	exp (b)	b	exp (b)	b	exp (b)	b	exp (b)	b	exp (b)
Wahrgenommener Debattensieger	–	–	–	–	−0,48	0,62	–	–	–	–	1,10*	2,99
Konstante	−1,69***	0,19	−1,36**	0,26	−1,31	0,27	−1,95**	0,14	−2,61**	0,07	−2,29**	0,10
N	174						107					

Ausgewiesen sind die Ergebnisse einer logistischen Regression. Signifikanzniveaus: #: $p < 0,1$; *: $p < 0,05$; **: $p < 0,01$
Zuwanderung: 0 = vor und nach dem Duell keine Wahlabsicht für SPD, Bündnis 90/Die Grünen oder Die Linke, 1 = nach (aber nicht vor) dem Duell Wahlabsicht für SPD, Bündnis 90/Die Grünen oder Die Linke
Abwanderung: 0 = vor und nach dem Duell Wahlabsicht für SPD, Bündnis 90/Die Grünen oder Die Linke, 1 = vor (aber nicht nach) dem Duell Wahlabsicht für SPD, Bündnis 90/Die Grünen oder Die Linke
Parteiidentifikation für Oppositionsparteien (d. h. SPD, Bündnis 90/Die Grünen, Die Linke): 0 = nein, 1 = ja
Veränderung Kanzlerpräferenz: −1 = Präferenz für Steinbrück vor dem Duell, keine Präferenz für Steinbrück nach dem Duell, 0 = alle andere Kombinationen, 1 = keine Präferenz für Steinbrück vor dem Duell, Präferenz für Steinbrück nach dem Duell
Veränderung Problemlösungskompetenz: 7-Punkte-Skala von −3 (maximale Zuschreibung von Problemlösungskompetenzen für SPD, Bündnis 90/Die Grünen und Die Linke vor dem Duell, fehlende Zuschreibung von Problemlösungskompetenzen für SPD, Bündnis 90/Die Grünen und Die Linke nach dem Duell) bis +3 (fehlende Zuschreibung von Problemlösungskompetenzen für SPD, Bündnis 90/Die Grünen und Die Linke vor dem Duell, maximale Zuschreibung von Problemlösungskompetenzen für SPD, Bündnis 90/Die Grünen und Die Linke nach dem Duell)
Wahrgenommene Debattenperformanz Steinbrück: 5-Punkte-Skala von −2 (sehr schlecht) bis +2 (sehr gut)
Wahrgenommene vs. erwartete Debattenperformanz Steinbrück: 9-Punkte-Skala von −4 (wahrgenommene Debattenperformanz viel schlechter als vor dem Duell erwartet) bis +4 (wahrgenommene Debattenperformanz viel besser als vor dem Duell erwartet)
Wahrgenommener Debattensieger: −1 = Steinbrück, 0 = unentschieden, 1 = Merkel

Wahlabsicht zu erkennen. Mit Blick auf Zuwanderungen zeigt sich, dass vor allem Personen zum Wechsel der Wahlabsicht neigen, die keine Identifikation mit den Parteien des jeweils ins Auge gefassten Lagers haben. Die einfache Debattenexposition führt also offenbar dazu, dass neue Wählergruppen erschlossen werden. Umgekehrt geben mit Blick auf Abwanderungen eher Wähler mit einer Identifikation für die Parteien des Regierungs- bzw. Oppositionslagers ihre Wahlabsicht auf.

3 Zusammenfassung und Schlussfolgerungen

Von TV-Duellen wird oft erwartet, dass sie das Potenzial haben, den Verlauf des Wahlkampfs und den Wahlausgang entscheidend zu beeinflussen. Dies war auch bei der Bundestagswahl 2013 der Fall; das TV-Duell galt als Steinbrücks „letzte Chance". Gleichzeitig ist oft zu beobachten, dass nach einem TV-Duell die Wählerpräferenzen ähnlich verteilt sind wie noch vor der Debatte. Das Duell zwischen Merkel und Steinbrück passt in dieses Muster; einige Medien sprachen deshalb von einem „Duell ohne Wirkung".

Unsere Daten zeigen, dass für das TV-Duell 2013 die Wahrheit in der Mitte liegt: Die Debatte war weder eine Wunderwaffe, mit denen sich Wähler beliebig beeinflussen lassen, noch stimmt die Einschätzung, dass von der Debatte zwischen Merkel und Steinbrück keine Wirkung auf die Wahlabsicht ausgeht. Vielmehr gilt:

- Je nach dem, was unter der Veränderung der Wahlabsicht genau verstanden wird, haben zwischen neun und 21 % unserer Untersuchungsteilnehmer ihre ursprüngliche Wahlabsicht unter dem Eindruck der TV-Debatte geändert.
- Profitiert hat davon vor allem die Opposition; sie hat mehr Zu- als Abwanderungen zu verzeichnen. Demgegenüber haben die Regierungsparteien an Unterstützung eingebüßt.
- Die Veränderung der Wahlabsicht wird direkt und indirekt (d. h. über die Veränderung von Einstellungen) von der Debattenleistung der Kandidaten beeinflusst. Die hinter der Verhaltensänderung stehenden Prozesse sind allerdings a) nicht für beide politischen Lager gleich und b) unterschiedlich komplex. Sicher ist: Erwartungen an das Abschneiden der Kandidaten haben bei der TV-Debatte 2013 keine Rolle für die Veränderung der Wahlabsicht gespielt.
- Das Fernsehduell beeinflusst auch die Sicherheit der Wahlabsicht. Dies gilt sowohl für Wähler, die ihre Wahlabsicht trotz Debattenrezeption nicht verändert haben, als auch für Wähler, die aufgrund des TV-Duells ihre Stimmabgabe nochmals überdacht haben.

Insgesamt zeigen unsere Analysen, dass Fernsehdebatten die Wahlabsicht und die Sicherheit beeinflussen, mit der die Wähler diese am Wahltag umsetzen wollen. Damit sind TV-Debatten nicht nur eine wichtige Entscheidungshilfe für Wähler, sondern sie sind potenziell auch in der Lage, Einfluss auf den Wahlkampf und den Wahlausgang zu nehmen. Dass die Effekte nicht vernachlässigbar sind, legen die gemessenen Größenordnungen der Wählerwanderung nahe. Da diese sich zum Teil gegenseitig aufheben – Kandidaten und die hinter ihnen stehenden Parteien verbuchen üblicherweise Gewinne *und* Verluste – erscheint die verhaltensrelevante Wirkung von TV-Duellen bei aggregierter Betrachtung, wie sie zumeist von den Medien bevorzugt wird, aber eher klein. Weil der weit überwiegende Teil der Wähler bei ihrer Wahlabsicht bleibt, wird dieser – falsche – Eindruck weiter verstärkt.

Da sich TV-Duelle auf die Wahlabsicht niederschlagen stellt sich für die Wahlkampfteams die Frage, wie man hier positive Effekte maximieren kann. Wie Kandidaten in Fernsehdebatten auftreten und was sie dort für Aussagen treffen, spielt bei diesen Überlegungen natürlich eine wichtige Rolle. Allerdings wird auch im Vorfeld einer Fernsehdebatte regelmäßig versucht, die Bedeutung eines TV-Duells „richtig" einzuordnen und – wie im Sport – Favoriten und Außenseiter zu identifizieren. Dabei ist die Außenseiterrolle traditionell begehrter als die des Favoriten, denn – so die dahinterstehende Überlegung – wenn die Erwartungen niedrig sind, erscheint fast jede Performanz gelungen. Dass dies von den Wählern nicht so gesehen wird, belegen unsere Daten. Wichtiger sind eine gute Debattenleistung und ein Debattensieg. Gelingt Kandidaten dies, werden Wähler gewonnen. Scheitern Kandidaten hier, büßen sie an Unterstützung im Elektorat ein.

Literatur

Bachl, M. (2013). Die Wirkungen des TV-Duells auf die Bewertung der Kandidaten und die Wahlabsicht. In: M. Bachl, F. Brettschneider, & S. Ottler (Hrsg.), *Das TV-Duell in Baden-Württemberg 2011. Inhalte, Wahrnehmungen und Wirkungen* (S. 173–198). Wiesbaden: Springer VS.
Campbell, A., Converse, P. E., Miller, W. E., & Stokes, D. E. (1960). *The American Voter*. New York: Wiley.
Faas, T., & Maier, J. (2004). Chancellor-Candidates in the 2002 Televised Debates. *German Politics* 13, 300–316.
Gallup, G. (1987). The Impact of Presidential Debates on the Vote and Turnout. In: J. L. Swerdlow (Hrsg.), Presidential Debates 1988 and Beyond (S. 34–42). Washington: Congressional Quarterly.

Katz, E., & Feldman, J. J. (1962). The Great Debates in the Light of Research. A Survey of Surveys. In: S. Kraus (Hrsg.), *The Great Debates. Kennedy vs. Nixon, 1960* (S. 173–223). Bloomington: Indiana University Press.

Klein, M. (2005a). Der Einfluss der beiden TV-Duelle im Vorfeld der Bundestagswahl 2002 auf die Wahlbeteiligung und die Wahlentscheidung. Eine log-lineare Pfadanalyse auf der Grundlage von Paneldaten. *Zeitschrift für Soziologie* 34, 207–222.

Klein, M. (2005b). Die TV-Duelle. Events ohne Effekt? In: M. Güllner, H. Dülmer, M. Klein, D. Ohr, M. Quandt, U. Rosar, & H.-D. Klingemann (Hrsg.), *Die Bundestagswahl 2002. Eine Untersuchung im Zeichen hoher politischer Dynamik* (S. 143–159). Wiesbaden: Springer VS.

Klein, M., & Pötschke, M. (2005). Haben die beiden TV-Duelle im Vorfeld der Bundestagswahl 2002 den Wahlausgang beeinflusst? Eine Mehrebenenanalyse auf der Grundlage eines 11-Wellen-Kurzfristpanels. In: J. W. Falter, O. W. Gabriel, & B. Weßels (Hrsg.), *Wahlen und Wähler. Analysen aus Anlass der Bundestagswahl 2002* (S. 357–370). Wiesbaden: VS Verlag für Sozialwissenschaften.

Klein, M., & Rosar, U. (2007). Wirkungen des TV-Duells im Vorfeld der Bundestagswahl 2005 auf die Wahlentscheidung. Eine empirische Analyse unter besonderer Berücksichtigung von Medieneinflüssen auf die Siegerwahrnehmung und subjektive Erwartungshaltungen an die Debattenperformanz der Kandidaten. *Kölner Zeitschrift für Soziologie und Sozialpsychologie* 59, 81–104.

Maier, J. (2007). Wahlkampfkommunikation und Wahlverhalten. In: H. Rattinger, O. W. Gabriel, & J. W. Falter (Hrsg.), *Der gesamtdeutsche Wähler. Stabilität und Wandel des Wählerverhaltens im wiedervereinigten Deutschland* (S. 385–411). Baden-Baden: Nomos.

Maier, J., & Faas, T. (2005). Schröder gegen Stoiber. Wahrnehmung, Verarbeitung und Wirkung der Fernsehdebatten im Bundestagswahlkampf 2002. In: J. W. Falter, O. W. Gabriel, & B. Weßels (Hrsg.), *Wahlen und Wähler. Analysen aus Anlass der Bundestagswahl 2002* (S. 77–101). Wiesbaden: VS Verlag für Sozialwissenschaften.

Maier, J., & Faas, T. (2011a). "Miniature Campaigns" in Comparison. The German Televised Debates, 2002–09. *German Politics* 20, 75–91.

Maier, J. & Faas, T. (2011b). Das TV-Duell 2009 – langweilig, wirkungslos, nutzlos? Ergebnisse eines Experiments zur Wirkung der Fernsehdebatte zwischen Angela Merkel und Frank-Walter Steinmeier. In: H. Oberreuter (Hrsg.), *Am Ende der Gewissheiten. Wähler, Parteien und Koalitionen in Bewegung* (S. 147–166). München: Olzog.

Maier, J., Faas, T., & Maier, M. (2013). Mobilisierung durch Fernsehdebatten. Zum Einfluss des TV-Duells auf die politische Involvierung und die Partizipationsbereitschaft. In: B. Weßels, H. Schoen, & O. W. Gabriel (Hrsg.), *Wahlen und Wähler. Analysen aus Anlass der Bundestagswahl 2009* (S. 79–96). Wiesbaden: Springer VS.

Maier, J., Faas, T., & Maier, M. (2014). Aufgeholt, aber nicht aufgeschlossen. Wahrnehmungen und Wirkungen von TV-Duellen am Beispiel von Angela Merkel und Peer Steinbrück 2013. *Zeitschrift für Parlamentsfragen* 45, 38–54.

Maier, M. (2007). Verstärkung, Mobilisierung, Konversion – möglich ist alles! Die Wirkungen des TV-Duells auf die Wahlabsicht. In: M. Maurer, C. Reinemann, J. Maier, & M. Maier (Hrsg.), *Schröder gegen Merkel. Wahrnehmung und Wirkung des TV-Duells 2005 im Ost-West-Vergleich* (S. 145–165). Wiesbaden: VS Verlag für Sozialwissenschaften.

Maurer, M., & Reinemann, C. (2003). *Schröder gegen Stoiber. Nutzung, Wahrnehmung und Wirkung der TV-Duelle.* Wiesbaden: Springer VS.
McKinney, M. S., & Carlin, D. B. (2000). Political Campaign Debates. In: L. L. Kaid (Hrsg.), *Handbook of Political Communication Research* (S. 203–234). Mahwah: Routledge.
McKinney, M. S., Dudash, E. A., Hodgkinson, G. (2003). Viewer Reactions to the 2000 Presidential Debates. Learning Issue and Image Information. In: L. L. Kaid, J. C. Tedesco, D. G. Bystrom, & M. S. McKinney (Hrsg.), *The Millennium Election. Communication in the 2000 Campaign* (S. 43–58). Lanham: Rowman & Littlefield.
Rössler, P. (2009). Wie Menschen die Wirkungen politischer Medienberichterstattung wahrnehmen – und welche Konsequenzen daraus resultieren. Zum Zusammenhang von politischer Willensbildung, Second- und Third-Person-Effekten. In: F. Marcinkowski, & B. Pfetsch (Hrsg.), *Politik in der Mediendemokratie* (S.468–495). Wiesbaden: VS Verlag für Sozialwissenschaften.
Sears, D. O., & Chaffee, S. H. (1979). Uses and Effects of the 1976 Debates. An Overview of Empirical Studies. In S. Kraus (Hrsg.), *The Great Debates. Carter vs. Ford, 1976* (S. 223–261). Bloomington: Indiana University Press.

Begleitung des TV-Duells auf Twitter

Dominic Nyhuis und Johannes Friederich

1 Einleitung

Soziale Medien haben in den vergangenen Jahren eine stetig wachsende Bedeutung erlangt. Gemeinsam erlebte Ereignisse können im digitalen Raum kommentiert und deren Bedeutung eingeordnet werden. Dies gilt auch und insbesondere für massenmediale Inhalte wie beispielsweise das TV-Duell. Während die unvermittelte Einordnung solcher Ereignisse traditionell nur in einem kleinen Kreis von Mitsehern geschah (siehe Kap. „Interpersonale Kommunikation während und nach der Rezeption des TV-Duells" in diesem Band), geben die sozialen Medien Zuschauern die Gelegenheit sich zeitlich unmittelbar und unvermittelt mit einer prinzipiell unbeschränkten Zahl von Interessierten auszutauschen.

Insbesondere die Plattform Twitter ist hier besonders geeignet für den Austausch mit der interessierten Öffentlichkeit, da sie prinzipiell keine Beschränkungen der Teilnahme an einem Gespräch zu einem bestimmten Thema vorsieht. In diesem Beitrag untersuchen wir daher die Duell-begleitende Kommunikation auf Twitter. Dabei geht es zum einen um deskriptive Merkmale der Kommunikation – aus welchem Anlass wurde von wem wie oft getwittert. Zum anderen werden Möglichkeiten aufgezeigt, wie Twitter herangezogen werden kann, um die unmittelbare öffentliche Bewertung von politischen Ereignissen zu untersuchen. Dabei liegt der

D. Nyhuis (✉)
Frankfurt am Main, Deutschland
E-Mail: dominic.nyhuis@soz.uni-frankfurt.de

J. Friederich
Münster, Deutschland
E-Mail: Johannes.Friederich@uni-muenster.de

Bezug zu den Gegenständen dieses Bandes klar auf der Hand. Das im Rahmen des TV-Duells durchgeführte Experiment diente nicht zuletzt der Erhebung unmittelbarer Zuschauerbewertungen. Aus der Twitter-Kommunikation ergeben sich gleichfalls unmittelbare Bewertungen des Geschehens und der handelnden Akteure. Somit bietet die Duell-begleitende Kommunikation auf Twitter Zugriff auf Bewertungen einer großen Nutzerzahl.

Im weiteren Verlauf dieses Beitrages werden zunächst einige einleitende Bemerkungen zur Twitter-Plattform gemacht. Der folgende Abschnitt führt dann in die Verwendung von Twitter zur Begleitung (politischer) Ereignisse ein. Abschn. 3 wendet sich der Datenerhebung und einigen deskriptiven Statistiken zu. Sodann beschreibt Abschn. 4 die Themenschwerpunkte in der Twitter-Kommunikation, Abschn. 5 schließlich untersucht die Bewertung der Kandidaten auf Twitter und ihre Parallelität mit den Ergebnissen der RTR-Messungen. Abschn. 6 schließt mit einem kurzen Fazit.

Twitter wird häufig als Microblogging-Dienst bezeichnet. Jeder Nutzer kann Nachrichten – sogenannte Tweets – mit einer maximalen Länge von 140 Zeichen veröffentlichen, die auf einer personalisierten Seite für andere Nutzer des Netzwerks einsehbar sind. Anwender können Nachrichten für ihren Nachrichtenfeed abonnieren, indem sie ihnen folgen („Follower"). Somit handelt es sich bei Twitter um eine Plattform für Blogger mit einer eingeschränkten Nachrichtenlänge, welche im Gegensatz zu anderen sozialen Netzwerken wie etwa Facebook asymmetrische Beziehungen ermöglicht.

Darüber hinaus bietet die Plattform die Möglichkeit des „Retweeting", bei dem ein Tweet anderer an die eigenen Follower weitergeleitet wird. Auf diese Weise erreicht eine Nachricht einen größeren Leserkreis. Weiterhin kann man sich in einem Tweet an einen anderen Nutzer richten, indem man das @-Zeichen mit einem Benutzernamen verbindet (@Benutzername). Antwortet man derart auf die Nachricht eines anderen Nutzers, spricht man von „Reply". Tweets, die mit einem Benutzernamen beginnen, erscheinen nur im Newsfeed des angesprochenen Nutzers sowie bei Followern beider Accounts. Diese Formen der Nutzung von Twitter erweitern die Funktionalität eines normalen Blogs (Halavais 2014, S. 31 ff.). Elter (2013, S. 206) betrachtet Following als eine „niedrigschwellige Partizipation und Interaktion", Retweeting als „Interaktion" und Replies als einen „Dialog".

Um Tweets nicht explizit gefolgter Nutzer zu lesen und zu filtern, ist der Gebrauch von sogenannten „Hashtags" üblich. Dies sind zumeist Schlüsselwörter, die mit einem #-Zeichen versehen werden (#Hashtag), welche die Thematik des Tweets wiedergeben und somit der Indexierung dienen. Es ist üblich, dass sich zu viel besprochenen Gegenständen Hashtags herausbilden, die von einem

Großteil der Gesprächsbeteiligten verwendet werden. Ist man nun an Tweets einer bestimmten Thematik interessiert, so kann man sich über die Suche des Hashtags, der sich zu diesem Gegenstand durchgesetzt hat, nur die relevanten Nachrichten anzeigen lassen (Halavais 2014, S. 36 f.).

Der Informationsaustausch auf der Twitter-Plattform ist zwar relativ unabhängig von den Massenmedien, doch spricht die Netzwerkstruktur der Beziehungen gegen einen gleichberechtigten Austausch von Kommentaren und Informationen. Einige Accounts, meist genutzt von Bloggern, Journalisten oder politischen Akteuren, weisen eine stark überdurchschnittliche Anzahl an Followern auf. Sie dienen als besondere Knotenpunkte im Netzwerk und nehmen daher eine dominante Stellung ein. Die Reichweite von Tweets dieser Accounts wird zusätzlich dadurch erhöht, dass diese durch Follower retweetet werden und damit einen noch größeren Nutzerkreis erreichen (Jürgens und Jungherr 2011, S. 216 ff.).

2 Twitter und politische Kommunikation

Das sogenannte „Web 2.0" revolutioniert nicht nur die alltägliche Kommunikation vieler Menschen, es verändert ebenso den Wahlkampf. Schon bei der Bundestagswahl 2009 konnte man ein verstärktes Interesse der Medien an digitalen Auftritten der Parteien erkennen sowie eine größere oder erstmalige Nutzung des online basierten Wahlkampfes durch politische Parteien (Jürgens und Jungherr 2011, S. 201 f.). Beeinflusst wurde dieser Trend durch die USA, wo Barack Obama nicht zuletzt durch eine erfolgreiche Online-Kampagne der Einzug in das Weiße Haus gelang. Dies wirkte sich auf die Erwartungen an den deutschen Wahlkampf aus. Besondere Bedeutung durch Medien und politische Akteure wurde dabei dem Microblogging-Dienst Twitter zugeschrieben, obwohl die Zugriffszahlen weit hinter anderen online basierten Kommunikationskanälen wie Facebook oder YouTube liegen. Die Zahl der täglichen politischen Tweets stieg im Laufe des Bundestagswahlkampfes 2009 stetig an, verdoppelte sich nahezu pro Monat und hatte seine Höhepunkte während des TV-Duells sowie kurz vor dem und am Wahlsonntag (Jürgens und Jungherr 2011, S. 201 ff.).

Das hohe Nachrichtenvolumen während des TV-Duells erklärt sich durch die Möglichkeit, Twitter zur Echtzeit-Kommentierung zu nutzen. So können während eines Fernsehereignisses mit dem sogenannten „Second Screen" Stimmungen verfolgt und eigene Meinungen kundgetan werden (Shamma et al. 2009, S. 3 f.). Die Verbindung zwischen alten und neuen Medienkanälen erfreut sich zunehmender Beliebtheit, da sie die Kommentierung und das Informieren außerhalb der Massenmedien ermöglicht und die Nutzer vom passiven Zuschauer zum aktiven Teilnehmer macht. Der bisherige Höhepunkt der Echtzeit-Kommentierung eines politischen Ereignisses war das erste TV-Duell zwischen Mitt Romney und Barack Obama 2012 in den USA mit über 150.000 Tweets pro Minute sowie über 10 Mio. Tweets im Verlauf des gesamten Duells (McKinney et al. 2013, S. 557; Stand: August 2016).

Die steigende Bedeutung von Twitter als politischem Medium bietet ebenfalls neue Möglichkeiten für die Wahlforschung. So wurde in der Literatur untersucht, inwiefern die Anzahl an Tweets mit Parteien- oder Kandidaten-Hashtag mit Stimmenanteilen nach einer Wahl zusammenfallen (Jungherr 2013) oder auf entsprechende Veränderungen in der Wählergunst schließen kann (McKinney et al. 2013) sowie ob das Verfassen und Lesen von Tweets die individuelle Wahlentscheidung beeinflusst (Maruyama et al. 2014). Weiterhin wurden Verbindungen zwischen Tweets und Inhalten politischer Debatten hergestellt (Elmer 2012, S. 23 f.).

Analysen von Tweets während einer politischen Debatte im TV zeigen, dass es einen Zusammenhang zwischen Duell-Inhalten und Tweets gibt. So steigt die Anzahl der Nachrichten zumeist am Ende eines Themenblocks. Ein besonders starker Anstieg ist ebenso kurz vor und nach dem Ende der Fernsehübertragung zu beobachten. Außerdem gibt es Überschneidungen bei den gebrauchten Begriffen der Kontrahenten in einem TV-Duell und denen der Twitterer während des gleichen Zeitraums (Shamma et al. 2009, S. 5 ff.). Diakopoulos und Shamma (2010, S. 1196 f.) untersuchen weiterhin die evaluierende Ebene der Tweets, die während des TV-Duells zwischen John McCain und Barack Obama im Jahr 2008 abgeschickt wurden, indem sie Nachrichten in die Kategorien „positiv", „negativ", „gemischt" und „Sonstige" einteilen. Dabei zeigt sich, dass die Mehrheit der Kommentare auf Twitter eine negative Bewertung beinhalten und dass sich zeitliche und inhaltliche Beziehungen zwischen den Debattengegenständen und Bewertungen auf Twitter herstellen lassen.

Neben der manuellen Einteilung der Tweets entlang bestimmter Bewertungsdimensionen existiert die Alternative der automatisierten Analyse von Empfindungen. So können Tweets etwa nach bestimmten Wörtern und/oder Emoticons durchsucht werden, die einen positiven oder negativen Zahlenwert zugewiesen bekommen, um die aggregierte Empfindung des jeweiligen Tweets zu schätzen (Thelwall 2014, S. 91 f.). Verknüpft man solche Untersuchungen mit verwendeten Hashtags (z. B. der Kontrahenten im TV-Duell), wird es möglich, die Empfindung einem Objekt zuweisen. Da solche Verfahren mit Heuristiken arbeiten, sind sie allerdings fehleranfällig. So beinhalten viele Tweets ironische und sarkastische Kommentare, was die automatisierte Erfassung schwerer erkennen kann und daher fehlinterpretiert. Darüber hinaus existieren Accounts in Twitter, die Tweets automatisch retweeten oder sogar generieren. Solche Nachrichten sind bei der automatisierten Erfassung von Empfindungen von anderen Nachrichten schwer zu unterscheiden (Driscoll et al. 2013).

Nach der Erläuterung der Datenquelle wird in der Folge zunächst auf die Themenschwerpunkte in der begleitenden Duell-Kommunikation auf Twitter eingegangen. Es wird aufgezeigt, dass sich die inhaltlichen Schwerpunkte in der begleitenden Kommunikation stark an den Debattengegenständen im Duell orientieren, man also von einer Parallelität der Themen auf Twitter und im TV-Duell sprechen kann. In einem zweiten Schritt wird dann die Kandidatenbewertung auf Twitter im Duellverlauf mit der Bewertung in einem Offline-Sample verglichen. Es zeigt sich, dass die Bewertungen auf Twitter stark an den Inhalten der Debatte hängen. Weiterhin gibt es in den großen Ausschlägen klare Übereinstimmungen zwischen der Bewertung auf Twitter und dem Offline-Sample, in der Breite kann dagegen eher nicht von einer Übereinstimmung gesprochen werden.

3 Daten

In diesem Abschnitt werden die verwendeten Daten kurz erläutert. Dabei wird zum einen kurz auf die Datenerhebung eingegangen, zum anderen werden einige deskriptive Statistiken zum Twitter-Aufkommen währen der Duell-Zeit präsentiert. Zur Untersuchung der parallelen Kommunikation auf Twitter während des TV-Duells wurden alle einschlägigen Tweets mithilfe der von Twitter zur Verfügung gestellten API gesammelt.[1] Als einschlägig wurden verschiedene Stichworte und Hashtags definiert, die im Rahmen des TV-Duells zu erwarten waren, etwa „#merkel", „#steinbrück" und „#tvduell". Es hat sich während der Erhebung gezeigt, dass der Großteil der Tweets zum Thema TV-Duell mit dem Hashtag „#tvduell" gekennzeichnet war. Aus diesem Grund beschränkt sich die Untersuchung in der Folge auf all jene Tweets, die entsprechend markiert waren. Insbesondere wurden alle Tweets einbezogen, die während des Duellzeitraums – 20.30 Uhr bis 22.00 Uhr – sowie eine Stunde vor und nach dem Duell abgesetzt wurden.

Um einen Eindruck vom Inhalt der Tweets zu bekommen, wurde eine zufällige Stichprobe von rund 2000 Tweets von eigens geschulten Codierern ausgewertet. Dabei wurden Themenschwerpunkte, die besprochenen Akteure sowie deren Bewertungen aufgezeichnet. Diese handcodierte Stichprobe wird die Diskussion in den Abschn. 4 und 5 leiten.

---

[1] https://dev.twitter.com/docs/api/streaming (Zugegriffen: 7. November 2016).

Während des gesamten Erhebungszeitraums – Duell-Zeit plus/minus eine Stunde – wurden rund 160.000 Tweets mit dem Hashtag „#tvduell" gesammelt, von denen etwa 150.000 von der Twitter-API als deutschsprachig markiert wurden. Bei etwas mehr als 60.000 Tweets im Datensatz handelt es sich um Retweets. Insgesamt wurden die rund 160.000 Tweets im Datensatz von etwa 31.000 Accounts abgesetzt.

4 Themenschwerpunkte

Bevor sich der folgende Abschnitt den Kandidaten-Bewertungen in den Tweets zuwendet, untersuchen wir hier zunächst die Themen, welche in den Tweets angesprochen wurden. Dabei soll es zum einen um die allgemeinen Schwerpunkte in den Daten gehen, zum anderen um die Übereinstimmung zwischen den Themen in den Tweets und den im TV-Duell angesprochenen Themen.

Abb. 1 gibt einen ersten Überblick über den zeitlichen Verlauf des Tweet-Aufkommens während des Untersuchungszeitraums. Für die Abbildung wurden alle Tweets in Minuten zwischen 19.30 Uhr und 23.00 zusammengefasst. Es lässt sich eine deutliche Zunahme der Tweets mit Beginn des Duells erkennen. Die Zahl bleibt relativ stabil über den Duell-Zeitraum und flacht nach Ende des Duells wieder schnell und deutlich ab.

Es lassen sich vier Spitzen in den Daten erkennen. Zum einen die beiden Peaks gegen 22.00 Uhr mit etwas über bzw. etwas unter 2000 Tweets pro Minute. Diese Höhepunkte fallen mit den Abschluss-Statements von Merkel zusammen. Während der Spitze gegen 21.45 Uhr wurde der Themenkomplex „NSA" angesprochen, der eine prominente Rolle während des Wahlkampfes spielte und insbesondere auch in den Tweets zum TV-Duell häufig kommentiert wurde (siehe Abschn. 4). Ein vierter Gipfel schließlich zeigt sich gegen 20.50 Uhr. Diese Spitze fällt im Duell mit dem Themenkomplex „Griechenland/Eurorettung" zusammen. Es lässt sich somit neben der relativen Stabilität des Tweet-Aufkommens während des gesamten Erhebungszeitraums ebenfalls feststellen, dass Nutzer bestimmte Themen stärker zum Anlass genommen haben, um sich an der Online-Diskussion zu beteiligen.

Eine verhältnismäßig simple Möglichkeit, sich den thematischen Schwerpunkten der Tweets zu nähern liegt in der Betrachtung der Hashtags. Diese werden von Nutzern verwendet, um ihre Tweets thematisch zu klassifizieren und die Identifikation relevanter Tweets für andere User zu erleichtern. Abb. 2 stellt die 40 am

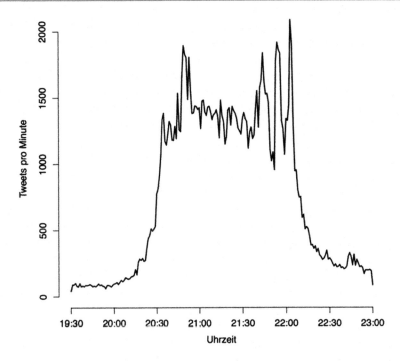

Abb. 1 Zahl der Tweets pro Minute im Erhebungszeitraum

häufigsten verwendeten Hashtags im Datensatz dar.[2] Die Länge der Balken zeigt die Häufigkeit, mit der ein bestimmter Hashtag im gesamten Datensatz verwendet wurde.

Es zeigt sich, dass häufig personen- und gruppenbezogen getwittert wurde, sodass etwa die Hashtags „#merkel", „#steinbrück/#steinbrueck", „#cdu", „#spd", „#jauch" und ähnliche am meisten verwendet wurden. Darüber hinaus gibt es aber auch Hashtags, die auf thematische Cluster hindeuten. So befinden sich etwa „#nsa", „#prism" und „#snowden" unter den am häufigst verwendeten Hashtags. Diese Hashtags sind alle im Themenkomplex Internetspionage anzusiedeln, der während des Wahlkampfs eine große Rolle spielte. Dieser Themenkomplex

---

[2]Der Hashtag „#tvduell" wurde nicht dargestellt. Da die Auswahl des Datensatzes über diesen Hashtag erfolgte, ist er in jedem Tweet im Datensatz enthalten.

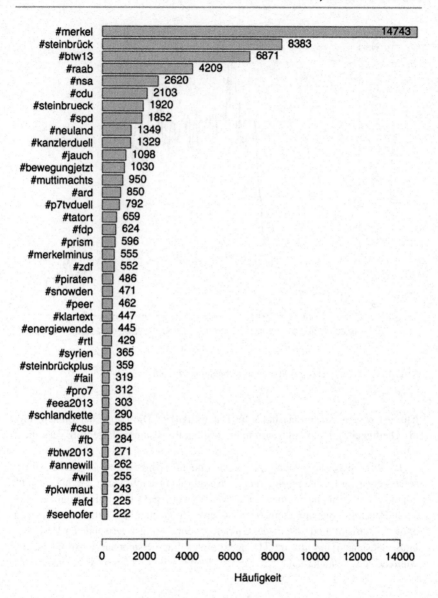

Abb. 2 Meist verwendete Hashtags im Untersuchungszeitraum

wurde auch im TV-Duell angesprochen und hat offenbar eine große Resonanz bei den Twitter-Nutzern hervorgerufen. Dass Internet-bezogene Themen ohnehin einen hohen Stellenwert bei den Nutzern aufweisen, lässt sich auch am häufig verwendeten Hashtag „#neuland" erkennen, welcher sich scherzhaft auf einen Ausspruch von Angela Merkel bezieht, in dem sie das Internet als *Neuland* bezeichnet hat.[3]

Weitere inhaltliche Schwerpunkte, die sich in den Hashtags erkennen lassen, sind „#energiewende", „#syrien" und „#pkwmaut". Dass sich diese thematischen Schwerpunkte unmittelbar durch die Debattengegenstände ergeben, lässt sich durch die zeitliche Häufung der Hashtags nachweisen. So stellt Abb. 3 die minutenweise Verwendung des Hashtags „#nsa" über den Debattenverlauf dar. Es gibt eine deutliche Häufung des Hashtags kurz vor Ende des Duells, der klar mit der Einführung des Themas durch die Moderatoren zusammenhängt.

Neben der thematischen Klassifizierung, wie sie durch die Nutzer selbst vorgenommen wurde, kann auch auf die Themenschwerpunkte im handcodierten Sample zurückgegriffen werden. Die dunklen Balken in Abb. 4 zeigen den Anteil der Themen, wie sie im Sample der rund 2000 handcodierten Tweets vorkommen. Die codierten Themen zeigen teilweise gute Übereinstimmungen mit den Themenschwerpunkten, wie sie sich bereits aus den Hashtags ergeben haben. So ist etwa die Kategorie „Internationale Beziehungen" durch die NSA-Affäre dominiert, die hier als Unterkategorie codiert wurde. Ebenso ist das Thema PKW-Maut ein stark dominierender Faktor im Themenkomplex „Infrastruktur". Gleichwohl lassen sich durch die Handcodierung auch Themenkomplexe erkennen, die sich nicht durch die Hashtags ergeben haben, insbesondere Tweets in der Wirtschafts- und Sozialpolitik.

Zum anderen zeigt Abb. 4 in den hellgrauen Balken die Anteile der debattierten Gegenstände im TV-Duell. Hierzu wurde der Debattenverlauf halbminütig mithilfe des gleich Codierschemas thematisch klassifiziert, um einen systematischen Eindruck der debattierten Themen zu erhalten.[4] Es zeigt sich eine klare Übereinstimmung zwischen den relativen Themenanteilen im Duell und in den Twitter-Nachrichten, der sich einem Korrelationskoeffizienten von 0,80 niederschlägt. Es lässt sich daher schließen, dass die Themen während des Duells diskussionsleitend für die Kommunikation auf Twitter waren, dass sich die Online-Debatte also eng an den Duellgegenständen orientiert.

---

[3]http://www.sueddeutsche.de/politik/kritik-an-merkels-internet-aeusserung-neuland-aufschrei-im-spiesser-netz-1.1700710 (Zugegriffen: 7. November 2016).
[4]Nicht policy-relevante Gesprächsbestandteile, wie etwa die Schluss-Statements der Kandidaten wurden für diese Abbildung nicht betrachtet.

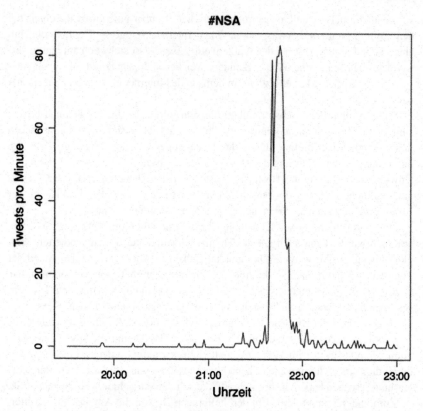

Abb. 3 Minutenweise Verwendung des Hashtags „#NSA" in den gesammelten Tweets

5 Bewertung der Kandidaten

Die Twitter-Plattform ist unter anderem deshalb von so großem wissenschaftlichen Interesse, da sie eine Einschätzung der öffentlichen Meinung bezüglich (politischer) Ereignisse in Echtzeit erlaubt. Dabei muss einschränkend bemerkt werden, dass die Plattform – insbesondere in Deutschland – eine stark verzerrte Nutzerbasis aufweist, deren Merkmale in keiner Weise mit denen der deutschen Wahlpopulation übereinstimmen (Jungherr 2013, S. 1 f.). Die Schätzungen der Echtzeitreaktionen auf das TV-Duell, wie sie hier mittels RTR-Messungen vorgenommen wurden, eignen sich hervorragend, um zu untersuchen, inwiefern

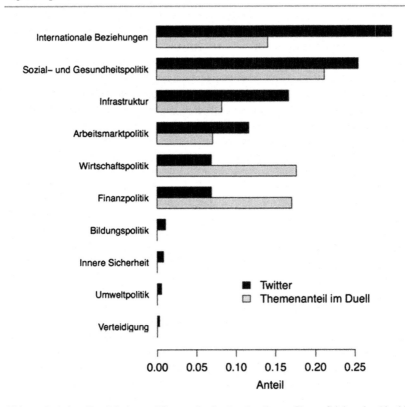

Abb. 4 Relative Häufigkeit von Themen in der handcodierten Tweet-Stichprobe (dunkle Balken) sowie die relative Häufigkeit von Themen im Duellverlauf

Kandidaten-Bewertungen auf Twitter mit Bewertungen in den RTR-Daten zusammenfallen. Sollte dies der Fall sein, dann wäre der empirischen Forschung ein ausgezeichnetes Instrument an die Hand gegeben, um zukünftig Schätzungen der öffentlichen Meinung zu erheben.

Im Folgenden untersuchen wir die Bewertung der Kandidatin Merkel, wie sie sich aus den handcodierten Tweets ergibt, und vergleichen diese mit der Bewertung der Kandidatin, die sich aus den RTR-Push-Buttons ergibt. Wir beschränken die Untersuchung auf die Amtsinhaberin, da die Fallzahl der handcodierten Tweets relativ gering ist. Da Angela Merkel deutlich häufiger Gegenstand der

Twitter-Kommunikation war (vgl. Abb. 2), liegt hier mehr Material vor, um die Kandidatenbewertung über Zeit nachzuvollziehen.[5]

Zur Schätzung der Bewertung der Kandidatin wurden alle Tweets mit einer Wertung der Kandidatin auf Minutenebene zusammengefasst und die Differenz der positiven und negativen Tweets berechnet und z-standardisiert. Abb. 5 zeigt das Ergebnis dieser Operation. Sie stellt die minutenweise Differenz der handcodierten Merkel-Bewertungen in den Tweets dar. Neben den Merkel-Bewertungen in den Tweets wurden auch die debattierten Themenkomplexe während besonderer Ausschläge der Kurve abgebildet.

Starke Ausschläge lassen sich fast ausschließlich ins Negative feststellen. Dies bestätigt Ergebnisse der bisherigen Forschung zu Twitter im Rahmen von TV-Duellen, in denen Tweets mehrheitlich negative Wertungen beinhalten (Diakopoulos und Shamma 2010). Auffällig ist der besonders starke Abfall der Bewertungen gegen 21.45 als der Themenkomplex Internetspionage angesprochen wurde. Kleinere Ausschläge lassen sich darüber hinaus bei den Themen PKW-Maut sowie beim Thema Energiewende/Energiepolitik feststellen. Ein deutlicher Abfall über mehrere Minuten lässt sich schließlich beim Thema Geld und Finanzen feststellen, welches zu Beginn des TV-Duells angesprochen wurde.

Nach dieser allgemeinen Betrachtung der Bewertungen von Angela Merkel in den Tweets wenden wir uns nun der Frage zu, inwiefern diese Bewertungen mit den RTR-Messungen zusammenfallen. Zu diesem Zweck werden hier die Ergebnisse der RTR-Push-Buttons verwendet, da sie konzeptionell am stärksten mit den Bewertungen in den Twitter-Nachrichten verwandt scheinen. Es wurde abermals die Differenz der positiven und negativen Bewertungen auf Minutenebene zusammengefasst und z-standardisiert. Die sich ergebende Kurve wurde mittels des Lowess-Verfahrens geglättet, um Trends in den Daten klarer erkennen zu können.

Abb. 6 zeigt das Ergebnis dieser Operation. Die durchgezogene Linie präsentiert die geglättete Schätzung der Merkel-Bewertungen, wie sie sich aus den RTR-Push-Buttons ergeben. Die gestrichelte Linie zeigt die Schätzung aus den Twitter-Mitteilungen – identisch zu Abb. 5. Auch hier wurde eine Glättung vorgenommen, um einen klareren Eindruck der Entwicklung in den Bewertungen zu erhalten.[6]

---

[5]Für zukünftige Untersuchungen könnte die Fallzahl durch die automatische Codierung von Tweet-Inhalten erhöht werden, wie dies an verschiedenen Stellen bereits erfolgreich vorgenommen wurde (O'Connor 2010).

[6]In beiden Fällen wurde ein Glättungswert gewählt, bei dem 1/10 der Punkte in die Schätzung der lokalen Regression eingehen.

Begleitung des TV-Duells auf Twitter

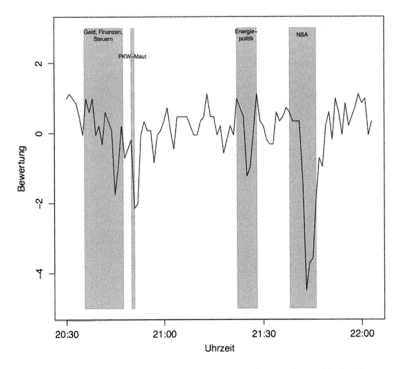

Abb. 5 Minutenweise zusammengefasste Differenz der handcodierten Merkel-Bewertungen in den Twitter-Mitteilungen. Zur besseren Orientierung wurden die Debattengegenstände während besonderer Ausschläge der Kurve ebenfalls abgebildet

Trotz Abweichungen lassen sich einige klare Übereinstimmungen in den Daten erkennen. So zeigt sich besonders zu Beginn der Debatte gegen 20.45/20.50 Uhr ein deutlicher Abfall in beiden Kurven während der Themenkomplex Finanzen angesprochen wird. Ein zweiter deutlicher Abfall in beiden Kurven ist sichtbar gegen 21.45 Uhr im Verlauf des NSA-Spionagethemas. Ebenso deutlich ist aber auch die stark ins Positive ausschlagende Kurve während der Schlussstatements der beiden Kandidaten, hier insbesondere von Merkel. Trotz dieser deutlichen Parallelität in den starken Ausschlägen muss allerdings bemerkt werden, dass die Kurven in der Breite nur leidlich parallel sind, was sich nicht zuletzt in einem Korrelationskoeffizienten von 0,30 der beiden Kurven ausdrückt.

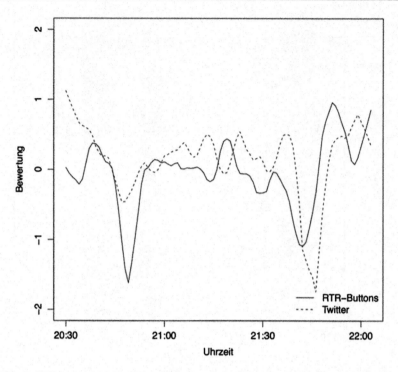

Abb. 6 Differenz der Merkel-Bewertungen über den Debattenverlauf. Die durchgezogene Linie zeigt die geglättete und z-standardisierte Differenz der RTR-Push-Buttons auf Minutenebene. Die gestrichelte Linie zeigt die geglättete Differenz der Ergebnisse aus Abb. 5. Der Korrelationskoeffizient der Kurven beträgt 0,30

6 Schlussbetrachtung

Die sozialen Medien bieten die Möglichkeit des unmittelbaren Austauschs über kollektive Großereignisse. Sie erlauben eine prinzipiell nicht hierarchisch strukturierte Debatte, die der ungefilterten Einordnung und Bewertung politischer – und nicht-politischer – Gegenstände dienen kann. Die sozialen Netzwerke haben eine erhebliche Aufmerksamkeit durch sozialwissenschaftliche Forschung erlangt, da sie einen beispiellosen Zugriff auf die sich herausbildende öffentliche Meinung erlauben. Dabei steht derlei Forschung allerdings stets unter dem Vorbehalt, dass die Beteiligung an Debatten auf sozialen Medien – hier am Beispiel von Twitter – erheblichen Selektionseffekten unterliegt. Dieser Beitrag diente neben der allgemeinen Beschreibung der begleitenden Duell-Kommunikation insbesondere auch der Untersuchung, inwiefern Bewertungen auf Twitter mit wissenschaftlich besser abgesicherten Verfahren zusammenfallen.

Die Erkenntnisse dieses Beitrages lassen sich in drei Stichpunkten zusammenfassen. Zum ersten ließ sich – trotz weiterhin verhältnismäßig geringer Nutzerzahlen von Twitter in Deutschland – eine Vervielfachung des Tweet-Aufkommens während des Duellzeitraums im Vergleich zum TV-Duell im Vorlauf der Bundestagswahl 2009 feststellen. Dies signalisiert, dass zum einen die Bedeutung von Twitter als sozialem Medium zugenommen hat, zum anderen aber auch die Nutzung von sozialen Medien zur kollektiven Einordnung politischer Ereignisse.

Zum zweiten zeigt sich, dass die thematischen Schwerpunkte in den Tweets während des Duellzeitraums eindeutig durch die Duell-Themen vorgegeben wurden. Dies gilt sowohl für die Häufigkeit, mit der bestimmte Themen angesprochen werden als auch im zeitlichen Aufkommen von Themen auf Twitter. Die Online-Debatte greift die Offline-Debatte somit unmittelbar auf.

Schließlich – und maßgeblich im Hinblick auf zukünftige Forschung – konnte gezeigt werden, dass es einige Übereinstimmungen zwischen Bewertungen auf Twitter und der systematischeren Messung von Duell-Bewertungen mittels des RTR-Verfahrens gibt. Dabei ließ sich zum einen ein klarer Zusammenhang zwischen den Debattengegenständen und den Bewertungen der Amtsinhaberin Merkel im zeitlichen Verlauf nachweisen, zum anderen ein Zusammenhang zwischen RTR-Bewertungen und Twitter-Bewertungen. Einschränkend muss allerdings bemerkt werden, dass sich eine entsprechende Parallelität der Online- und Offline-Population vornehmlich bei starken Ausschlägen zeigt. Bei geringerer Aktivität lässt sich hingegen eine weniger starke Übereinstimmung beobachten. Es muss daher vorläufig ein eher skeptisches Fazit gezogen werden im Hinblick auf die Möglichkeit Twitter zur Messung öffentlicher Meinung heranzuziehen (vgl. Jungherr et al. 2012).

Literatur

Diakopoulos, N. A., & Shamma, D. A. (2010). Characterizing debate performance via aggregated twitter sentiment. *Proceedings of the SIGCHI Conference on Human Factors in Computing Systems,* 1195–1198.

Driscoll, K., Ananny, M., Bar, F., Guth, K., Kazemzadeh, A., Leavitt, A., & Thorson, K. (2013). Big Bird, Binders, and Bayonets – Humor and live-tweeting during the 2012 U.S. Presidential Debates. *Selected Papers of Internet Research* 3, 1–4.

Elmer, G. (2012). Live research – Twittering an election debate. *New Media & Society* 15, 18–30.

Elter, A. (2013). Interaktion und Dialog? – Eine quantitative Inhaltsanalyse der Aktivitäten deutscher Parteien bei Twitter und Facebook während der Landtagswahlkämpfe 2011. *Publizistik* 58, 201–220.

Halavais, A. (2014). Structure of Twitter – Social and Technical. In: K. Weller, A. Bruns, J. Burgess, M. Mahrt, & C. Puschmann (Hrsg.), *Twitter and Society* (S. 29–42). New York: Lang.

Jungherr, A. (2013). Tweets and Votes, a Special Relationship – The 2009 Federal Election in Germany. *Proceedings of the 2nd workshop on Politics, elections and data.*

Jungherr, A., Jürgens, P., & Schoen, H. (2012). Why the Pirate Party Won the German Election of 2009 or the Trouble with Predictions: A Response to Tumasjan, A., Sprenger, T.O., Sander, P.G. & Welpe, I.M. Predicting Elections with Twitter: What 140 Characters Reveal About Political Sentiment. *Social Science Computer Review* 30, 229–234.

Jürgens, P., & Jungherr, A. (2011). Wahlkampf vom Sofa aus – Twitter im Bundestagswahlkampf 2009. In: E. J. Schweitzer, & S. Albrecht (Hrsg.), *Das Internet im Wahlkampf – Analysen zur Bundestagswahl 2009* (S. 201–225). Wiesbaden: VS Verlag für Sozialwissenschaften.

Maruyama, M., Robertson, S. P., Douglas, S., Semaan, B., & Faucett, H. (2014). Hybrid Media Consumption – How Tweeting During a Televised Political Debate Influences the Vote Decision. *Proceedings of the 17th ACM conference on Computer supported cooperative work & social computing,* 1422–1432.

McKinney, M. S., Houston, J. B., & Hawthorne, J. (2013). Social watching a 2012 Republican presidential primary debate. *American Behavioral Scientist* 58, 556–573.

O'Connor, B., Balasubramanyan, R., Routledge, B. R., & Smith, N. A. (2010). From Tweets to Polls: Linking Text Sentiment to Public Opinion Time Series. *Proceedings of the International AAAI Conference on Webblogs and Social Media.*

Shamma, D. A., Kennedy, L., & Churchill, E. F. (2009). Tweet the debates – Understanding Community Annotation of Uncollected Sources. *Proceedings of the first SIGMM workshop on Social media,* 3–10.

Sonnenfeld, I. (2011). Twitter und das Kanzlerduell 2009 – Ereignisorientierte Echtzeitkommunikation als neue Form der politischen Versammlung. http://www.regierungsforschung.de/dx/public/article.html?id=122&show=type-6&by=articletyp. Zugegriffen: 7. November 2016.

Thelwall, M. (2014). Sentiment Analysis and Time Series with Twitter. In: K. Weller, A. Bruns, J. Burgess, M. Mahrt, & C. Puschmann (Hrsg.), *Twitter and Society* (S. 83–96). New York: Lang.

Interpersonale Kommunikation während und nach der Rezeption des TV-Duells

Johannes Leuchte

1 Einleitung

Das TV-Duell 2013 war nicht nur eines der zentralen Ereignisse im Bundestagswahlkampf, sondern mit 17,7 Mio. Zuschauern auch eines der wichtigsten Medienereignisse des Jahres (Zubayr und Gerhard 2014). Ein Merkmal solcher Medienereignisse ist, dass sie für reichlich Gesprächsstoff sorgen und somit selbst Debatten initiieren (Dayan und Katz 1992): Menschen tauschen sich über das Gesehene aus, sei es in beiläufigen Gesprächen am Arbeitsplatz, sei es in einer intensiven inhaltlichen Diskussion mit der Partnerin oder dem Partner.

Wenn Rezipienten solche Gespräche führen, dann schließt sich unmittelbar die Frage an, ob und in welcher Form die Gesprächsinhalte einen Einfluss auf die ursprünglichen Effekte der Medienrezeption besitzen. Diese Frage nach der Beziehung von massenmedialer und interpersonaler Kommunikation gewinnt seit einiger Zeit in der politischen Kommunikationsforschung an Bedeutung (Haas 2014; Neiheisel und Niebler 2015; Schmitt-Beck 2000, 2003; Feldman und Price 2008; Lenart 1994). In der bisherigen Forschung zu TV-Duellen ist die Auseinandersetzung mit interpersonaler Kommunikation hingegen weniger ausgeprägt und die Zahl der Studien überschaubar.

Im Fokus stand dabei zumeist postrezeptive interpersonale Kommunikation, die in den Tagen nach dem Duell stattgefunden hat, und ihr Einfluss auf die Bewertung der Leistung der Kandidaten. Grundsätzlich sind solche Gespräche aber nicht nur nach dem TV-Duell denkbar, sondern können auch zeitgleich

---

J. Leuchte (✉)
Münster, Deutschland
E-Mail: johannes.leuchte@uni-muenster.de

© Springer Fachmedien Wiesbaden GmbH 2017
T. Faas et al. (Hrsg.), *Merkel gegen Steinbrück*,
DOI 10.1007/978-3-658-05432-8_11

zur Fernsehdebatte geführt werden, wenn die Rezeption in Gruppen stattfindet (Gehrau 2014). Kessler und Kupferschmitt (2012) konnten in einer Untersuchung auf Basis der telemetrischen Daten der AGF/GfK Fernsehforschung zeigen, dass die Fernsehrezeption in Gemeinschaft auch in Zeiten, in denen Haushalte über eine Vielzahl verschiedener Empfangsgeräte verfügen, noch weit verbreitet ist und eine solche Gruppenrezeption insbesondere bei außerordentlichen Medienereignissen stattfindet. Dass dies auch auf die Rezeption des TV-Duells 2013 zutrifft, verdeutlicht Tab. 1.

Wie schon bei den Fernsehdebatten der vergangenen Bundestagswahlkämpfe hat eine Mehrzahl der Zuschauer (56 %) das TV-Duell 2013 gemeinsam mit mindestens einer anderen Person geschaut. Damit bestätigt sich auch im Jahr 2013, was Katz und Feldman schon vor über 50 Jahren zur berühmten Debatte zwischen Kennedy und Nixon festgestellt haben: Fernsehdebatten werden in Gruppen, zumindest gemeinsam im Haushalt verfolgt (Katz und Feldman 1977, S. 217). Politische Medienereignisse wie Fernsehdebatten machen auf diese Weise das heimische Wohnzimmer zu einer „öffentlichen Arena", in der die Rezipienten interagieren und somit selbst zu einem Teil des Medienereignisses werden (Dayan und Katz 1992, S. 128).

Das folgende Kapitel widmet sich deshalb nicht nur der Bedeutung der interpersonalen Kommunikation nach dem TV-Duell, sondern befasst sich auch mit der rezeptionsbegleitenden interpersonalen Kommunikation während des TV-Duells. Dazu werden neben den Befragungsdaten der Versuchsteilnehmer in Mainz, Landau und Koblenz (siehe zu den Daten Kap. „Das Studiendesign" dieses Bandes) auch die Angaben von weiteren Teilnehmern herangezogen, die das TV-Duell

Tab. 1 Die Rezeption des TV-Duells 2013 in Gemeinschaft. (Quelle: ZDF-Medienforschung; AGF/GfK Fernsehforschung; Fernsehpanel (D + EU); exkl. Außerhausnutzung)

	TV-Duell 2005	TV-Duell 2009	TV-Duell 2013
Zuschauer gesamt	20,98 Mio.	14,09 Mio.	17,17 Mio.
Anteil Rezeption in Gemeinschaft	57,9 %	56,8 %	55,8 %
Davon			
Mit einer anderen Person	84,9 %	89,3 %	88,1 %
Mit zwei anderen Personen	10,0 %	7,9 %	8,1 %
Mit drei oder mehr anderen Personen	5,0 %	2,9 %	3,8 %

in Kleingruppen im heimischen Wohnzimmer verfolgt haben.[1] Bevor so ein möglichst umfassendes Bild der interpersonalen Kommunikation über das TV-Duell 2013 gezeichnet wird, soll im nächsten Abschnitt zunächst der Forschungsstand zur interpersonalen Kommunikation während und nach der Rezeption von Fernsehdebatten und ihre Auswirkung auf die Leistungsbewertung der Kandidaten diskutiert werden.

2 Interpersonale Kommunikation und TV-Debatten

Die Bedeutung von rezeptionsbegleitender interpersonaler Kommunikation ist in der wissenschaftlichen Analyse der Wirkungen von TV-Debatten bislang weitestgehend ausgeblendet worden. Ein Grund hierfür ist möglicherweise die experimentelle Anlage vieler TV-Duell-Studien, die eher auf intraindividuelle Prozesse der Verarbeitung und Bewertung der Fernsehdebatten abzielen, anstatt diese Individuen im sozialen Kontext zu betrachten, in den sie auch schon während der Rezeption eingebunden sind. Einzelne Studien zeigen jedoch auf, wie bedeutend Informationen aus dem sozialen Umfeld auch rezeptionsbegleitend sein können.

Fein et al. (2007) berichten in ihrer Auseinandersetzung mit sozialen Einflussprozessen bei der Bewertung von Fernsehdebatten Ergebnisse aus einer Reihe von Experimenten, die allesamt für eine außerordentliche Bedeutung des sozialen Rezeptionskontextes sprechen. In einer Studie sahen Probanden, während sie gemeinsam in einer Gruppe einen Ausschnitt aus einer älteren Debatte verfolgten, zeitgleich eine RTR-Kurve, die scheinbar die durchschnittliche Kandidatenbewertung der Gruppe abbildete. Tatsächlich waren diese RTR-Daten manipuliert, sodass in verschiedenen Gruppen jeweils eine deutliche Unterstützung für einen der beiden Kandidaten durch das soziale Umfeld signalisiert wurde. Die Autoren können in der Leistungsbewertung nach der Debattenrezeption signifikante Unterschiede zwischen den Gruppen feststellen, wobei die Probanden ihre Leistungsbewertung dem wahrgenommenen, manipulierten Urteil ihres sozialen Umfelds angepasst haben. Dieses Ergebnis bestätigen die Autoren in einem weiteren Experiment, in dem die (scheinbare) Leistungsbewertung des sozialen Umfelds den Probanden nicht durch eingeblendete RTR-Daten, sondern durch (ebenfalls manipulierte) interpersonale Kommunikation während der Rezeption vermittelt wurde. Auch hier führte die unterschiedliche Bewertung durch das

---

[1]Dieses Teilprojekt wurde durch den Forschungsschwerpunkt „Kommunikation, Medien und Politik" der Universität Koblenz-Landau unterstützt.

soziale Umfeld zu signifikant unterschiedlichen Einschätzungen der Debattenleistung der Kandidaten durch die Probanden.

Weitere Hinweise für die Bedeutung des sozialen Umfelds liefert eine Studie von Weaver et al. (2009), die ihre Ergebnisse zwar vor dem Hintergrund von Fernsehdebatten diskutieren, empirisch jedoch den Einfluss eingeblendeter, manipulierter RTR-Daten auf die Bewertung eines Musikvideos untersuchen. Auch sie beobachten dabei deutliche Unterschiede in der Bewertung des Medienstimulus in Abhängigkeit von der eingeblendeten RTR-Kurve.

Auch Barbara Wolf (2010) arbeitet mit der Einblendung manipulierter RTR-Kurven während der Rezeption eines österreichischen TV-Duells aus dem Jahr 2006. Sie kann ebenfalls einen signifikanten Einfluss der manipulierten RTR-Kurven auf die Bewertung der Debattenleistung der Kandidaten nachweisen und somit zeigen, „dass die Kandidaten von den Zuschauern nicht nur aufgrund ihrer Leistung im TV-Duell, sondern zu einem bedeutenden Teil auch in (unterbewusster) Anlehnung an wahrgenommene Fremdmeinungen beurteilt werden" (Wolf 2010, S. 228). Insgesamt deuten diese wenigen empirischen Belege auf einen starken interpersonalen Einfluss bei der Bewertung der Leistungen von Kandidaten in Fernsehdebatten hin, und dies nicht nur in Form von eingeblendeten RTR-Daten, sondern auch in Form rezeptionsbegleitender interpersonaler Kommunikation. Allerdings wurden in den bisherigen Studien aufgrund ihres experimentellen Ansatzes Effekte zwar unter kontrollierten Bedingungen nachgewiesen, Informationen darüber, wie dieser Einfluss in konkreter rezeptionsbegleitender interpersonaler Kommunikation ausgeübt wird, fehlen jedoch bislang.

Häufiger als interpersonale Kommunikation *während* TV-Duellen wurden Formen und Effekte interpersonaler Kommunikation *nach* der Rezeption untersucht. Allerdings kann auch hierzu festgestellt werden, dass sich das Forschungsgebiet noch in der Entwicklung befindet, obwohl einzelne wenige Studien der postrezeptiven interpersonalen Kommunikation einen wichtigen Stellenwert im Hinblick auf die zeitliche Stabilität von Debatteneffekten zuschreiben (Maier und Faas 2006). Erst in den letzten Jahren haben sich insbesondere die Vorgängerstudien zum vorliegenden Band gezielt mit der Frage auseinandergesetzt, wie stabil die Beurteilungen der Kandidatenleistungen in der Debatte im Zeitverlauf sind und welchen Einfluss die in Gesprächen wahrgenommenen Urteile auf diese Bewertungen besitzen. Maier und Faas (2003) können in ihrer Studie zu den deutschen TV-Duellen im Bundestagswahlkampf 2002 nachweisen, dass interpersonale Kommunikation einen stabilisierenden Einfluss auf die Bewertung der Kandidaten in TV-Duellen hat. Dabei sind allerdings nicht nur die Intensität, sondern auch die Inhalte der Kommunikation, also die Bewertung durch die Gesprächspartner, von entscheidender Bedeutung (Maier 2004). Rezipienten von TV-Duellen scheinen ihre Einschätzungen über das TV-Duell mit denen ihres persönlichen Umfelds abzugleichen und, bei wahrgenommenen Differenzen, die eigenen Einschätzungen nachträglich entsprechend anzupassen. Der Einfluss des interpersonalen Umfelds auf die Anpassung der Kandidatenbewertung war zumindest für eine der beiden untersuchten Fernsehdebatten sogar größer als der Einfluss der massenmedialen Berichterstattung (Maier und Faas 2006). Auch M. Maier (2007) berichtet in ihrer Untersuchung über das TV-Duell 2005, dass sich die Versuchsteilnehmer in der Woche nach der Debatte häufig mit anderen Personen über die Debatte unterhalten haben. Dabei kann sie zeigen, dass sich die Leistungsbewertung der Kandidaten in der Woche nach dem Duell teilweise deutlich verändert hat. Allerdings wird dabei nicht genauer zwischen den Einflüssen massenmedialer und interpersonaler Kommunikation differenziert.

Insgesamt deuten alle bisherigen Untersuchungen auf einen bedeutenden Einfluss der interpersonalen Kommunikation auf die Bewertung der Kandidatenleistung in TV-Duellen hin, und dies sowohl im Hinblick auf rezeptionsbegleitende Kommunikation zwischen Personen, die das TV-Duell gemeinsam schauen, als auch im Hinblick auf Kommunikation, die erst in den Tagen nach dem TV-Duell stattfindet. Die wahrgenommenen Urteile des sozialen Umfelds scheinen schon während der Fernsehdebatte die Bewertungen der Kandidaten zu beeinflussen und können nach dem Duell dafür sorgen, dass diese Bewertungen noch einmal verändert werden. Im Folgenden wird deshalb untersucht, ob sich diese Muster auch für das TV-Duell 2013 zwischen Angela Merkel und Peer Steinbrück nachweisen lassen. Dabei werden rezeptionsbegleitende und postrezeptive interpersonale Kommunikation getrennt analysiert. Zunächst soll dabei jeweils geklärt werden, wie weit verbreitet diese Form der interpersonalen Kommunikation ist und wie sie charakterisiert werden kann, bevor im Anschluss daran jeweils der Einfluss der im Gespräch wahrgenommenen Fremdmeinung auf das Urteil der Teilnehmer analysiert wird. Die empirische Untersuchung hat demnach das Ziel, die folgenden vier Forschungsfragen zu beantworten:

1. *Findet während der Rezeption des TV-Duells in Gruppen interpersonale Kommunikation statt und wie kann diese charakterisiert werden?*
2. *Welchen Einfluss haben die in der rezeptionsbegleitenden interpersonalen Kommunikation wahrgenommenen Urteile auf die Bewertung der Debattenleistung?*
3. *Wie kann die interpersonale Kommunikation nach dem TV-Duell charakterisiert werden?*
4. *Welchen Einfluss haben die in der postrezeptiven interpersonalen Kommunikation wahrgenommenen Urteile auf die nachträgliche Bewertung der Debattenleistung?*

3 Empirische Analyse der interpersonalen Kommunikation während der Rezeption des TV-Duells

Methode

Um unter möglichst kontrollierten Bedingungen rezeptionsbegleitende interpersonale Kommunikation zu untersuchen, stand eine Versuchsgruppe am Standort Mainz zur Verfügung: 20 Teilnehmer haben das TV-Duell live verfolgt, hatten dabei aber nicht die Aufgabe, eine RTR-Bewertung abzugeben. Im Gegensatz zu den anderen Versuchsteilnehmern, die dazu angehalten waren, während der Rezeption des Duells nicht mit ihren Nachbarn zu sprechen und die Debatte auch nicht laut zu kommentieren, wurde diese Gruppe dazu ermutigt, sich möglichst natürlich zu verhalten, die eigene Meinung zu äußern und sich mit anderen zu unterhalten, so als ob sie das TV-Duell zu Hause gemeinsam mit der Familie oder mit Freunden verfolgen würden. Zusätzlich waren die Tische im Raum dieser Gesprächsgruppe zu kleineren Gruppentischen gestellt, um eine möglichst kommunikationsfördernde Stimmung zu erzeugen. Die Probanden haben dann dieselben Vor- und Nachbefragungen ausgefüllt wie alle anderen Versuchsteilnehmer. Zusätzlich wurden sie zu ihrem Gesprächsverhalten während der Duellrezeption befragt.

Eine Gefahr dieses Designs bestand darin, dass die Teilnehmer in der Gesprächsgruppe möglicherweise durch die ungewohnten Rezeptionsbedingungen (unbekannte, große Personengruppe, unbekannte Umgebung) in ihrer Kommunikation gehemmt würden. Um dieser Gefahr zu begegnen und zur externen Validierung wurden zusätzlich zur Gesprächsgruppe in Mainz 14 Kleingruppen am Standort Münster rekrutiert, die aus jeweils zwei schon vorher miteinander bekannten Personen bestanden, die das TV-Duell dann gemeinsam im heimischen Wohnzimmer verfolgten. Bei der Rekrutierung wurde versucht, vor allem im Hinblick auf die Parteipräferenzen eine ausgeglichene Zusammensetzung zu erreichen. Dies ist jedoch nicht vollständig geglückt: Unter den 28 Personen, die jeweils mit einer anderen Person das TV-Duell verfolgt haben, waren nur 4 Anhänger des Regierungslagers aus CDU, CSU und FDP, jedoch 19 Anhänger der Oppositionsparteien SPD, Grüne und Linke. 5 Personen äußerten keine oder eine andere Parteipräferenz. Im Hinblick auf die Zusammensetzung der Gruppen ist die Ausgeglichenheit erreicht worden: 14 Personen haben sich bei der Rezeption in Gesellschaft eines Anhängers eines anderen Lagers befunden, 14 Personen haben das Duell gemeinsam mit Gleichgesinnten verfolgt. Unter diesen 28 Versuchsteilnehmern waren mehr männliche (n = 17) als weibliche (n = 11)

Versuchsteilnehmer. Mit einem durchschnittlichen Alter von 30 (SD = 10,92) waren sie auch etwas jünger als die Teilnehmer am Standort Mainz. Jede der 14 Kleingruppen wurde von einem Versuchsleiter ähnlich instruiert wie die Gesprächsgruppe in Mainz: Auch sie sollten sich möglichst natürlich verhalten und wurden ermuntert, Meinungen zu äußern und sich zu unterhalten. Während der Rezeption selbst war der Versuchsleiter nicht im Raum anwesend, um eine mögliche Beeinflussung auszuschließen.

Auch die 28 Probanden aus den Kleingruppen wurden mehrmals befragt, wobei dem Fragebogen unmittelbar nach dem Duell ebenfalls der Fragebogen über das Gesprächsverhalten beigefügt war, der lediglich der leicht veränderten Rezeptionssituation angepasst wurde.[2]

Die in der Befragung erfassten Items beinhalten unter anderem Aussagen zur Kommunikationsaktivität, zur Charakterisierung des Gesprächspartners und der Gespräche sowie Angaben über die im Gespräch wahrgenommene Bewertung der Kandidatenleistung des Gesprächspartners. Mithilfe dieser letzten Variablen ist es möglich, den interpersonalen Einfluss auf die individuelle Bewertung der Kandidatenleistungen unmittelbar nachzuvollziehen, da sie analog zur Bewertung der Kandidatenleistung durch die Befragten selbst erhoben wurde, nämlich einzeln für jeden Kandidaten auf einer fünfstufigen Skala (von 1 = sehr gut bis 5 = sehr schlecht). Durch die Differenz dieser Leistungseinschätzungen der beiden Kandidaten kann die Gesamtleistung der Kandidaten im direkten Vergleich abgebildet und somit auch der Debattensieger bestimmt werden – für die Teilnehmer selbst genauso wie für die im Gespräch wahrgenommenen Urteile.

Im Folgenden wird nun zunächst die rezeptionsbegleitende Kommunikation beschrieben, insbesondere im Hinblick auf die Unterschiede, die sich möglicherweise zwischen der relativ kontrollierten Versuchsbedingung in der Großgruppe und der Kleingruppenbedingung feststellen lassen. Dann wird der Einfluss dieser Gespräche auf die Kandidatenbewertung analysiert.

---

[2]In Mainz war es aufgrund der größeren Rezeptionsgruppe möglich, dass die Teilnehmer sich mit mehr als einer Person unterhielten. Um dennoch interpersonale Einflüsse genau abzubilden und dadurch die Vergleichbarkeit der Daten zwischen der Klein- und der Großgruppenbedingung sicherzustellen, wurden auch in Mainz dyadische Beziehungen modelliert. Die Probanden wurden gebeten, die Eigenschaften und die Gespräche mit der Person zu beschreiben, mit der sie sich während der Rezeption des Duells am meisten unterhalten haben – ein Verfahren, das sich an der netzwerkanalytischen Forschung zu Gesprächseinflüssen in Wahlkämpfen orientiert (Schmitt-Beck et al. 2012).

Charakteristika der interpersonalen Kommunikation während des TV-Duells
Die 20 Teilnehmer in der großen Gesprächsgruppe berichten insgesamt nur von sehr verhaltenen Kommunikationsaktivitäten: Nur 11 Probanden geben überhaupt an, dass sie sich während der Debatte über das Gesehene unterhalten haben, davon mehr als die Hälfte wenig oder sehr wenig (55 %). Nur eine Person gibt an, viel geredet zu haben, den höchsten Skalenwert „sehr viel" wählt keiner der Teilnehmer. In den Gesprächen waren die Gesprächspartner in 91 % der Fälle manchmal oder häufiger einer Meinung, in 46 % sogar oft oder sehr oft. Dieser Eindruck wird auch dadurch bestätigt, dass es in den Gesprächen nach Angaben der Befragten kaum zu Überzeugungsversuchen gekommen ist, weder vonseiten der Teilnehmer selbst (82 % geben „selten" oder „nie" an) noch vonseiten ihrer Gesprächspartner (91 % sagen „selten" oder „nie").

Insgesamt sind die Gesprächsaktivitäten in der Großgruppe also überschaubar. Dass rezeptionsbegleitende interpersonale Kommunikation jedoch normalerweise kein rares Phänomen ist, zeigt der Vergleich mit den 28 Probanden, die das TV-Duell in der häuslichen Situation zusammen mit einer anderen Person verfolgt haben. Alle Teilnehmer berichten, sich während der Rezeption zumindest ein wenig über das TV-Duell unterhalten zu haben, 39 % davon sogar viel oder sehr viel. Tatsächlich scheint die relativ künstliche Situation in der Großgruppe die Rezipienten stark in ihrem natürlichen Kommunikationsverhalten zu hemmen. Im Hinblick auf die Gesprächsinhalte lassen sich hingegen keine so deutlichen Unterschiede feststellen: Auch in den Kleingruppen gab es nur wenig kontroverse Diskussionen, die Teilnehmer waren in den Gesprächen mehrheitlich oft oder sehr oft einer Meinung (71 %), dementsprechend selten waren auch dort Überzeugungsversuchen durch die Teilnehmer selbst oder Überzeugungsversuchen, denen die Teilnehmer ausgesetzt waren. Die Hälfte der Befragten hat zu keinem Zeitpunkt solche Überzeugungsversuche registriert. Dies ist insofern interessant, als sich aus der Zusammensetzung der Kleingruppen im Hinblick auf die Parteiidentifikation ja in der Hälfte der Fälle durchaus Konfliktpotenzial hätte ergeben können. Im Folgenden werden die Teilnehmer aus der Großgruppe und die Teilnehmer aus den Kleingruppen gemeinsam ausgewertet.

Tab. 2 zeigt im Hinblick auf die Übereinstimmung der Urteile ein eindeutiges Bild: Wenn die Befragten bei ihrem Gesprächspartner eine eindeutige Tendenz für einen der beiden Kandidaten wahrgenommen haben, dann äußern sie in fast allen Fällen dieselbe Einschätzung.

Eine Analyse dieses Zusammenhangs auf der Ebene der einzelnen Kandidatenbewertungen bestätigt den Trend (Tab. 3): In jeweils mehr als der Hälfte der

Tab. 2 Eigene Einschätzung des Debattensiegers und wahrgenommene Einschätzung des Debattensiegers des Gesprächspartners im Vergleich

Einschätzung des Debattensieger	Wahrgenommener Einschätzung des Debattensieger des Gesprächspartners		
	Merkel	Unentschieden	Steinbrück
Merkel	67 %	46 %	–
Unentschieden	33 %	36 %	4 %
Steinbrück	–	18 %	96 %
n	3	11	24

Basis: Alle Versuchsteilnehmer der Gesprächsgruppen, die während der Rezeption Gespräche geführt haben und eine Bewertung der Kandidatenleistung bei ihrem Gesprächspartner wahrgenommen haben

Tab. 3 Eigene Bewertung der Kandidatenleistung und wahrgenommene Bewertung der Kandidatenleistung des Gesprächspartners

Eigene Bewertung der Kandidatenleistung	Merkel	Steinbrück
Besser als bei Gesprächspartner wahrgenommen	40 %	23 %
Gleich	58 %	62 %
Schlechter als bei Gesprächspartner wahrgenommen	3 %	16 %
n	38	39

Basis: Alle Versuchsteilnehmer der Gesprächsgruppen, die während der Rezeption Gespräche geführt haben und eine Bewertung der Kandidatenleistung bei ihrem Gesprächspartner wahrgenommen haben

Fälle bewerten die Teilnehmer die Leistung der jeweiligen Kandidaten genauso, wie sie es bei ihrem Gesprächspartner wahrgenommen haben.

Diese Ergebnisse können als erstes Indiz dafür gewertet werden, dass es bei der rezeptionsbegleitenden interpersonalen Kommunikation zu Angleichungsprozessen der Bewertung der Kandidatenleistung kommt. Dieser Zusammenhang wird nun genauer analysiert.

Einflüsse der interpersonalen Kommunikation während des TV-Duells auf die Bewertung der Debattenleistung
Um den Einfluss der im Gespräch wahrgenommenen Bewertung des Gesprächspartners auf die Leistungseinschätzungen der Teilnehmer zu bemessen, werden für

die Bewertungen der beiden Kandidaten lineare Regressionsmodelle berechnet. Bei dieser multivariaten Analyse werden jedoch nicht nur diejenigen Teilnehmer berücksichtigt, die berichten, eine Bewertung in ihrem Umfeld wahrgenommen zu haben, sondern alle Teilnehmer der Untersuchung. Für Personen, die angeben, keine Bewertung in ihrem Umfeld wahrgenommen zu haben, wird für diese Variable der neutrale Skalenmittelpunkt angenommen. Der Entscheidung liegt die theoretische Annahme zugrunde, dass ein neutrales Bewertungssignal aus der interpersonalen Kommunikation den gleichen (neutralen) Effekt ausüben dürfte wie fehlende Signale.

Als weitere Variable wird jeweils die Parteiidentifikation der Teilnehmer als Dummy-Variable in das Modell aufgenommen. Da sich die Parteiidentifikation sowohl in Vorgängerstudien (Maier 2007) als auch in dieser Studie als wesentlicher Einflussfaktor auf die Leistungsbewertung der Kandidaten ausgezeichnet hat, kann sie als Maßstab für die Bedeutung des interpersonalen Einflusses herangezogen werden.

Die Ergebnisse der Modellschätzungen sind in Tab. 4 abgebildet. Darin zeigt sich, dass die Modelle die Varianz der abhängigen Variablen zwar nicht umfassend, aber in Anbetracht der geringen Zahl der Variablen und der geringen Fallzahl sehr gut erklärt ($R^2_{Merkel} = 0{,}30 / R^2_{Steinbrück} = 0{,}20$). Es zeigt sich sowohl für die Bewertung von Angela Merkel als auch für die Bewertung von Peer Steinbrück,

Tab. 4 Multiple lineare Regression zur Erklärung der Bewertung der Debattenleistung der Kandidaten unmittelbar nach dem TV-Duell

	Angela Merkel			Peer Steinbrück		
	B	SE	β	B	SE	β
Parteiidentifikation für Kandidaten	0,465	0,266	0,231[#]	0,462	0,225	0,273[*]
Im Gespräch wahrgenommene Bewertung der Debattenleistung der Kandidaten durch Rezeptionspartner	0,543	0,167	0,428[**]	0,408	0,160	0,340[*]
	n = 48, R^2 = 0,30, F = 9,74[**]			n = 48, R^2 = 0,20, F = 5,73[**]		

Basis: Alle Personen, die das Duell gesehen haben und sich dabei unterhalten durften. Bei Personen, die keine Gespräche geführt haben, wurde die Variable für die beim Rezeptionspartner wahrgenommene Kandidatenbewertung neutral gesetzt
Für eine bessere Darstellung wurden die Skalen bei der Bewertung der Debattenleistung der Kandidaten invertiert
Signifikanzniveaus: #$p < 0{,}1$; *$p < 0{,}05$; **$p < 0{,}01$

dass die wahrgenommene Bewertung durch den Gesprächspartner einen signifikanten und starken Einfluss ausübt. Dieser Effekt ist in beiden Fällen sogar größer als der der Parteiidentifikation. Dies ist ein Beleg dafür, dass Rezipienten sich bei der Bewertung der Leistung von Kandidaten in TV-Duellen stark an der Einschätzung jener Personen orientieren, mit denen sie das Duell gemeinsam rezipieren.

Die Ergebnisse der multivariaten Analyse in diesem Abschnitt decken sich mit denen der beschreibenden Analyse: Offensichtlich lassen sich Personen durch die in der interpersonalen Kommunikation mit ihren Rezeptionspartnern wahrgenommenen Bewertungen deutlich in ihrer eigenen Bewertung der Kandidatenleistung beeinflussen. Ob dies nicht nur für die rezeptionsbegleitende, sondern auch für die interpersonale Kommunikation nach dem TV-Duell zutrifft, wird im Folgenden analysiert.

4 Empirische Analyse der interpersonalen Kommunikation nach der Rezeption des TV-Duells

Methode
Anders als bei der Analyse der rezeptionsbegleitenden interpersonalen Kommunikation werden für die folgenden Untersuchungen alle Teilnehmer berücksichtigt, die an den Standorten Mainz, Koblenz und Landau das TV-Duell verfolgt haben und an den ersten drei Wellen der Befragung teilgenommen haben (n = 231). Die Fragebögen der dritten Welle wurden in der Woche unmittelbar nach dem TV-Duell versandt und enthielten unter anderem dieselben Items zur Bewertung der Kandidatenleistung wie schon die Fragebögen unmittelbar nach dem Duell. Durch einen Vergleich der Angaben können Informationen über die Stabilität der Leistungsbewertung im TV-Duell gewonnen werden. Sollten sich dabei deutliche Differenzen abzeichnen, deutet dies auf einen Einfluss der Kommunikation hin, in der die Teilnehmer nach dem Duell mit Bewertungen aus ihrem sozialen Umfeld konfrontiert wurden. Um diese Einflüsse abschätzen zu können, wurde in der dritten Befragungswelle ebenfalls das interpersonale Kommunikationsverhalten und die dabei wahrgenommenen Urteile abgefragt. Darüber hinaus wurden auch die in den Massenmedien und über Umfrageergebnisse wahrgenommenen Urteile über die Kandidatenleistung abgefragt. Mithilfe dieser Variablen lässt sich der Einfluss der interpersonalen Kommunikation nach der Debatte im Vergleich zu anderen Formen der Anschlusskommunikation relativ genau bestimmen.

Charakteristika der interpersonalen Kommunikation nach dem TV-Duell
Die grundlegende Voraussetzung für Effekte der interpersonalen Kommunikation ist, dass diese überhaupt stattfindet. Die große Mehrheit der Befragten (91 %) gibt an, sich zumindest beiläufig im persönlichen Gespräch mit anderen über die Debatte unterhalten zu haben, 53 % sogar ausführlich. Gar nicht über das TV-Duell unterhalten haben sich in den Tagen nach der Debatte lediglich 20 Personen (4 fehlend). Mit einer Ausnahme gaben alle Personen, die sich unterhalten haben, auch die Bewertungen der Kandidatenleistungen durch Dritte an, die sie in diesen Gesprächen wahrgenommen haben (n = 207/206). Die Voraussetzung für eine Bewertung des Einflusses dieser Gespräche ist also grundsätzlich gegeben.

Ein zweites grobes Kriterium für die Bewertung der Rolle der Kommunikation ist die Stabilität der Leistungsbewertungen: Nur wenn zwischen der Einschätzung der Kandidatenleistung unmittelbar nach dem Duell und einige Tage nach dem Duell deutliche Unterschiede zu erkennen sind, deutet dies auf einen Einfluss der Kommunikation hin. Eine Stabilität der Urteile im Zeitverlauf würde hingegen für einen geringen Einfluss der Kommunikation sprechen. Tab. 5 zeigt, dass die Befragten ihr Urteil in der Woche nach dem Duell zum Teil deutlich verändern: Insbesondere bei denjenigen, die unmittelbar nach dem Duell keinen der beiden Kandidaten als klaren Sieger wahrgenommen haben, sehen in der Woche danach immerhin ein Viertel Steinbrück als Sieger, nur 10 % sehen Merkel vorne. Auch diejenigen, die unmittelbar nach dem Duell Merkel vorne gesehen haben, ändern ihre Einschätzung – jeder Fünfte sieht in der Woche danach beide Kandidaten gleich auf, 10 % sehen plötzlich sogar Steinbrück vorne. Bei den Steinbrück-Anhängern sind diese Wanderbewegungen deutlich weniger ausgeprägt. Auch wenn insgesamt jeweils die Mehrheit der Befragten bei ihren ursprünglichen

Tab. 5 Stabilität des eigenen Urteils über den Debattensieger zwischen den Befragungswellen

Debattensieger einige Tage nach dem TV-Duell	Debattensieger unmittelbar nach dem TV-Duell		
	Merkel	Unentschieden	Steinbrück
Merkel	71 %	10 %	1 %
Unentschieden	20 %	66 %	13 %
Steinbrück	10 %	25 %	86 %
n	61	61	108

Basis: Alle Versuchsteilnehmer, die das TV-Duell in Mainz, Koblenz und Landau gesehen und an den ersten drei Befragungswellen teilgenommen haben (1 fehlend)

Urteilen bleibt, so deuten die Ergebnisse zumindest teilweise auf deutliche Veränderungen der Einschätzungen und damit auf einen Einfluss der Anschlusskommunikation in den Tagen nach dem TV-Duell.

Betrachtet man nun, wie schon für die rezeptionsbegleitenden Gespräche, den Zusammenhang zwischen dem Siegerurteil, das sie in Gesprächen wahrnehmen, und dem Siegerurteil der Teilnehmer in der Woche nach dem Duell, so zeigt sich ein weniger eindeutiges Bild (Tab. 6): Zwar geben jeweils mehr als die Hälfte der Personen, die in Gesprächen ein Urteil für einen der Kandidaten ausgemacht haben, in der Nachbefragung auch diesen Kandidaten als Debattensieger an. Jedoch ist der Zusammenhang deutlich weniger offensichtlich als für die rezeptionsbegleitende interpersonale Kommunikation (Tab. 2). Dies deutet darauf hin, dass neben der interpersonalen Kommunikation möglicherweise auch andere Faktoren einen Einfluss auf die Bewertung der Kandidatenleistung ausüben, etwa die mediale Berichterstattung. Um diese unterschiedlichen Einflüsse differenziert zu bewerten, wird wiederum auf eine multivariate Analyse zurückgegriffen.

Einflüsse der interpersonalen Kommunikation nach dem TV-Duell auf die Bewertung der Debattenleistung
Bei der Analyse des Einflusses der interpersonalen Kommunikation nach dem TV-Duell wird wie schon bei der Analyse des Einflusses der rezeptionsbegleitenden Gespräche vorgegangen: Für jeden Kandidaten wird ein multivariates lineares Regressionsmodell berechnet, wobei die Bewertung der Debattenleistung des jeweiligen Kandidaten in der Woche nach dem Duell die abhängige Variable darstellt. Als unabhängige Variablen werden neben der im postrezeptiven Gespräch

Tab. 6 Einschätzung des Debattensiegers und wahrgenommene Einschätzung des Debattensiegers durch Gesprächspartner nach dem TV-Duell im Vergleich

Debattensieger einige Tage nach dem TV-Duell	Wahrgenommener Debattensieger der Gesprächspartner nach dem TV-Duell		
	Merkel	Unentschieden	Steinbrück
Merkel	53 %	14 %	5 %
Unentschieden	20 %	46 %	17 %
Steinbrück	27 %	40 %	79 %
n	55	72	79

Basis: Alle Versuchsteilnehmer, die das TV-Duell in Mainz, Koblenz und Landau gesehen und an den ersten drei Befragungswellen teilgenommen haben (25 fehlend)

wahrgenommenen Leistungsbewertung der Kandidaten durch Gesprächspartner auch die wahrgenommenen Leistungsbewertungen in anderen Formen der Anschlusskommunikation ins Modell aufgenommen: die wahrgenommenen Bewertungen in Zeitungen und Fernsehnachrichten (beide fünfstufig von „sehr negativ" bis „sehr positiv" skaliert) sowie Umfrageergebnisse (ebenfalls fünfstufig, allerdings nicht nach Kandidaten getrennt, von „Merkel hat deutlich gewonnen" bis „Steinbrück hat deutlich gewonnen"). Um die Stabilität der Leistungsbewertungen abzubilden, wird außerdem die Einschätzung der Debattenleistung mit aufgenommen, die von den Teilnehmern unmittelbar nach dem TV-Duell abgegeben wurde. Für die Analyse werden alle Teilnehmer berücksichtigt, die für alle Variablen vollständige Angaben gemacht haben.

Die resultierenden Modelle (Tab. 7) erklären die Bewertung der Debattenleistung in der Woche nach dem Duell insgesamt sehr gut ($R^2_{Merkel} = 0{,}65$/ $R^2_{Steinbrück} = 0{,}58$). Erwartungsgemäß wird diese am stärksten von der Leistungsbewertung unmittelbar nach dem Duell beeinflusst. Als einziger wesentlicher weiterer Einflussfaktor für die Debattenleistung der Kandidaten einige Tage nach dem Duell stellen sich hingegen die in Gesprächen wahrgenommenen Leistungsbewertungen dar: Die Bewertung beider Kandidaten wird durch diese Gespräche signifikant und deutlich beeinflusst. Lediglich die Bewertung von Peer Steinbrück wird außerdem von der Darstellung der Debattenleistung in Fernsehnachrichten beeinflusst. Wenn Teilnehmer in der Woche nach dem TV-Duell von ihren ursprünglichen Bewertungen der Kandidatenleistung abweichen, dann kann dies zu großen Teilen auf Einflüsse der interpersonalen Kommunikation nach dem TV-Duell zurückgeführt werden.

5 Diskussion

Die in diesem Kapitel vorgenommene Analyse bestätigt die Bedeutung der interpersonalen Kommunikation für die Bewertung der Kandidaten im TV-Duell und deckt sich insofern mit bisherigen Forschungsbefunden. Es kann gezeigt werden, dass auch das TV-Duell 2013 für viel Gesprächsstoff gesorgt hat: Die Teilnehmer berichten von intensiven Gesprächen in den Tagen nach dem TV-Duell, aber auch schon unmittelbar während des TV-Duells haben sich diejenigen, die die Auseinandersetzung zwischen Angela Merkel und Peer Steinbrück gemeinsam mit anderen Personen verfolgt haben, häufig über das unterhalten, was sich vor ihnen auf dem Fernsehbildschirm abgespielt hat.

Diese Gespräche sind alles andere als folgenlos: Die Bewertung der Kandidatenleistung unmittelbar nach dem TV-Duell werden stärker durch die in

Tab. 7 Multiple lineare Regression zur Berechnung der Debattenleistung der Kandidaten einige Tage nach dem TV-Duell

	Angela Merkel			Peer Steinbrück		
	B	SE	β	B	SE	β
Leistungsbewertung der Kandidaten unmittelbar nach dem Duell	0,502	0,059	0,558**	0,456	0,056	0,508**
In der Zeitung wahrgenommene Leistungsbewertung der Kandidaten	−0,002	0,078	−0,002	−0,089	0,079	−0,097
In den Fernsehnachrichten wahrgenommene Leistungsbewertung der Kandidaten	0,097	0,083	0,081	0,179	0,079	0,197*
In Umfragen wahrgenommene Leistungsbewertung der Kandidaten	−0,101	0,069	−0,082	0,021	0,060	0,021
In Gesprächen wahrgenommene Leistungsbewertung der Kandidaten	0,295	0,067	0,297**	0,356	0,056	0,397**
	n = 129, R^2 = 0,65, F = 45,04**			n = 128, R^2 = 0,58, F = 34,03**		

Basis: Alle Versuchsteilnehmer, die das TV-Duell in Mainz, Koblenz und Landau gesehen, an den ersten drei Befragungswellen teilgenommen und in den verschiedenen Formen der Anschlusskommunikation Leistungsbewertungen durch Dritte wahrgenommen haben
Für eine bessere Darstellung wurden die Skalen bei der Bewertung der Debattenleistung der Kandidaten invertiert
Signifikanzniveaus: #$p < 0,1$; *$p < 0,05$; **$p < 0,01$

den rezeptionsbegleitenden Gesprächen wahrgenommenen Bewertungen der Gesprächspartner beeinflusst als durch langfristige Parteibindungen. Jedoch kann dieser starke interpersonale Einfluss nur dann relevant werden, wenn während der Rezeption auch tatsächlich andere Personen anwesend sind. Insofern können die eingangs zitierten Marktforschungsdaten, gemäß derer die Gruppenrezeption bei Medienereignissen wie dem TV-Duell sogar die häufigste Form der Rezeption darstellt, als wichtiges Indiz für die Relevanz interpersonaler Einflüsse bei der Duellrezeption gewertet werden.

Doch auch die weit verbreitete interpersonale Kommunikation in den Tagen nach dem TV-Duell stellt sich als außerordentlich einflussreich heraus – im Gegensatz zur journalistischen Berichterstattung in Zeitungen und Fernsehen haben die in Gesprächen wahrgenommenen Bewertungen einen wesentlichen Einfluss auf die Einschätzung der Debattenleistung durch die Teilnehmer in der Woche nach der Fernsehdebatte. Wenn Personen ihre Bewertungen der Kandidatenleistungen im Duell nachträglich verändern, dann nicht aufgrund von Tendenzen in der Berichterstattung, sondern vor allem aufgrund der Einschätzung ihrer Gesprächspartner. Für Wahlkämpfer und ihre Spin-Doktoren ist dies eine schlechte Nachricht, denn auf die Gespräche der Rezipienten können sie nicht direkt Einfluss nehmen. Lediglich der Umweg über die Mobilisierung der Parteianhänger und der Appell, sich intensiv mit anderen Personen über das TV-Duell zu unterhalten, scheinen aussichtsreich.

Unter methodischen Aspekten erscheint abschließend die Beobachtung interessant, dass die kontrollierte Rezeptionssituation in einer Großgruppe nicht gut geeignet ist, um rezeptionsbegleitende Gespräche zu untersuchen. Der große Unterschied der Gesprächsaktivität zwischen der großen Gruppe in Mainz und den kleinen Rezeptionsgemeinschaften im geschützten Raum des heimischen Wohnzimmers verdeutlicht dies. Für zukünftige Studien der rezeptionsbegleitenden interpersonalen Kommunikation lässt sich daher die Empfehlung ableiten, sich zugunsten der internen Validität durch kontrollierte Bedingungen eher für eine möglichst natürliche Rezeptionssituation zu entscheiden, etwa unter bekannten Personen vor dem eigenen Fernseher.

Literatur

Dayan, D., & Katz, E. (1992). *Media events: The live broadcasting of history*. Cambridge, Mass: Harvard University Press.
Fein, S., Goethals, G. R., & Kugler, M. B. (2007). Social Influence on Political Judgments: The Case of Presidential Debates. *Political Psychology* 28, 165–192. doi:10.1111/j.1467-9221.2007.00561.x
Feldman, L., & Price, V. (2008). Confusion or Enlightenment?: How Exposure to Disagreement Moderates the Effects of Political Discussion and Media Use on Candidate Knowledge. *Communication Research* 35, 61–87. doi:10.1177/0093650207309362
Gehrau, V. (2014). Rezeption in Gruppe. In: C. Wünsch, H. Schramm, V. Gehrau, & H. Bilandzic (Hrsg.), *Handbuch Medienrezeption* (S. 351–364). Baden-Baden: Nomos.
Haas, A. (2014). *Interpersonale Kommunikation und Medienwirkungen: Beurteilung der Themenrelevanz im Zusammenspiel mit Gesprächen und Mediennutzung*. Wiesbaden: Springer VS.
Katz, E., & Feldman, J. J. (1977). The Debates in the Light of Research: A Survey of Surveys. In S. Kraus (Hrsg.), *The Great Debates: Kennedy vs. Nixon, 1960* (S. 173–223). Bloomington: Indiana University Press.
Kessler, B., & Kupferschmitt, T. (2012). Fernsehen in Gemeinschaft: Analyse zu Konstellationen der Fernsehnutzung. *Media Perspektiven* 12, 623–634.

Lenart, S. (1994). *Shaping political attitudes: The impact of interpersonal communication and mass media*. Thousand Oaks: Sage Publications.
Maier, J. (2007). Erfolgreiche Überzeugungsarbeit: Urteile über den Debattensieger und Veränderung der Kanzlerpräferenz. In: M. Maurer, C. Reinemann, J. Maier, & M. Maier (Hrsg.), *Schröder gegen Merkel. Wahrnehmungen und Wirkungen des TV-Duells 2005 im Ost-West-Vergleich* (S. 91–109). Wiesbaden: VS Verlag für Sozialwissenschaften.
Maier, J. (2004). Wie stabil ist die Wirkung von Fernsehduellen? Eine Untersuchung zum Effekt der TV-Debatten 2002 auf die Einstellungen zu Gerhard Schröder und Edmund Stoiber. In: F. Brettschneider, J. van Deth, & E. Roller (Hrsg.), *Die Bundestagswahl 2002. Analysen der Wahlergebnisse und des Wahlkampfes* (S. 75–94). Wiesbaden: VS Verlag für Sozialwissenschaften.
Maier, J., & Faas, T. (2003). The affected German voter: Televized debates, follow-up communication and candidate evaluations. *Communications* 28, 383–404. doi:10.1515/comm.2003.025
Maier, J., & Faas, T. (2006). Debates, Media and Social Networks: How Interpersonal and Mass Communication Affected the Evaluation of the Televised Debates in the 2002 German Election. In: A. Schorr & S. Seltmann (Hrsg.), *Changing media markets in Europe and abroad. New ways of handling information and entertainment content* (S. 43–62). New York: Pabst Science.
Maier, M. (2007). Viel Spielraum für die eigene Interpretation: Wahrnehmung und Wirkung der Medienberichterstattung. In: M. Maurer, C. Reinemann, J. Maier, & M. Maier (Hrsg.), *Schröder gegen Merkel. Wahrnehmungen und Wirkungen des TV-Duells 2005 im Ost-West-Vergleich* (S. 195–227). Wiesbaden: VS Verlag für Sozialwissenschaften.
Neiheisel, J. R., & Niebler, S. (2015). On the Limits of Persuasion: Campaign Ads and the Structure of Voters' Interpersonal Discussion Networks. *Political Communication* 32, 434–452. doi:10.1080/10584609.2014.958258
Schmitt-Beck, R. (2000). *Politische Kommunikation und Wählerverhalten: Ein internationaler Vergleich*. Wiesbaden: Westdeutscher Verlag.
Schmitt-Beck, R. (2003). Mass Communication, Personal Communication and Vote Choice: The Filter Hypothesis of Media Influence in Comparative Perspective. *British Journal of Political Science* 33, 233–259. doi:10.1017/S0007123403000103
Schmitt-Beck, R., Partheymüller, J., & Faas, T. (2012). Einflüsse politischer Gesprächspartner auf Parteipräferenzen: Zur "sozialen Logik" des politischen Verhaltens bei der Bundestagswahl 2009. In: R. Schmitt-Beck (Hrsg.), *Wählen in Deutschland* (S. 465–488). Baden-Baden: Nomos.
Weaver, J. B., Huck, I., & Brosius, H.-B. (2009). Biasing public opinion: Computerized continuous response measurement displays impact viewers' perceptions of media messages. *Computers in Human Behavior 25*, 50–55. doi:10.1016/j.chb.2008.06.004
Wolf, B. (2010). *Beurteilung politischer Kandidaten in TV-Duellen: Effekte rezeptionsbegleitender Fremdmeinungen auf Zuschauerurteile*. Baden-Baden: Nomos.
Zubayr, C., & Gerhard, H. (2014). Tendenzen im Zuschauerverhalten: Fernsehgewohnheiten und Fernsehreichweiten im Jahr 2013. *Media Perspektiven 3*, 145–158.

It's the media, stupid? Die Bedeutung der medialen Nachberichterstattung des Duells

Thorsten Faas und Jürgen Maier

1 Einleitung

Das TV-Duell ist ohne Zweifel das wichtigste Einzelereignis in modernen Wahlkämpfen. Und als solches hat es auch zahlreiche unmittelbare Effekte, wie die Analysen in den vorhergehenden Kapiteln dieses Buches schon haben zeigen können. Trotzdem ist es weder das einzige noch ein isoliertes Ereignis in einem Wahlkampf. So ist das Duell eingebettet in eine umfangreiche Vor- und Nachberichterstattung dazu: Im Vorfeld betreiben einerseits die Kandidaten ein umfangreiches Erwartungsmanagement (legendär die Aussage von George W. Bush über seinen Herausforderer John Kerry bei der US-Wahl 2004, dieser sei der beste Redner seit Cicero), andererseits die Medien ein umfangreiches Vorprogramm. Beides spiegelt sich auch im Nachgang zu den Debatten: Die Kontrahenten (samt ihrer Teams) versuchen, Einfluss auf die öffentliche und veröffentlichte Meinung in ihrem eigenen Sinne zu nehmen. Und auch die Medien setzen sich nach dem Duell intensiv im Zuge ihrer Nachberichterstattung mit dem gerade stattgefundenen Duell auseinander, häufig unterstützt durch demoskopische Befunde zum Duell. Auch die Bürgerinnen und Bürger tauschen sich im Nachgang zum Duell über das Ereignis aus – sei es im persönlichen Gespräch oder in sozialen Netzwerken, etwa Twitter, wie wir in den Kap. „Begleitung des TV-Duells auf

---

T. Faas (✉)
Mainz, Deutschland
E-Mail: Thorsten.Faas@uni-mainz.de

J. Maier
Landau, Deutschland
E-Mail: maierj@uni-landau.de

© Springer Fachmedien Wiesbaden GmbH 2017
T. Faas et al. (Hrsg.), *Merkel gegen Steinbrück*,
DOI 10.1007/978-3-658-05432-8_12

Twitter" und „Interpersonale Kommunikation während und nach der Rezeption des TV-Duells" gesehen haben. Und bei aller Bedeutung des Duells darf und soll hier natürlich nicht der Eindruck erweckt werden, das Duell sei das *einzige* Ereignis im Wahlkampf. Zwischen Duell- und Wahltag geht der Wahlkampf in voller Fahrt weiter. Das zeigt gerade ein Blick auf das Wahljahr 2013, denn in diesem Wahljahr lagen zwischen diesen beiden Tagen noch drei Wochen Zeit – in den Jahren 2009 und 2005 waren es dagegen nur zwei gewesen. Und in diesen drei Wochen ist tatsächlich noch einiges passiert – zu denken ist etwa an die Pädophilie-Debatte rund um die Grünen oder den Steinbrück'schen Stinkefinger.

Sowohl die Einbettung des Duells als auch die Konkurrenz des Duells zu anderen Wahlkampfereignissen sind an dieser Stelle von zentraler Bedeutung, um das Wahlkampfereignis „TV-Duell" zu verstehen. Denn die Nachberichterstattung zum Duell kann die Wahrnehmungen des Duells als Format ebenso wie die Wahrnehmungen der Performanz der Hauptkontrahenten in diesem Duell nochmals nachhaltig verändern. Lang und Lang (1979) etwa haben in ihren Analysen der US-Debatten 1976 feststellen können, dass Wahrnehmungen einer Debatte aufseiten der Bürgerinnen und Bürger keineswegs in Stein gemeißelt sind – im Gegenteil: „impressions were constantly tested against those of others, including interpretative and analytic commentaries offered by authoritative mass media sources" (Lang und Lang 1979, S. 311). Auch andere Analysen kommen im US-amerikanischen Kontext zu ähnlichen Schlüssen. Chaffee und Dennis (1979, S. 79) etwa konstatieren: „although the televised debate may last ninety minutes, the event as a whole is weeks, even months, in duration"; in eine ähnliche Kerbe schlug auch schon Tsfati (2003, S. 71), als er schrieb: „debates are clearly more than just one- or two-hour messages". Dabei stehen vor allem die Medien als die die Nachberichterstattung prägenden Akteure im Fokus des Interesses. Von einigen wird der Einfluss der Medien dabei als bedeutender angesehen als das Ereignis selbst: Bei Sears und Chaffee (1979, S. 240) etwa heißt es dazu: „post-debate media interpretations subsequently swayed voters away from their immediate judgments"; bei Chaffee und Dennis (1979, S. 85) sogar: „the press's interpretation of the debate [...] is more important in determining the impact on the electorate than is the debate itself". Und auch Lemert et al. (1991, S. 256) kommen zu dem Schluss, dass „exposure to post-debate analysis emerges as the strongest debate-related influence on performance impressions, [...] candidate images [...], and voting intentions".

Auch im Kontext deutscher Debatten liegen entsprechende Hinweise vor. Maier und Faas (2003, 2006) etwa können zeigen, dass sich die Bewertungen von Gerhard Schröder und Edmund Stoiber für die Duelle 2002 an entsprechende Signale, die die Bürgerinnen und Bürger aus ihrem massenmedialen und interpersonalen Umfeld beziehen, anpassen. Faas und Maier (2011) können darüber hinaus zeigen, dass sich auch die Wahrnehmung des Duells als Wahlkampfereignis unter dem Eindruck der Nachberichterstattung ändern kann: So hat die Nachberichterstattung zum Fernsehduell zwischen Angela Merkel und Frank-Walter Steinmeier 2009 nachhaltig dafür gesorgt, dass sich das Image des Duells (als für Bürger hilfreiches Wahlkampfinstrument) erheblich verschlechtert hat – nicht zuletzt, weil das Duell vonseiten der Medien im Nachgang als langweilig und überflüssig interpretiert worden war.

Es finden sich also starke Hinweise darauf, dass die Nachberichterstattung höchst bedeutsam sein kann. Gleichwohl ist immer noch zu konstatieren, dass – trotz des immensen Umfangs an Nachberichterstattung – die Frage nach ihrer Bedeutung keineswegs abschließend geklärt ist. Dies gilt erst recht mit Blick auf die Tatsache, dass es verschiedene *Typen* von Nachberichterstattung gibt. Einerseits ist dabei an die Berichterstattung zu denken, die Sekunden nach den Schlussstatements des Duells beginnt – in der Regel mit eindeutigem Fokus auf der Frage, wer das Duell gewonnen hat (und häufig ergänzt durch Umfragen zu genau dieser Fragestellung). Von dieser *Instant Analysis* im unmittelbaren Nachgang zum Duell zu trennen ist die in den Tagen nach dem Duell stattfindende ausführliche Nachbetrachtung in den Medien. Gerade mit Blick auf die Folgen der *Instant Analysis* ist aus der einschlägigen Forschung vergleichsweise wenig bekannt – nicht zuletzt auch aufgrund der damit verbundenen methodischen Herausforderungen: Da Duell und erste Analysen häufig direkt zu einer großen „Duellsendung" verschmelzen, lassen sich mögliche Effekte methodisch kaum sauber trennen.

Möglich sind experimentelle Herangehensweisen, in deren Rahmen man einer Gruppe von Probanden nur das Duell zeigt, während man einer zweiten Gruppe zusätzlich zum Duell auch noch die Nachberichterstattung präsentiert. Die Studie von Faas und Maier (2011) folgt dieser Logik. Während eine Kontrollgruppe unmittelbar nach dem Duell zwischen Merkel und Steinmeier bereits ihren Fragebogen ausfüllen sollte, hat die Experimentalgruppe zunächst noch 15 min der ARD-Sondersendung zum TV-Duell gesehen, die unmittelbar im Anschluss an die Debatte lief. So lässt sich prüfen, inwieweit die mediale Charakterisierung des Duells das Zuschauerbild beeinflusst hat. Der einhellige Tenor zur Sendung war dabei, dass das gerade gesehene Duell äußerst langweilig war – und die Zuschauer übernahmen dieses Bild, im Gegensatz zu den Befragten, die ausschließlich auf Basis ihrer eigenen Eindrücke die Fragen nach dem Duell beantworteten.

Von dieser *Instant Analysis* zu trennen ist die Nachberichterstattung in den Tagen nach dem Duell, gerade auch in den Printmedien. Auch hier steht zwar die Frage, wer das Duell „gewonnen" hat, im Fokus, allerdings werden auch andere Faktoren – bis hin zu „Faktenchecks" – einbezogen. Darüber hinaus hat diese Art der Nachberichterstattung noch eine weitere wichtige Funktion: Auch Bürgerinnen und Bürger erfahren auf diesem Wege – wie auch ggf. auf interpersonalem Wege – etwas über das Duell, selbst wenn sie dieses selbst nicht gesehen haben. Und auch diese medial vermittelten Eindrücke können natürlich Effekte auf Wahrnehmungen der Debatte und ihrer Hauptdarsteller – und über all das vermittelt auf die Wahl – haben.

Neben der Trennung von *Instant Analysis* und der medialen Nachberichterstattung in den Tage nach dem Duell ist noch eine zweite Unterscheidung von zentraler Bedeutung, nämlich bezüglich des *Mechanismus*. Die bisherigen Ausführungen lassen sich unter dem Label „persuasiver" Effekte des Geschehens im Nachgang zum Duell subsumieren: In Folge der Berichterstattung ändern sich Wahrnehmungen zum Duell und den Kontrahenten (oder werden gar erst erzeugt wie im Falle derer, die das Duell zunächst nicht gesehen haben), finde diese nun im unmittelbaren Anschluss oder erst einige Tage später statt. Mit Blick auf den Wahltag und die möglichen Einflüsse von Duell und zugehöriger Folgeberichterstattung sind aber auch andere, indirekte Effekte vorstellbar: Unabhängig von der Frage, ob sich duellbezogene Wahrnehmungen im Nachgang zum Ereignis ändern, kann sich der *Einfluss* solcher Wahrnehmungen auf die Wahlabsicht oder das Gesamtimage der Kontrahenten ändern, ein so genannter „Priming-Effekt" (Iyengar und Kinder 1987). Nach dem Duell geht der Wahlkampf weiter – und die neuen Eindrücke mögen dann einen stärkeren Einfluss auf ein Kandidatenbild haben als das immer weiter entfernt liegende TV-Duell. Oder konkret formuliert: Die Wahrnehmung der Steinbrück'schen Performanz im TV-Duell 2013 mag sich in den Tagen nach dem Duell nicht ändern – aber trotzdem wird sein Image und darüber vermittelt die Wahlabsicht einer Person weniger unter dem Eindruck seiner Duell-Performanz, sondern späterer Wahlkampfereignisse, etwa seinem „Stinkefinger", stehen. Auch das wäre ein Effekt, der im Nachgang zum TV-Duell auftritt und die Frage nach der Dauerhaftigkeit von Debatteneffekten aufwirft.

Damit sind wir bei der Kernfrage des vorliegenden Kapitels angekommen, für das auch der Rahmen aufgespannt ist: Wie dauerhaft und stabil sind von TV-Duellen ausgehende Effekte? Dass sie es nicht zwingend sein müssen, haben die vorhergehenden Ausführungen bereits angedeutet: Sowohl die unmittelbare Nachberichterstattung zum Duell *(Instant Analysis)* als auch die Berichterstattung in den Tagen danach wie auch das weitere Wahlkampfgeschehen nach dem Duell kommen dabei als Faktoren infrage, die sich auf die Stabilität möglicher Debatteneffekte auswirken können. Dabei sind zwei verschiedene Mechanismen vorstellbar, nämlich direkte, persuasive Effekte auf der einen Seite, indirekte Effekte im Sinne eines Primings auf der anderen Seite. Im ersten, persuasiven Fall würden sich Wahrnehmungen zum TV-Duell selbst verändern, etwa mit Blick auf das wahrgenommene Abschneiden der Kontrahenten: Unmittelbar nach dem Duell mag ein Zuschauer noch einen Kandidaten klar vorne gesehen haben. Mit einigem Abstand zum Ereignis und im Lichte entsprechender medialer Nachberichterstattung aber mag sich das Bild hin zu einem Unentschieden ändern. Im zweiten Priming-Modell würden sich keine Wahrnehmungen ändern, dafür würde die Wirkungsmacht des Duells auf nachgelagerte Faktoren nachlassen. Anders formuliert: Während die Gesamtbewertung eines Kandidaten unmittelbar nach dem Duell noch stark vom Eindruck seiner Duellperformanz geprägt ist, verblasst dieser Einfluss zugunsten anderer, dann präsenterer Faktoren in den Tagen nach dem Duell.

Diesen Fragen der Stabilität von Wahrnehmungen und Effekten der Debatte möchten wir im Folgenden am Beispiel der Debatte 2013 zwischen Angela Merkel und Peer Steinbrück nachgehen. Natürlich steht noch die Frage im Raum, welche abhängigen Variablen hier betrachtet werden sollen. Grundsätzlich würden sich ja *alle* bislang in diesem Band betrachteten Variablen (und noch weitere, darüber hinausgehende) für Stabilitätsanalysen eignen. Auch die vorliegende Literatur hat sich bereits mit Effekten der Nachberichterstattung auf die Wahrnehmung des Duells als Ereignis, aber ebenso auf die Bewertungen der Kontrahenten beschäftigt. Im Fokus hier soll ein einfaches, auf die Kontrahenten (und ihre Debattenperformanz) fokussiertes Modell stehen. Dabei werden wir stufenweise vorgehen. Nach einer kurzen Präzisierung der Datenbasis aufbauend auf den Ausführungen des Kap. „Das Studiendesign" werden wir zunächst aufbauend auf einem Experiment möglichen Effekten der unmittelbaren Nachberichterstattung auf die Wahrnehmungen der Debattenperformanz von Merkel und Steinbrück nachgehen. Darauf aufbauend schauen wir unter Rückgriff auf die Panelstruktur der Daten, ob und wie sich diese Wahrnehmungen auch in den Tagen nach dem Duell bis hin zum Wahltag verändert haben. Schließlich schauen wir in einem dritten Teil, ob sich die Stärke des Einflusses dieser eng auf die Duellperformanz bezogenen Wahrnehmungen auf die *Gesamt*wahrnehmungen der Kontrahenten (im Sinne ihres Images) ändert. Wir schließen mit einem Fazit und Ausblick im Lichte der empirischen Erkenntnisse.

2 Datengrundlage

Für das skizzierte dreistufige Vorgehen werden wir auf verschiedene Elemente des bereits oben skizzierten Forschungsdesigns zurückgreifen. Mit Blick auf die *Instant Analysis,* also die Anschlusskommunikation im unmittelbaren Anschluss an das TV-Duell, greifen wir auf ein Experiment zurück, das in seiner Logik dem

Vorgehen bei Faas und Maier (2011) entspricht: Eine Versuchsbedingung im Gesamtaufbau unserer Studie sah vor, eine Gruppe von Probanden noch für ca. 15 min der unmittelbaren Nachberichterstattung zum Duell auszusetzen, um sie erst danach den zweiten Fragebogen ausfüllen zu lassen. Die Vergleichsgruppe begann unmittelbar nach dem Duell mit dem Ausfüllen. Als Nachberichterstattung wurde dabei die unmittelbar an das TV-Duell ausgestrahlte Talkshow „Günther Jauch nach dem Duell" der ARD ausgewählt. An der Sendung nahmen unter anderem Frank-Walter Steinmeier, Edmund Stoiber und Anne Will teil, diskutiert wurde der Verlauf der Debatte, vor allem aber in guter Tradition die Frage, wer es denn wohl gewonnen habe. In experimenteller Logik unterscheiden sich beide Gruppen *nicht* in weiteren Hinsichten, so hatten auch beide Gruppen während der Rezeption die Möglichkeit, ihre Eindrücke in Echtzeit (mittels Push Buttons) zu dokumentieren, was für dieses Kapitel allerdings ohne Bedeutung bleibt. Zur Bewertung der Debattenperformanz greifen wir zunächst auf die entsprechenden globalen Einschätzungen („Einmal ganz allgemein gesprochen, wie haben Ihrer Meinung nach Angela Merkel bzw. Peer Steinbrück in dieser Debatte abgeschnitten?") zurück, die die Befragten mittels fünfstufiger Skalen (von „sehr schlecht" bis „sehr gut") beantworten sollten. Hinzu kommt eine detaillierte Batterie mit insgesamt 14 Aussagen zu spezifischen Wahrnehmungen der beiden Kontrahenten in der Debatte.

Um zu prüfen, wie sich Wahrnehmungen des Duells und Bewertungen der Kandidaten in den Tagen nach der Debatte bis hin zum Wahltag verändert haben, können wir auf die Befragungswellen drei (wenige Tage nach dem Duell) und vier (nach dem Wahltag) zurückgreifen. In diesen Wellen wurde allerdings nur noch nach dem Abschneiden der Kandidaten in der Debatte insgesamt gefragt, nicht mehr nach detaillierten Teilaspekten. Zudem wurde in der dritten Befragungswelle direkt nach dem wahrgenommenen Medientenor rund um die Debatte gefragt: „Wenn Sie an die Medienberichterstattung in den Zeitungen über die Debatte denken: Wie wurden Angela Merkel und Peer Steinbrück Ihrer Meinung nach alles in allem darin dargestellt?" (mit insgesamt fünf Antwortmöglichkeiten von „sehr negativ" bis „sehr positiv"); eine analoge Frage gab es für die Berichterstattung im Fernsehen. Mittels dieser Fragen können wir prüfen, ob sich Verbindungen zwischen dem wahrgenommenen Medientenor und möglichen Verschiebungen der Duellwahrnehmungen herstellen lassen. Dabei steht das komplette Sample unserer Befragten zur Verfügung, nicht bloß die kleinere Gruppe der *Instant-Analysis*-Gruppe. Auf Basis dieser mehrwelligen Panelbefragung kann schließlich auch ein möglicher Priming-Effekt geprüft werden, also die Frage, ob sich der Einfluss der wahrgenommenen Debattenperformanz auf globale Kandidatenbewertungen („Was halten Sie ganz allgemein von Angela

Merkel und Peer Steinbrück?") im Zeitverlauf ändert, indem man ein entsprechendes einfaches Regressionsmodell schätzt.

3 Die *Instant Analysis* nach dem Duell und ihre Folgen

Auf dieser Basis stellt sich nun im ersten Analyseschritt die Frage, ob es Günther Jauch und seinen Mitstreitern im Rahmen der unmittelbaren Nachberichterstattungssendung gelungen ist, einen nachhaltigen Eindruck bei unseren Probanden zu hinterlassen und deren Wahrnehmungen zu verändern. Abb. 1 zeigt dazu die Gesamtbewertungen der Performanz von Merkel und Steinbrück in Abhängigkeit davon, ob die Probanden diese Nachberichterstattung gesehen haben oder eben nicht. Es zeigen sich tatsächlich gewisse Unterschiede in ähnlicher Richtung für beide Kandidaten, die bei Peer Steinbrück noch etwas größer ausfallen als bei Angela Merkel: Merkel und Steinbrück werden von den Probanden, die die Nachberichterstattung rezipiert haben, positiver wahrgenommen. Zugleich ist aber darauf hinzuweisen, dass keiner der beiden Unterschiede herkömmliche Marken statistischer Signifikanz überschreitet.

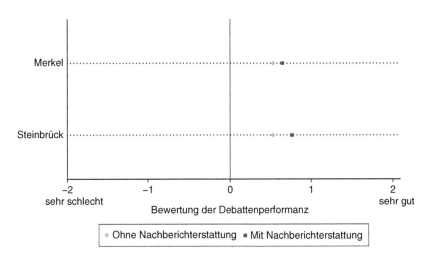

Abb. 1 Bewertung der Debattenperformanz von Angela Merkel und Peer Steinbrück bei Personen mit und ohne Rezeption der Nachberichterstattung „Günther Jauch – nach dem Duell". (Hinweis: Beide dargestellten Unterschiede erreichen nicht die Marke statistischer Signifikanz ($p < 0{,}05$))

An dieser Stelle kann man folglich konstatieren: Dramatische Veränderungen in der Wahrnehmung der Debattenperformanz der beiden Kontrahenten insgesamt lassen sich als Reaktion auf die Rezeption der unmittelbaren Nachberichterstattung nicht feststellen. Etwas anders stellt sich das Bild dar, wenn man auf eine kleinteiligere Ebene der Wahrnehmung der Debatte geht. Zwar gibt es auch an dieser Stelle keinerlei Effekte auf die Wahrnehmungen des Debattenauftritts von Angela Merkel: Sie wird in beiden Gruppen in gleicher Weise bewertet. Für ihren Herausforderer zeigen sich aber sehr wohl Unterschiede, die an einigen Stellen auch in statistischem Sinne signifikant sind: Befragte, die die Nachberichterstattung gesehen haben, schreiben dem Herausforderer größeres Detailwissen und höhere Sachlichkeit zu, nahmen ihn aber auch als weniger entspannt war. Neben diesen statistisch signifikanten Unterschieden zeigt sich auch bei den anderen Faktoren ein recht einheitliches Bild, was die Richtung betrifft: Die Nachberichterstattung hat das Bild des Debattenauftritts von Steinbrück eher positiv verändert (vgl. Abb. 2).

Ergeben diese Muster Sinn im Lichte der Sendung, die wir als Nachberichterstattung gezeigt haben? Durchaus! Der Auftritt Steinbrücks wurde dort sehr positiv

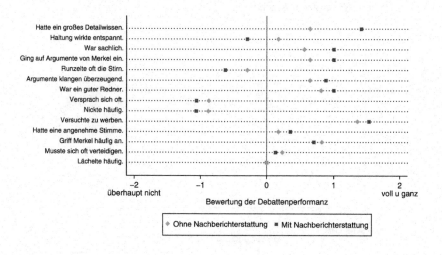

Abb. 2 Bewertung von Detailaspekten der Debattenperformanz von Peer Steinbrück bei Personen mit und ohne Rezeption der Nachberichterstattung „Günther Jauch – nach dem Duell". (Hinweis: Die Darstellung ist nach der absoluten Größe der Unterschiede sortiert; die ersten drei Unterschiede sind auch im statistischen Sinne signifikant (einseitiger t-Test, $p < 0{,}05$))

bewertet, er wurde als angriffslustig, aber faktenorientiert charakterisiert – und diese Zuschreibungen haben unsere Probanden offenkundig zumindest in Teilen übernommen. Dies gilt zumindest in kurzer Sicht. Im nächsten Schritt wollen wir uns einer etwas längerfristigen Perspektive zuwenden und schauen, ob und wie sich die Wahrnehmungen der Debattenperformanz in den Tagen nach dem Duell verändert haben.

4 Die Berichterstattung in den Tagen nach dem Duell und ihre Folgen

Die Analyse der Folgeberichterstattung und ihrer Folgen in den Tagen nach dem Duell muss sich dabei, wie oben erläutert, aus Gründen der Datenverfügbarkeit auf die wahrgenommene Debattenperformanz insgesamt beschränken. Zugleich eröffnet uns die Einbeziehung der dritten und vierten Befragungswelle die Option, erstmals die Kontrollgruppe einzubeziehen: Erfahren die Probanden aus dieser Gruppe, die das Duell am Abend nachweislich nicht haben sehen können, im Nachgang so viel über das Duell, dass sie sich eine Einschätzung der Debattenperformanz zutrauen? Und wie unterscheiden sich die Bewertungen in dieser Gruppe von jenen, die am Abend des Duells selbiges live gesehen haben?

Abb. 3 zeigt die Ergebnisse entsprechender Analysen. Betrachten wir zunächst die Gruppe derer, die auch am Abend des Duells live dabei waren. In der Wahrnehmung des Auftritts von Angela Merkel zeigen sich in den Tagen und Wochen nach dem Duell (bis hin zum Wahltag) erneut keinerlei Effekte – die Resultate zu ihrer Wahrnehmung sind im Aggregat und über Zeit praktisch deckungsgleich. Etwas anders sieht das Bild aus, wenn wir Peer Steinbrück in den Fokus nehmen. Allerdings deutet das Muster weniger auf einen Effekt der Folgeberichterstattung im Anschluss an das Duell hin, denn auch die wahrgenommene Performanz von Steinbrück unterscheidet sich zwischen der unmittelbaren Nachbefragung am Duellabend und der dritten Befragungswelle einige Tage nach dem Duell praktisch nicht. Es findet sich allerdings ein – statistisch signifikanter – Unterschied im Vergleich der dritten und vierten Befragungswelle: Nach dem Wahltag geben die Befragten einen als signifikant schlechter wahrgenommenen Debattenauftritt zu Protokoll als noch zuvor. Hier deutet sich eine Rationalisierung in den Köpfen der Menschen an: Ein Kandidat, der eine Wahl so deutlich verliert, kann auch keinen überzeugenden Debattenauftritt hingelegt haben. Allerdings sind auch alternative Erklärungen vorstellbar. So könnten die weiteren Ereignisse rund um Steinbrück („Stinkefinger") sein Image insgesamt eingetrübt haben. Doch auch wenn dem so wäre, so würde das immer noch bedeuten, dass die Wahrnehmung

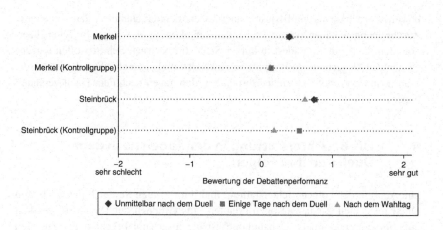

Abb. 3 Stabilität der Bewertung der Debattenperformanz von Angela Merkel und Peer Steinbrück. (Hinweis: Die Bewertungen Steinbrücks in der Befragung nach dem Wahltag unterscheidet sich signifikant von den vorherigen Bewertungen Steinbrücks ($p < 0{,}05$))

einer Debatte im Nachgang zum Ereignis selbst eben nicht in Stein gemeißelt ist, sondern nachträglichen Justierungen unterliegen kann.

Für tatsächliche Effekte der Nachberichterstattung sprechen dagegen die für die Kontrollgruppe resultierenden Muster: Tatsächlich geben nämlich schon in der dritten Befragungswelle einige Tage nach dem Duell knapp 70 % der Mitglieder der Kontrollgruppe eine Einschätzung der Debattenauftritte von Merkel und Steinbrück ab, nach der Wahl in der vierten Welle sind es sogar fast 80 %. Da diesen Befragten eine eigene Bewertungsgrundlage vom Duellabend fehlt, spielt für ihre Einschätzung die Nachberichterstattung eine zentrale Rolle. Dabei ähneln die Muster jenen, die auch für die Zuschauer des Duells zu beobachten waren: Zwar fallen für Merkel wie für Steinbrück die Einschätzungen im Mittel schlechter (und näher am mittleren Skalenwert von Null) aus, aber die Dynamiken entsprechen jenen, die wir zuvor schon skizziert haben: Für Merkel gibt es keine – das gilt auch für die Kontrollgruppe. Für Steinbrück dagegen sehen wir auch hier eine Nachjustierung nach unten nach dem Wahltag, die sogar noch deutlicher ausfällt als zuvor bei den Probanden, die das Duell selbst gesehen haben.

Die Befunde zu den Folgen der *Instant Analysis* konnten wir oben nur mit einem kursorischen Blick auf die Inhalte der Sendung „Günther Jauch" plausibilisieren. Die Befunde zur Nachberichterstattung in den Tagen nach dem Duell können wir dagegen erhärten, indem wir den in unserer dritten Befragungswelle wenige Tage nach dem Duell erfassten Medientenor einbeziehen. Mit dieser Einbeziehung des subjektiv empfundenen Medientenors in die Analyse ist zudem auch ein Wechsel der Untersuchungsebene möglich: Konnten wir bislang nur Verschiebungen insgesamt sehen, können wir durch die Verbindung von wahrgenommenem Medientenor und individuellen Verschiebungen in der wahrgenommenen Debattenperformanz prüfen, ob und wie individuelle Anpassungsprozesse bezogen auf die wahrgenommene Debattenperformanz in den Köpfen der Menschen ablaufen.

Abb. 4 zeigt zunächst, wie unsere Befragten den Tenor der Medien bezogen auf die Debattenauftritte von Merkel und Steinbrück überhaupt wahrgenommen haben. In den Augen der Leser und Zuschauer wurden dabei sowohl Merkel als auch Steinbrück mehrheitlich positiv von den Medien bewertet, wobei dies auf Steinbrück nochmals in stärkerem Maße zutrifft als auf Merkel – was dem Befund bezogen auf die *Instant Analysis* entspricht. Explizit negative mediale Darstellungen werden dagegen nur ausnahmsweise wahrgenommen – auch das gilt grundsätzlich für beide Kontrahenten.

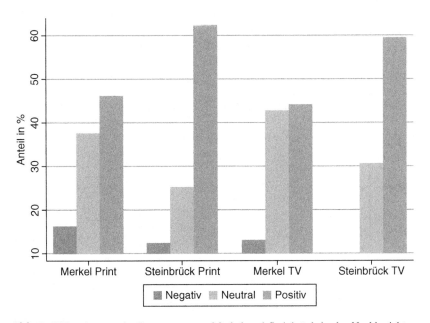

Abb. 4 Wahrnehmung der Bewertung von Merkel und Steinbrück in der Nachberichterstattung nach dem Duell

Die für beide mehrheitlich als positiv wahrgenommenen Bewertungen in den Medien haben natürlich eine entscheidende Konsequenz: Per Saldo kann der Vorteil für einen der beiden nur relativ klein ausfallen. Mittelt man die Bewertungen für Print und TV für Merkel bzw. Steinbrück und saldiert diese Mittelwerte für unsere Befragten, so zeigt sich in der Tat, dass für über die Hälfte der Befragten praktisch kein Unterschied im Tenor der Nachberichterstattung zu erkennen war. Dagegen nahmen 31 % der Befragten eine Berichterstattung wahr, in deren Rahmen Steinbrück (deutlich) positiver bewertet wurde als Merkel (d. h. die mittlere Differenz der Bewertungen betrug mindestens einen Skalenpunkt), dem stehen 17 % gegenüber, die Merkel in den Medien vorne sahen. Schon aufgrund dieser Verteilungen wird deutlich, dass der Spielraum für Verschiebungen in Folge der Nachberichterstattung 2013 *insgesamt* sehr begrenzt ist. Aber das bedeutet natürlich nicht, dass einzelne Befragte ihre Wahrnehmungen der Debattenleistungen von Merkel und Steinbrück nicht trotzdem anpassen – aber die einen eben in die eine, die anderen in die andere Richtung, was sich im Aggregat in weiten Teilen wechselseitig aufheben würde.

Abb. 5 zeigt die (mittleren) individuellen Veränderungen der Wahrnehmungen der Debattenperformanz zwischen der zweiten und dritten Befragungswelle in Abhängigkeit davon, wie Befragte den Medientenor im Nachgang zur Debatte

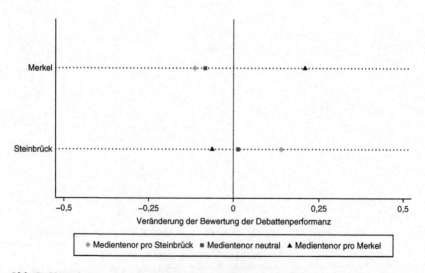

Abb. 5 Veränderungen der Bewertungen der Debattenperformanz von Merkel und Steinbrück in Abhängigkeit vom wahrgenommenen Medientenor

erlebt haben. Das Muster ist eindeutig: Die Richtung der Anpassungen entspricht der Richtung des Tenors. Festzuhalten ist aber zugleich: Die zuvor präsentierte Verteilung des wahrgenommenen Medientenors sowie die Größenordnung der in Abb. 5 abgetragenen Veränderungen führen in Summe auch dazu, dass sich die Wahrnehmungen der Debattenperformanz von Merkel und Steinbrück, wie oben schon gesehen, nicht dramatisch verschieben. Das wäre anders in einem Fall, in dem der Medientenor eindeutiger und einseitiger ist.

Was bleibt somit an dieser Stelle festzuhalten? Wahrnehmungen von Ereignissen, zum Beispiel eines TV-Duells, können sich im Nachgang zu dem Ereignis selbst nochmals verändern. Das haben schon frühere Studien gezeigt – und es zeigt sich auch hier sowohl mit Blick auf die unmittelbare *Instant Analysis* als auch die folgende Berichterstattung in den Tagen nach dem Duell. Dabei haben sich für den Herausforderer Steinbrück größere Verschiebungen gezeigt als für Amtsinhaberin Merkel. Für Steinbrück zeigt sich darüber hinaus ein (negativer) Effekt, der sich erst nach dem Wahltag einstellt. Für diese nachträgliche Anpassung könnten allerdings weniger die Medien als vielmehr rückblickende Rationalisierungen in den Köpfen der Menschen verantwortlich sein. Zugleich haben die Analysen gezeigt, dass die nachweislichen Verschiebungen in einzelnen Köpfen nicht zu dramatischen Verschiebungen in der Bevölkerung insgesamt führen. Dafür sind sie schon in ihrer Größenordnung vermutlich zu bescheiden, noch dazu heben sich Effekte in gegensätzlicher Richtung wechselseitig auf. Stellte man sich aber für den Moment vor, es gäbe nach einem Duell sowohl in der *Instant Analysis* als auch der folgenden Berichterstattung eine eindeutige und einseitige Tendenz, so dürfte dies sehr wohl auch zu weiterreichenden Effekten der Nachberichterstattung nicht nur für einzelne Zuschauer, sondern für die Wählerschaft insgesamt führen.

5 Debattenpriming?

Wie eingangs skizziert, erschöpfen sich die Möglichkeiten für Veränderungen im Nachgang zu TV-Duellen nicht in solchen persuasiven Effekten. Ein kurzer abschließender Blick in diesem Kapitel gilt daher indirekten Effekten im Nachgang zu Duellen. Konkret geht es um die Fragen: Wie stark prägt der Eindruck der Debattenperformanz von Merkel bzw. Steinbrück ihr Image insgesamt? Ändert sich dieser Einfluss im Nachgang zum Duell?

Prüfen lässt sich dies mit einem einfachen Regressionsmodell, in das als unabhängige Variablen die Parteiidentifikation als starke Kontrollvariable sowie die wahrgenommene, unmittelbar nach dem Duell erfasste Debattenperformanz für Merkel bzw. Steinbrück eingehen. Abhängige Variable sind die jeweiligen, auf elfstufigen Skalen erfassten Skalometerwerte für Merkel und Steinbrück, die in den Wellen 2, 3 und 4 erfasst wurden. Die resultierenden Koeffizienten samt zugehöriger 90 %-Konfidenzintervalle zeigt Abb. 6. Auch an dieser Stelle zeigen sich dabei Effekte der Zeit, wobei diese sich erneut vor allem bei Herausforderer Peer Steinbrück zeigen. Die Verbindung zwischen Debattenperformanz und seinem Image wird im Zeitverlauf *schwächer*. Vor dem Hintergrund der überwiegend als gut wahrgenommenen Performanz Steinbrücks kann man auch sagen: Im Zeitverlauf profitiert er zunehmend weniger von seiner guten Leistung. (Umgekehrt scheint die Bedeutung der Parteiidentifikation für Steinbrück im Zeitverlauf anzusteigen, das spielt aber hier nur eine Nebenrolle.) Für die Kanzlerin sieht das Bild anders aus: Die statistische Verbindung zwischen ihrer Debattenperformanz und ihrem Gesamtimage unterliegt keiner Dynamik, sondern bleibt – ähnlich wie auch die Bedeutung der Parteiidentifikation – im Zeitverlauf praktisch konstant.

Festzuhalten bleibt somit an dieser Stelle: Auch diese Form nachträglicher Veränderungen lässt sich im Nachgang zum TV-Duell 2013 feststellen: Es werden nicht nur Wahrnehmungen im Nachgang nachjustiert, vielmehr ändert sich auch die Stärke des Einflusses, der vom TV-Duell ausgeht – zumindest für Herausforderer Peer Steinbrück!

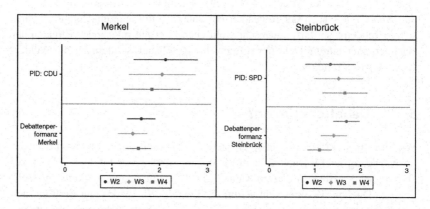

Abb. 6 Einfluss der Bewertungen der Debattenperformanz von Merkel und Steinbrück auf ihre Gesamtbewertungen im Zeitverlauf (unstandardisierte Regressionskoeffizienten, 90 %-Konfidenzintervalle)

6 Zusammenfassung und Ausblick

Im Lichte der hier präsentierten Ergebnisse bleibt somit festzuhalten, dass sich die Analyse von Fernsehduellen nicht auf die unmittelbaren Effekte im Nachgang des Ereignisses fokussieren, sondern unbedingt auch die Folgeberichterstattung und ihre Folgen in den Blick nehmen sollte. Die hier vorgelegten Ergebnisse zeigen dabei, dass sich im Nachgang von Duellen sowohl persuasive als auch indirekte Effekte (im Sinne eines Priming-Effekts) einstellen können. Dabei waren beide Typen von Effekten vor allem für Herausforderer Peer Steinbrück zu beobachten, was insofern bemerkenswert ist, als Steinbrück 2013 ja wahrlich kein neuer Akteur auf dem politischen Parkett gewesen ist. Trotzdem unterliegen gerade seine Werte offenkundig nachträglichen Justierungen: Die Wahrnehmung seiner Performanz verändert sich durch die *Instant Analysis,* aber auch in den Tagen nach dem Duell, vor allem nach dem (für ihn verlorenen) Wahltag. Für Steinbrück lässt auch die Stärke der Verbindung zwischen Debattenperformanz und Gesamtimage im Zeitverlauf nach.

Die hier auf Basis unserer experimentellen Studie vorgelegten Befunde sollten natürlich mittels anderer Datenquellen, etwa Rolling Cross-Section Studien nochmals validiert werden. Klar ist aber auch: Wenn sich die Ergebnisse dort bestätigen, hat dies ganz unmittelbare praktisch Implikationen: Das Timing von Debatten hat reale Konsequenzen für ihre Bedeutung: Sollte jemals ein Duellant tatsächlich der beste Redner seit Cicero sein, so sollte dieser Kandidat dafür sorgen, dass die Debatte am Vorabend des Wahltags stattfindet. Sein Gegner sollte dies dagegen ganz anders sehen.

Literatur

Chaffee, S. H., & Dennis, J. (1979). Presidential debates: An assessment. In A. Ranney (Hrsg.), *The past and future of presidential debates* (S. 75–101). Washington, DC: American Enterprise Institute for Public Policy Research.
Faas, T., & Maier, J. (2011). Sind TV-Duelle nur Show und damit nutzlos? In: E. Bytzek & S. Roßteutscher (Hrsg.): *Der unbekannte Wähler? Mythen und Fakten über das Wahlverhalten der Deutschen* (S. 99–114). Frankfurt/New York: Campus.
Iyengar, S., & Kinder, D.R. (1987). *News That Matters.* Chicago: University of Chicago Press.
Lang, G.E., & Lang, K. (1979). Immediate and Mediated Responses: First Debate, in: S. Kraus (Hrsg.): *The Great Debates: Carter vs. Ford* (S. 298–313). Bloomington: Indiana University Press.
Lemert, J. B., Elliot, W.R., Bernstein, J.M., Rosenberg, W.L., & Nestvold, K.J. (1991). *News Verdicts, the Debates, and Presidential Campaigns.* New York: Praeger.

Maier, J., & Faas, T. (2003). The Affected German Voter: Televized Debates, Follow-up Communication and Candidate Evaluations. *European Journal of Communication Research* 28, 383–404.

Maier, J., & Faas., T. (2006). Debates, Media and Social Networks: How Interpersonal and Mass Communication Affected the Evaluation of the Televised Debates in the 2002 German Election, in: A. Schorr & S. Seltmann (Hrsg.): *Changing Media Markets in Europe and Abroad* (S. 43–62). New York: Pabst.

Sears, D. O., Chaffee, S. H. (1979): Uses and Effects of the 1976 Debates: An Overview of Empirical Studies, in: S. Kraus (Hrsg.): *The Great Debates: Carter vs. Ford, 1976* (S. 223–261). Bloomington: Indiana University Press.

Tsfati, Y. (2003). Debating the debate. The impact of exposure to debate news coverage and its interaction with exposure to the actual debate. *International Journal of Press/Politics* 8, S. 70–86.

TV-Duell und TV-Dreikampf im Vergleich: Wahrnehmungen und Wirkungen

Thorsten Faas und Jürgen Maier

1 Einleitung

Das TV-Duell 2013 hatte also – wie die vorhergehenden Kapitel dieses Bandes haben zeigen können – vielfältige Effekte, sowohl in kurzfristiger als auch durchaus in längerfristiger Perspektive. In Verbindung mit der immens hohen Zuschauerzahl – 2013 lag sie bei 18 Mio. Zuschauern – ergibt sich daraus die enorme Bedeutung, die solchen Duellen zu Recht zugesprochen wird. Allerdings, darauf haben wir eingangs bereits hingewiesen, ist das Format des Duells auch wiederholt kritisiert worden (siehe etwa Donsbach 2002): Es stamme aus dem US-amerikanischen und damit einem präsidentiellen Kontext. Dort sei die Fokussierung auf (aussichtsreiche) Spitzenkandidaten durchaus legitim. Im deutschen (und damit einem parlamentarischen) Kontext sei dies aber nicht der Fall, schließlich würden hier Parteien gewählt und nicht Personen (und schon gar nicht der Bundeskanzler direkt). Guido Westerwelle, 2002 der Kanzlerkandidat der FDP, hat mit einer solchen Argumentationslinie sogar vor dem Bundesverfassungsgericht dagegen geklagt, dass er – gerade von den öffentlich-rechtlichen Sendeanstalten – im Rahmen des Duells nicht berücksichtigt und die Liberalen damit nicht repräsentiert werden.

T. Faas (✉)
Mainz, Deutschland
E-Mail: Thorsten.Faas@uni-mainz.de

J. Maier
Landau, Deutschland
E-Mail: maierj@uni-landau.de

© Springer Fachmedien Wiesbaden GmbH 2017
T. Faas et al. (Hrsg.), *Merkel gegen Steinbrück*,
DOI 10.1007/978-3-658-05432-8_13

Zwar hat das Gericht seine Klage mit Verweis auf die „abgestufte Chancengleichheit" nicht zur Entscheidung angenommen (vgl. Bundesverfassungsgericht 2002, 2 BvR 1332/02) – aber dennoch berücksichtigen die Sendeanstalten bei ihrer Begleitung von Wahlkämpfen solche Einwände und Überlegungen heutzutage. Sie flankieren das Duell durch ergänzende Formate, in deren Rahmen auch andere Parteien berücksichtigt werden.[1] Entweder gibt es in Ergänzung zum Duell noch eine „große Runde", in die alle (im Parlament vertretenen) Parteien einen Repräsentanten entsenden dürfen, oder aber es gibt eine Runde mit den Kandidaten jener Parteien, die zwar im Parlament, aber nicht im TV-Duell vertreten sind.

Mit dem TV-Dreikampf 2013 wurde letztgenannte Lösung gewählt: Am Montag nach dem Duell, also am 2. September 2013, trafen sich mit Rainer Brüderle (FDP), Gregor Gysi (Die Linke) und Jürgen Trittin (Bündnis 90/Die Grünen) die Spitzenkandidaten der im Bundestag vertretenen Parteien, die am Abend zuvor beim TV-Duell außen vor geblieben waren. Dieser TV-Dreikampf – so der offizielle Titel der Sendung – dauerte 60 min. Allerdings wurde er „nur" in der ARD übertragen. Zudem waren in dieser Runde die Politiker in der Überzahl, denn Brüderle, Gysi und Trittin wurden „nur" von Jörg Schönenborn und Siegmund Gottlieb interviewt. Was die Inhalte und den Verlauf der Debatte betrifft, war dieser Dreikampf deutlich weniger reglementiert als das TV-Duell. Die Diskussion war deutlich lebhafter, die Kandidaten fielen sich häufiger ins Wort; zuweilen redeten alle drei Kandidaten gleichzeitig.

Mit dem vorliegenden Kapitel wollen wir einen vergleichenden Blick auf Duell und Dreikampf werfen. Dabei wollen wir in drei Schritten vorgehen: Im ersten Schritt wollen wir uns anschauen, wie die Zuschauerschaft des Dreikampfs (gerade auch im Vergleich zum Duell) aussah. Danach wollen wir der Frage nachgehen, wie das Format „Duell" und das Format „Dreikampf" wahrgenommen wurden. Im dritten Schritt rücken dann Effekte der Formate in den Mittelpunkt. In analoger Weise, wie wir es im Kap. „It's the media, stupid? Die Bedeutung der medialen Nachberichterstattung des Duells" getan haben, wollen wir prüfen, wie die Leistungen von Brüderle, Gysi und Trittin vor und nach dem Dreikampf eingeschätzt wurden und ob sich diese Wahrnehmungen in der Zeit nach der Sendung ändern. Zusätzlich werden wir prüfen, ob sich ihr Ansehen insgesamt in der Bevölkerung im Umfeld und Nachgang zum Dreikampf geändert hat. Ehe wir zur Beantwortung dieser Fragen kommen, möchten wir aber zunächst nochmals unsere Datenbasis speziell mit Blick auf das vorliegende Kapitel explizieren.

---

[1]Selbst dann stellt sich aber noch immer die Frage, welche Parteien eigentlich zu diesen Runden eingeladen werden, wie die jüngsten Diskussionen in Baden-Württemberg und Rheinland-Pfalz zur Einbeziehung der AfD gezeigt haben.

2 Datengrundlage

Die Datengrundlage für das vorliegende Kapitel bilden im ersten Schritt mit Blick auf die Zusammensetzung der Zuschauer Daten aus dem GfK-Fernsehpanel, die uns Aufschluss über die Zahl und Zusammensetzung der jeweiligen Publika liefern.[2] Für die Schritte zwei und drei greifen wir, wie im Kap. „Das Studiendesign" ausgeführt, auf eine Teilgruppe unserer Probanden in Mainz zurück, die sowohl am Sonntag das Duell als auch am Montag den Dreikampf gesehen haben. Diese Gruppe umfasste zunächst 47 Personen, von denen allerdings zwei am Montag nicht mehr erscheinen konnten. Diese Befragtengruppe hat insgesamt sechs Fragebögen ausgefüllt: nämlich direkt vor und nach dem Duell, direkt vor und nach dem Dreikampf sowie einige Tage nach dem Dreikampf sowie den letzten nach dem Wahltag.

3 Zuschauerschaft im Vergleich

Werfen wir im ersten Schritt einen vergleichenden Blick auf die Anzahl und die Struktur der Zuschauer, die am 1. September beim Duell bzw. am 2. September beim Dreikampf dabei waren. Abb. 1 weist die Zahl der Zuschauer ebenso wie die Marktanteile für die beiden Sendungen insgesamt sowie für einzelne Alters- und Bildungsgruppen aus. Die Unterschiede in der Reichweite der beiden Sendungen werden unmittelbar deutlich. Den 18 Mio. für das TV-Duell stehen vier Millionen für den Dreikampf gegenüber. Auch diese vier Millionen sind wahrlich keine schlechte Reichweite für eine politische Sendung – aber mit Blick auf die Strahlkraft liegen zwischen den beiden Veranstaltungen eben doch Welten.

Um die Zuschauerstruktur vergleichen zu können, sollte man die Marktanteile in Gruppen, weniger die absoluten Zahlen der Zuschauer betrachten. Insgesamt steht zunächst einmal einem Marktanteil von knapp 50 % für das Duell ein Anteil von 15 % für den Dreikampf gegenüber. Mit Blick auf die Alters- und Bildungsgruppen könnte man auf den ersten Blick sagen, dass sich die Strukturen zwischen den beiden Sendungen durchaus ähneln. Sowohl für das Duell als auch den Dreikampf findet sich der mit Abstand höchste Marktanteil in der Gruppe der Menschen ab 60 Jahre. Auch zeigen sich für beide Sendungen deutliche Unterschiede hinsichtlich der Bildung: Menschen mit Abitur schauen beide Sendungen deutlich häufiger als Personen, die kein Abitur haben.

---

[2]Unser Dank an dieser Stelle gilt Heinz Gerhard von der ZDF Medienforschung, der uns diese Daten freundlicherweise zur Verfügung gestellt hat.

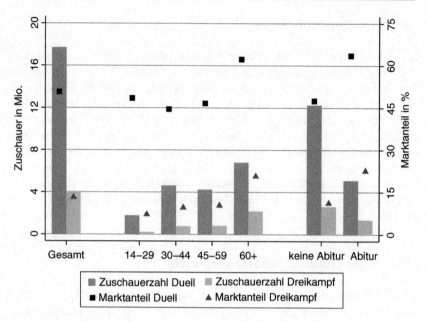

Abb. 1 Reichweite und Zuschauerstruktur für das TV-Duell und den TV-Dreikampf. (Quelle: GFK Fernsehpanel)

Eine solche Betrachtung verkennt aber die trotzdem gegebene nivellierende Wirkung des Duells, die sich so für den Dreikampf eben nicht finden lässt. Natürlich ist ein Marktanteil von über 60 % (bei Menschen ab 60 Jahren) deutlich höher als Marktanteile in einer Größenordnung um die 45 % (für die anderen Altersgruppen). Aber trotzdem bedeutet diese kleinere Zahl, dass auch nahezu jeder Zweite in den jüngeren Altersgruppen an diesem Abend das Duell geschaut hat. Für das Duell zeigt sich dabei sogar, dass gerade in der jüngsten Altersgruppe (bis 29 Jahre) der Marktanteil etwas höher lag als in den nächst älteren Altersgruppen: Ein Effekt, der mit großer Wahrscheinlichkeit auf die Präsenz von Stefan Raab im TV-Duell zurückzuführen sein dürfte, denn der montägliche TV-Dreikampf vermochte es nicht in gleichem Maße, auch zu den jüngeren Bevölkerungskreisen durchzudringen.[3] Ein analoges Bild stellt sich auch für die

---

[3]Man kann es auch nochmals anders formulieren: Von allen Zuschauerinnen und Zuschauern des Duells waren rund 10 % unter 30 Jahren, knapp 40 % über 65. Für den Dreikampf liegen die Werte bei 5 bzw. 55 %.

formale Bildung ein: Der Marktanteil bei Zuschauern mit Abitur lag über 60 %, aber auch bei über 45 % bei Menschen ohne Abitur. Für den Dreikampf resultieren Werte von 22 bzw. 11 %: Hier war der Marktanteil bei Menschen mit Abitur also genau doppelt so hoch für das Duell im Vergleich zum Dreikampf.

Wenn man bedenkt, dass sich der Einfluss eines Ereignisses insgesamt aus den Faktoren Reichweite und dann Wirksamkeit bei den erreichten Personen ergibt, so zeigen schon diese ersten Analysen, dass der Effekt des Dreikampfs begrenzter sein muss: Er erreicht weitaus weniger Menschen als das Duell.

4 Duell und Dreikampf als Formate im Vergleich

Vor diesem Hintergrund können wir uns nun auf Basis der von uns erhobenen Daten den beiden Ereignissen im Detail widmen, zunächst mit Blick auf die Erwartungen und Wahrnehmungen rund um die beiden Formate. Die zuvor berichteten Unterschiede in der Reichweite spielen dabei an dieser Stelle keine Rolle, weil wir ja eine Gruppe von Probanden betrachten, die beide Ereignisse in den Räumlichkeiten der Universität Mainz verfolgt haben.

In Abb. 2 sind einerseits die Ergebnisse mit Blick auf das Duell dargestellt. Deutlich wird, dass die Menschen vor allem die direkten Vergleichsmöglichkeiten, die das Duell bietet, schätzen, sowohl mit Blick auf inhaltliche Vorstellungen als auch die Persönlichkeiten der Kontrahenten. Zudem wird mit dem Duell eine beachtliche Unterhaltsamkeit verbunden. Weiterhin fällt mit Blick auf das Duell auf, dass die tatsächlichen Wahrnehmungen nach dem Duell die entsprechenden Erwartungen im Vorfeld in der Regel übertreffen: Das Duell war unterhaltsamer als unsere Probanden dies im Vorfeld erwartet hatten, es wurde auch keineswegs als reine Show wahrgenommen.[4]

Wie verhält sich im Vergleich dazu der TV-Dreikampf? Die in Abb. 2 diesbezüglich zutage tretenden Muster zeigen zunächst einmal, dass sich die Erwartungen im Vorfeld sehr ähnlich zu denen des Duells gestalteten. Nur an einigen wenigen Stellen zeigen sich hier Unterschiede: „Mitreden zu können" etwa ist ein Motiv, das im Kontext des Duells stärker zum Tragen kommt als beim Dreikampf. Umgekehrt wurde der Dreikampf als „unterhaltsamer" erwartet. Alles in allem aber sind die Muster bezogen auf beide Veranstaltungen weitgehend deckungsgleich.

Etwas anders dagegen gestalten sich die Befunde, die sich *nach* dem Dreikampf ergeben. Während nämlich das Duell als Format die Erwartungen der

---

[4]Diese beiden Unterschiede sind auch in statistischem Sinne signifikant.

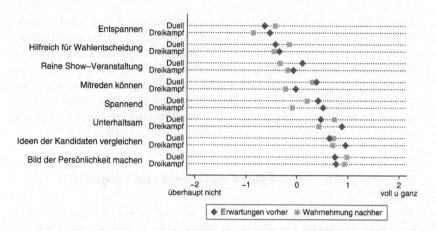

Abb. 2 Erwartungen und Wahrnehmungen von Duell und Dreikampf im Vergleich. Hinweise: Für das Duell sind die Unterschiede im Vorher-Nachher-Vergleich für die Items „unterhaltsam" und „reine Show-Veranstaltung" statistisch signifikant; für den Dreikampf sind es „entspannen", „spannend", „unterhaltsam" und „Ideen vergleichen". Im Vergleich der Erwartungen von Duell und Dreikampf stellen sich signifikante Unterschiede für „mitreden können", „unterhaltsam" und „Ideen vergleichen" ein (jeweils $p < 0{,}05$)

Probanden eher übertreffen konnte, ist für den Dreikampf eher das Gegenteil der Fall. Die tatsächlichen Wahrnehmungen bleiben zumeist hinter den Erwartungen im Vorfeld zurück. Dieser Dreikampf war weniger unterhaltsam als erwartet, auch deutlich weniger spannend. Auch die Ideen der Kandidaten ließen sich zwar immer noch gut, aber eben doch weniger gut als erwartet miteinander vergleichen. Einzig der Vergleich der Persönlichkeiten schneidet positiver ab. Gerade letzteres kristallisiert sich somit als gemeinsame Eigenschaft über beide Ereignisse hinweg heraus: Die Zuschauer lernen die Kontrahenten solcher Diskussionsveranstaltungen sehr gut kennen.

5 Die Dreikampfperformanz der Kandidaten

Ob der Dreikampf tatsächliche Folgen für die Wahrnehmungen von Brüderle, Gysi und Trittin hatte, wollen wir nun im folgenden Schritt prüfen. Wir haben oben im Kap. „It's the media, stupid? Die Bedeutung der medialen Nachberichterstattung des Duells" gesehen, wie sich die Erwartungen und Wahrnehmungen der Performanz von Angela Merkel und Peer Steinbrück im Kontext des TV-Duells gewandelt haben – oder im Falle von Angela Merkel auch nicht: Während nämlich für sie praktisch keine Dynamik erkennbar war, ließ sich für Peer Steinbrück sehr wohl zeigen, dass er in den Augen der Zuschauer zunächst besser abgeschnitten hatte als zunächst erwartet, dann aber im Nachgang der Debatte und vor allem nach dem Wahltag doch schlechter bewertet wurde. Dies alles bezieht sich dabei wohl gemerkt nur auf seine Performanz im Duell, nicht seine Gesamtbewertung.

Ein Blick auf Abb. 3 zeigt auch für die Kontrahenten des Dreikampfs, dass die Wahrnehmungen ihres Debattenauftritts in hohem Maße volatil sind. Zumindest ist dies bei Rainer Brüderle und Jürgen Trittin der Fall, während sich für den Spitzenmann der Linken, Gregor Gysi, nur sehr geringe (und insignifikante) Änderungen einstellen. Ähnlich wie wir es zuvor auch schon am Beispiel von Peer Steinbrück bei seinem Auftritt im TV-Duell gesehen haben, zeigt sich auch hier, dass sich Wahrnehmungen eines Auftritts in einem TV-Format im Nachgang zu einem solchen Format durchaus nochmals ändern können.

Die mit Blick auf den Dreikampf zutage tretenden Muster sind allerdings differenzierter (und in ihrer Größenordnung beachtlicher) als dies beim Duell der Fall gewesen ist: Besonders bemerkenswert ist dabei jenes Muster, das sich für

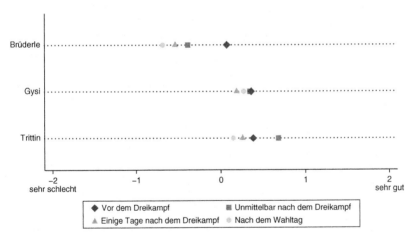

Abb. 3 Erwartungen und Wahrnehmungen der Auftritte von Brüderle, Gysi und Trittin im TV-Dreikampf. Hinweise: Für Jürgen Trittin sind die Unterschiede zwischen der ersten und zweiten sowie zwischen der zweiten und dritten Welle signifikant, für Rainer Brüderle zwischen der ersten und der zweiten (jeweils $p < 0{,}05$)

Jürgen Trittin einstellt: Die Erwartungen an ihn lagen vor dem Dreikampf – wie auch für die anderen beiden Kontrahenten – nur leicht im positiven Bereich. Mit seinem Auftritt im Dreikampf konnte er diese Erwartungen allerdings deutlich übertreffen: Unmittelbar nach dem Dreikampf liegt die Bewertung seines Auftritts klar im positiven Bereich. Allerdings verfliegt dieser Eindruck in den Tagen nach dem Dreikampf: Wenige Tage nach dem Ereignis und erst recht nach dem Wahltag gehen die Werte wieder zurück, sie fallen sogar hinter das Niveau der Erwartungen im Vorfeld des Dreikampfs zurück. Bedenkt man, dass die letzten Wochen vor der Bundestagswahl 2013 für die Grünen und gerade auch für Jürgen Trittin alles andere als einfach waren („Pädophilie"-Debatte!), so entspricht dieses Muster jenem, das wir schon bei Steinbrück und in früheren Untersuchungen (vgl. z. B. Maier und Faas 2006) gesehen haben: Die eigenen Wahrnehmungen der Debattenperformanz werden nachträglich unter dem Eindruck anderer Geschehnisse angepasst.

Dieses Muster bestätigt sich im Grundsatz auch im Falle von Rainer Brüderle. Gleichwohl gibt es in seinem Fall einen deutlich Unterschied zu Jürgen Trittin: Könnte der grüne Spitzenmann mit seinem Auftritt im Dreikampf zunächst noch überzeugen und sogar die Erwartungen im Vorfeld übertreffen, ist für Rainer Brüderle das genaue Gegenteil der Fall: Schon die Bewertung seines Auftritts im Dreikampf bleibt deutlich hinter den im Vorfeld geäußerten Erwartungen zurück. In den Tagen nach dem Duell bis hin zum Wahltag tritt dann darüber hinaus ein ähnlicher Prozess ein, wie wir ihn schon bei Steinbrück und Trittin haben beobachten können: Sein Auftritt wird noch negativer erinnert als zunächst nach der Debatte. Die einzige Ausnahme zu diesen Verfallsprozessen im Nachgang zum TV-Dreikampf findet sich für Gregor Gysi, für den insgesamt sehr stabile Wahrnehmungen und Bewertungen gemessen werden.

6 Effekte auf das Image der Dreikämpfer

Sind aber mit diesen Wahrnehmungen der Debattenperformanzen auch Änderungen der Gesamtbewertungen der drei Kandidaten verbunden? Abb. 4 zeigt, dass dies tatsächlich der Fall ist. Dabei entspricht die Richtung der Veränderungen jenem Muster, das wir zuvor schon mit Blick auf die Debattenperformanz im engen Sinne gesehen haben: Jürgen Trittin wird insgesamt nach der Debatte deutlich positiver gesehen als es noch vor der Debatte der Fall war. Allerdings gelingt

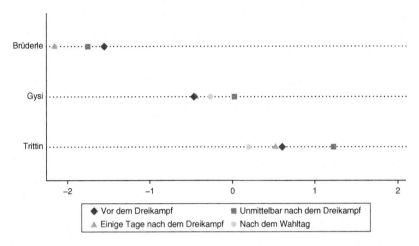

Abb. 4 Gesamtbewertungen von Brüderle, Gysi und Trittin. Hinweise: Skala insgesamt reicht von −5 („halte überhaupt nichts von der Person") bis +5 („halte sehr viel von der Person"). Die Unterschiede zwischen einzelnen Wellen sind für Rainer Brüderle nicht signifikant, sehr wohl aber der Unterschied zwischen der ersten und vierten Welle. Für Gysi ist keiner der Unterschiede signifikant, für Trittin dagegen jeder einzelne ($p < 0{,}05$)

es ihm nicht, diesen Ansehensgewinn zu verstetigen: Schon einige Tage nach dem Dreikampf fällt er wieder auf sein Ausgangsniveau zurück, nach dem Wahltag sogar noch deutlich darunter. Rainer Brüderles Ansehen dagegen liegt schon unmittelbar nach dem Dreikampf hinter seinem Ausgangswert vor der Debatte, bis zum Wahltag geht es noch weiter zurück.

Bemerkenswert an dieser Stelle ist das Muster, das sich für Gregor Gysi einstellt: Wir hatten ja zuvor gesehen, dass die Wahrnehmung seines Debattenauftritts in etwa den Erwartungen im Vorfeld entsprach und sich auch ansonsten diesbezüglich wenig Dynamik zeigte. Damit geht aber keineswegs einher, dass auch seine Gesamtbewertung keinen Veränderungen unterliegt – im Gegenteil: Gysis Image fällt nach der Debatte deutlich positiver aus als es noch vor dem Dreikampf der Fall war. Angesichts der zuvor präsentierten Muster kann dafür aber kaum sein Debattenauftritt im engeren Sinne verantwortlich sein (der vorher wie nachher ähnlich erwartet bzw. bewertet wurde). Offenkundig können Zuschauer also in solchen Debatten die Kandidaten auch in einer Art und Weise kennenlernen, die zwar nicht zu Veränderungen der wahrgenommenen Debattenperformanz führen, aber gleichwohl doch das Potenzial besitzen, deren Image insgesamt zu ändern. Übrigens kann auch Gysi – ähnlich wie Trittin – diese Ansehensgewinne nicht verstetigen: In den Tagen nach dem Dreikampf fällt er wieder auf sein Ausgangsniveau zurück.

Für die These, dass solche Diskussionssendungen auch Effekte auslösen können, die nicht über die unmittelbare Wahrnehmung der Debatte vermittelt werden, spricht noch ein weiterer Umstand: Im Kap. „It's the media, stupid? Die Bedeutung der medialen Nachberichterstattung des Duells" hatten wir auch nach indirekten Effekten gesucht und waren dazu der Frage nachgegangen, ob sich der *Einfluss* der Debattenperformanz auf die Gesamtbewertung eines Kandidaten im Nachgang zum Duell ändert. Für Peer Steinbrück war dies der Fall: Sein Gesamtimage wurde unmittelbar nach der Debatte stark durch seinen Debattenauftritt geprägt, allerdings verflog dieser Einfluss in den Tagen nach dem Duell.

Ähnliche Muster zeigen sich hier mit Blick auf Brüderle, Gysi und Trittin und die Frage des Einflusses ihres Dreikampfauftritts auf ihre Gesamtbewertung nicht. Der Zusammenhang zwischen beiden Größen ist deutlich positiv, ändert sich im Zeitraum nach dem Dreikampf aber nicht.

7 Fazit

Was bleibt nun am Ende dieses kurzen vergleichenden Blicks auf Duell und Dreikampf festzuhalten? Es zeigen sich ebenso deutliche Gemeinsamkeiten wie Unterschiede. Der größte Unterschied (und damit zugleich limitierendste Faktor) mit Blick auf den Dreikampf ist seine deutlich geringere Reichweite, der noch dazu zu einer anderen Zuschauerstruktur, nämlich hin zu älteren und höher gebildeten Zuschauern führt. Dies schränkt das Wirkungspotenzial des Dreikampfs erheblich ein.

Die weiteren Analysen haben dann allerdings gezeigt, dass sich die Wahrnehmung des Formats ebenso wie der Kandidaten nicht fundamental zum Duell unterscheidet. Zu bedenken ist dabei, dass wir in der experimentellen Situation die zuvor skizzierten Unterschiede in der Zuschauerschaft ausradiert haben: Wir hatten ja Probanden aus allen Schichten vor Ort eingeladen, auch den Dreikampf zu schauen. Man kann also sagen: Hätte der Dreikampf eine ähnliche Zuschauerstruktur wie das Duell, wären auch die Effekte ähnlich – hat er aber nicht.

Die Ähnlichkeiten beziehen sich auf das Format insgesamt: Mit dem Dreikampf werden grundsätzlich keine anderen Aspekte verbunden wie mit dem Duell, auch wenn zugleich festzuhalten ist, dass der konkrete Dreikampf 2013 die Erwartungen nicht ganz so gut erfüllen konnte wie das Duell 2013. Auch mit Blick auf die Kandidaten und die Wahrnehmung ihres Debattenauftritts sowie ihre Gesamtbewertungen ergeben sich auffallende Ähnlichkeiten: Gysi und vor allem Trittin können – ähnlich wie es bei Peer Steinbrück war – mit ihren Auftritten im Dreikampf überzeugen; bei Rainer Brüderle war dies weniger der Fall. Allerdings gelingt es gerade Jürgen Trittin nicht, dieses positive Momentum zu verstetigen, im Gegenteil: Seine Debattenperformanz ebenso wie seine Gesamtbewertung rutschen zunehmend ab. Auch Rainer Brüderles Bewertungen unterliegen einem stetigen Abwärtstrend. Bei Gregor Gysi ist die Wahrnehmung seines Debattenauftritts zwar stabil, aber auch sein Gesamtimage ändert sich sehr wohl. Insgesamt scheint es so zu sein, dass die etwas weniger bekannten und vertrauten Kandidatengesichter größere Chancen haben, ihr Image zumindest kurzfristig zu verbessern, dass aber nachhaltige Veränderungen in Folge des Duells – gerade im Kontext des sonstigen Wahlkampfgeschehens – eine Herausforderung bleiben.

Literatur

Bundesverfassungsgericht (2002). *2 BvR 1332/02 vom 30. August 2002, Rn (1–10)*.
Donsbach, W. (2002). Sechs Gründe gegen TV-Duelle. Zur politischen Bewertung einer medialen Inszenierung. *Die politische Meinung* 396, S. 19–25.
Maier, J. & Faas, T. (2006). Debates, Media and Social Networks. How Interpersonal and Mass Communication Affected the Evaluation of the Televised Debates in the 2002 German Election. In A. Schorr & S. Seltmann (Hrsg.), *Changing Media Markets in Europe and Abroad. New Ways of Handling Information and Entertainment Content* (S. 43–62). New York: Pabst.

Printed by Printforce, the Netherlands